Alfred Peltzer

Deutsche Mystik und deutsche Kunst

Alfred Peltzer

Deutsche Mystik und deutsche Kunst

ISBN/EAN: 9783743640511

Hergestellt in Europa, USA, Kanada, Australien, Japan

Cover: Foto ©Thomas Meinert / pixelio.de

Weitere Bücher finden Sie auf **www.hansebooks.com**

Heft. 21.

STUDIEN

ZUR

Deutschen Kunstgeschichte

DEUTSCHE MYSTIK

UND

DEUTSCHE KUNST.

VON

ALFRED PELTZER.

STRASSBURG

J. H. Ed. Heitz (Heitz & Mündel)

1899.

1918.

Von den **Studien zur Deutschen Kunstgeschichte**
sind bis jetzt erschienen:

1. HEFT:

Verzeichniss der Gemälde des Hans Baldung gen. Grien
zusammengestellt von Dr. phil. G a b r i e l   v o n   T é r e y.

ℳ 2. 5o

2. HEFT:

Die Sculpturen des Strassburger Münsters. Erster Theil:
Die älteren Sculpturen bis 158g. Von Dr. E r n s t   M e y e r -
A l t o n a. Mit 35 Abbildungen. ℳ 3. —

3. HEFT:

Einleitende Erörterungen zu einer Geschichte der Deutschen Handschriftenillustration im späteren Mittelalter. Von
Dr. R u d o l f   K a u t z s c h. ℳ 2. 5o

4. HEFT:

Der Uebergangsstil im Elsass. Ein Beitrag zur Baugeschichte
des Mittelalters. Von E r n s t   P o l a c z e k. Mit 6 Lichtdrucktafeln. ℳ 3. —

5. HEFT:

Die bildenden Künste am Hof Herzog Albrechts V. von
Bayern. Von M a x   G g.   Z i m m e r m a n n. Mit g Autotypieen.

ℳ 5. —

6. HEFT:

Der Meister der Bergmannschen Officin und Albrecht
Dürers Beziehungen zur Basler Buchillustration. Ein Beitrag
zur Geschichte des deutschen Holzschnittes. Von Dr. W e r n e r
W e i s b a c h. Mit 14 Zinkätzungen und einem Lichtdruck.

ℳ 5. —

7. HEFT:

Die Holzschnitte der Kölner Bibel von 1479. Von Dr.
R u d o l f   K a u t z s c h. Mit 2 Lichtdrucktafeln. ℳ 4. —

DEUTSCHE MYSTIK

UND

DEUTSCHE KUNST.

STUDIEN ZUR DEUTSCHEN KUNSTGESCHICHTE
21. HEFT.

DEUTSCHE MYSTIK

UND

DEUTSCHE KUNST.

VON

ALFRED PELTZER.

STRASSBURG
J. H. ED. HEITZ (HEITZ & MÜNDEL)
1899.

MEINER LIEBEN MUTTER

UND DEM ANDENKEN

MEINES TEUREN VATERS

GEWIDMET.

Inhalts-Verzeichnis.

Einleitendes und Litterarisches.

Es ist die Absicht der vorliegenden Arbeit, die innere Verwandtschaft der deutschen bildenden Kunst, — vom dreizehnten
Jahrhundert, also von der gothischen Periode an bis zu ihrer Vollendung in der Renaissance-Blüte des beginnenden sechzehnten
Jahrhunderts, — mit der deutschen Mystik, jener seit eben derselben Zeit bis zu der ihr verwandten Erscheinung der Reformation sich verbreitenden Philosophenrichtung und Weltanschauung nachzuweisen und den Einfluss der Letzteren auf das
bildnerische Schaffen zu belegen. Schon ein flüchtiger Vergleich
dürfte Jeden vermuten lassen, dass sich manche Berührungs-
punkte und Beziehungen hier wohl finden lassen und dass das
Unternehmen einer solchen Untersuchung nicht unnütz und er-
folglos sein wird. Jedem, der sich in die Gedankenwelt unserer
deutschen Mystiker, in jenen Quell reinsten Denkens, inner-
lichsten Sinnens und tiefsten Empfindens eingelebt hat, und
dem zu gleicher Zeit die Schöpfungen unserer alten deutschen
Kunst vertraut sind, wird wohl kein Zweifel bestehen darüber,
dass es derselbe Geist ist, aus dem jene beiden Kulturerscheinungen erwachsen sind, von dem sie beide gleicherweise belebt
und durchweht sind. Beide erscheinen zusammen mit der gleichzeitigen, zum Teil etwas früheren Poesie als der höchste Ausdruck der Kultur, die das Germanentum im Mittelalter sich gebildet hat, und man möchte die mystische Philosophie die her-

erfreuende und herzerhebende Blüte, die bildende Kunst die
köstliche Frucht einer geistigen und kulturellen Bewegung
nennen, deren kraftspendende gemeinsame Wurzel die germanische
Volksseele ist. Man wird gewahr, wie es beiderseits dieselben
Eigenschaften sind, die uns erfreuen, erquicken, erheben, und
die uns beide Erscheinungen als innig verwandt und, gegenüber
den Kulturerscheinungen anderer Nationen, fast als unzertrennbar
erkennen lassen.

Hier und dort dieselbe Innigkeit des Gefühls, derselbe heilige Ernst, dasselbe Streben nach Verinnerlichung — und zur
gleichen Zeit derselbe Drang nach Mitteilung des tiefinnerlich
Erkannten, Erlebten, Erschauten. Fühlt sich der Mystiker durch
die von ihm erkannte Möglichkeit der Vereinigung seiner Seele
mit der Gottheit, in der auch alle anderen Dinge ruhen, dadurch
innig verbunden mit allem übrigen Sein, mit seinen Mitge-
schöpfen und mit allem Leblosen in allumfassender, alles ver-
einender Liebe, so erblicken wir auch in den Werken der
deutschen bildenden Künstler, deren feinen Sinn für das Seelenleben und deren liebevolles Eingehen auf die Schilderung der
Natur bis in die Kleinigkeiten wir so oft bewundern, ein ganz
verwandtes Verhältnis zu Welt und Leben. Dieser so oft be-
sprochene Naturalismus der alten deutschen Kunst, er entspringt
im Grunde derselben Empfindung, wie jene philosophische Erkenntnis der Mystiker. Und müssen wir nicht in jenem selben
Naturalismus, der sich niemals scheut, kühn bis zur Darstellung
des Hässlichen, ja des Abstossenden zu gehen, wenn es den
Ausdruck höherer Ideen gilt, müssen wir in ihm nicht denselben
heiligen Ernst erkennen, der jene unerschrockenen Philosophen
beseelte, jene mutigen Prediger, die ohne Furcht trotz der all-
mächtigen, furchtbare Gewalt besitzenden Kirche eintraten für
das, was sie in tiefinnerstem gefühlt als wahr und recht erkannt hatten, selbst wenn dieses in den Augen jener Kirche
als ketzerisch erscheinen konnte und in der That in manchen
Fällen so angesehen und verfolgt wurde? Bei Beiden, welche
Kraft des Idealismus! eines Idealismus, der sich einerseits nicht
durch Verfolgung, andererseits, in der Kunst, nicht durch die
Verführung blendender Darstellungsmittel, — der naturalistischen,
die sie benutzten, derjenigen formaler Schönheit, die sie ver-

schmählten — beirren liess, sich nicht abziehen liess von der
Verfolgung der höchsten Zwecke, des Ausdruckes der einmal
als wahr, als einzig richtig und als erhaben erkannten Idee!

Und weiter: wenn wir als den Charakter, als das Wesen
der deutschen Kunst, im Gegensatz zu der im Allgemeinen doch
immer mehr nach der Seite formaler Schönheit hinneigenden
italienischen, das Streben nach Ausdruck tiefinnersten Empfindens, Fühlens und Schauens verstehen, fällt uns da nicht
die merkwürdige Thatsache ein, dass gerade jene Philosophenrichtung, die wie keine andere auf eine denkbar tiefste Verinnerlichung des Denkens und Empfindens ausgeht, die mystische,
dass es gerade diese Richtung ist, die wie nur wenig andere,
auf das Eifrigste bedacht ist, ihre Erkenntnis durch öffentliche
Thätigkeit, durch Predigen, durch Schriften und Poesien zu
verbreiten?

Welches Ringen nach Ausdruck und nach Mitteilung seelischer Empfindungen, hier wie dort! «Wess das Herz voll ist,
geht der Mund über!» —

Aber, wie gesagt, wer mit den beiden Kulturerscheinungen
vertraut ist, wird ihre innige Geistesverwandtschaft tief empfinden, und deshalb ist es wohl nicht nötig, dass wir uns weiter
in diesem Sinne allgemein auslassen, um so weniger, als gerade
der Beweis für diese Seite des Themas, das zu behandeln wir
uns vorgenommen haben, eigentlich nur von dem teilnehmenden
religiösen und ästhetischen Gefühl jedes Einzelnen erbracht
werden, nicht aber mit Worten vom Verstande aus in wissenschaftlicher Untersuchung vordemonstriert werden kann.

Da nun aber die Kunstauffassung unserer Tage nur zu leicht
geneigt ist, eine derartige Betrachtung der Kunst von vornherein
kühl, ja vielleicht verächtlich zurückzuweisen, mag es nicht
unangebracht sein, meinen kurzen Worten einen Hinweis auf
diejenigen massgebenderer früherer Besprecher des Gegenstandes
folgen zu lassen, auf die wir uns stützen können. So soll die
nächste Aufgabe sein, einen kurzen Ueberblick über die Litteratur, welche hier in Betracht kommt, zu geben. Es geschieht
dies um so lieber als dabei auf Schriften hingedeutet werden
darf, die zu dem Schönsten gehören, was überhaupt je über
Kunst geschrieben ist. Ueberdies finden wir dabei Gelegenheit,

unsere Stellungnahme zu Andersmeinenden zu kennzeichnen. —

An erster Stelle sei Goethe genannt und zwar zunächst der junge Goethe, der hohe Dichterjüngling zu Strassburg in jener Zeit, wo er zum ersten Male seine genialen Geistes- schwingen frei und froh ganz entfaltete und in welcher er, die alte deutsche Kunst kennen lernend, plötzlich freudig als deut- scher Geist seiner innigen Verwandtschaft mit jener sich bewusst wurde. Mit der Mystik war er jedoch schon vorher in Berührung gekommen. War sie es doch gewesen, die mitgeholfen hatte, ihn glücklich über jene nicht leichte Zeit schwerer Krankheit hinwegzubringen, die er in Frankfurt nach seiner ersten in Leipzig verbrachten Studienzeit hatte erdulden müssen. Es war der Freundinnenkreis seiner Mutter, der hier, zusammen mit der trefflichen Frau Aja selbst, dem an Leib und Seele für einige Zeit Gebrochenen aufmunternd zur Seite stand.

Die Art der Mystik, welche von diesem Kreis vertreten wurde, war zwar die ziemlich verwaschene des damaligen Herren- hutertums, und der junge Denker scheint sich doch manchen Unterweisungen und Ratschlägen aus frommem Munde gegenüber etwas skeptisch verhalten zu haben. Aber eine Erscheinung war darunter, die in der That vieles von jenem hohen Geist der alten Mystik in sich gehabt zu haben scheint: das Fräulein von Klettenberg. Wie der Einfluss dieser während des ganzen Lebens des Dichters nie vergessen worden, sondern im Gegenteil immer wirkend blieb, ist genugsam bekannt. Noch durchaus in diesem Gedankenkreise lebend, kam der Wiedergesundete nach Strass- burg, und es ist bezeichnend, dass seine Erzählung in «Dichtung und Wahrheit» da zuerst einen Bürger erwähnt, an den er empfohlen war, und in dem er von Neuem jenen Geist vertreten fand. Der Name desselben ist uns nicht überliefert; er scheint auch nicht von grosser Bedeutung gewesen zu sein. Weit mehr war dies jedoch ein junger Mensch, zu dem Goethe dann in freundschaftliche Beziehung trat, und der sich durchaus mystisch- religiöser Denkweise ergeben hatte: Jung-Stilling. Die mächtigste Sprache aus dieser Welt ertönte ihm indess anderswoher: vom Münster! Die Denkmäler der alten Kunst waren es, die ihm am eindringlichsten zusprachen und die seine Seele zu höchstem Schwung anregten. Mit richtigem Blick und verständnissvoller tiefer Empfindung bringt er nun diese beiden Eindrücke in Verbindung, in beiden Erscheinungen — in eben jener Denkweise und in dieser Kunst — dasselbe Element erkennend. Es legen Zeugnis hiervon ab seine, später aus der Erinnerung angestellten Betrachtungen in «Dichtung und Wahrheit», sodann sein Aufsatz: «Von deutscher Baukunst. D. M. Ervini a Steinbach».

Die schwungvollen hochbegeisterten Worte der letzteren Schrift geben uns einen herrlichen Begriff von dem tiefen Eindruck, den die erste Bekanntschaft mit deutscher Kunst auf die Feuerseele des jungen Dichters machte. Wie ein mystischer Hymnus lesen sich manche Stellen dieser Lobrede auf den von ihm zum Gott erhobenen Künstler; eine charakteristische sei hier angeführt:

«Je mehr sich die Seele erhebt zu dem Gefühl der Verhältnisse, die allein schön und von Ewigkeit sind, deren Hauptakkorde man beweisen, deren Geheimnisse man nur fühlen kann, in denen sich allein das Leben des gottgleichen Genius in seligen Melodien herumwälzt; je mehr diese Schönheit in das Wesen eines Geistes eindringt, dass sie mit ihm entstanden zu sein scheint, dass ihm nichts genug thut als sie, dass er nichts aus sich wirkt als sie: desto glücklicher ist der Künstler, desto herrlicher ist er, desto tiefgebeugter stehen wir da und beten an den Gesalbten Gottes».

Auch in dieser Hinsicht dürften auf den jungen Goethe der Strassburger Zeit von grosser Wichtigkeit die Anregungen gewesen sein, die er von Seiten Herder's empfing. Wie Herder ihn auf den reinen Quell der deutschen Volkspoesie hinwies, so wird er auch mit seinem jüngeren Freunde über die Bedeutung der alten deutschen Kunst, die sich dem empfänglichen Gemüte des Jünglings so eindrucksvoll aufdrängte, gesprochen haben. Dafür, dass Herder mit deutscher Kunst sowohl als mit deutscher Mystik innig vertraut war, dafür finden sich in seinen Werken manche Beweise und Spuren; wie sehr ihn selbst die alten Mystiker zu eigenem dichterischem Schaffen anregten, beweist u. a. auf das deutlichste sein Gedicht: «Die ewige Weisheit», das der Verherrlichung Heinrich Suso's gewidmet ist. Mir scheint, dass man selbst in dem Style jenes Goethischen

Aufsatzes bei einigen Ausdrücken Herder's Einfluss erkennen
darf, was natürlich nicht im mindesten hindert, das Ganze
als einen unvergleichlichen, feurigen Ausbruch aus dem ureigensten Gefühle des jungen Dichters anzusehen. Dass Herder
jedenfalls die Worte seines jüngeren Freundes, den er zu jener
Zeit∙gerne leitete, durchaus billigte, geht überdies aus dem Um-
stande hervor, dass er den Aufsatz im Jahre 1773 in sein
Sammelwerkchen «Von deutscher Art und Kunst. Einige fliegende
Blätter» aufnahm, nachdem er 1772 schon als Einzeldruck erschienen war.

Wie tief und wie nachhaltig dieser Eindruck und die daraus
gewonnene Erkenntnis bei Goethe waren, beweist ein zweiter
kurzer, dem ersten sehr verwandter Aufsatz, den er 3 Jahre
später für sich niederschrieb: «Dritte Wallfahrt nach Erwins
Grabe im Juli 1775». Wieder ein leidenschaftlicher Ausbruch
tiefempfundener Begeisterung, hervorgerufen durch die Kunst
Erwins!

Derselbe Eindruck, dieselben Gefühle, ungeschwächt wie
vor drei Jahren! Der kurze Hymnus beginnt mit den bedeutungsvollen, die mystische Auffassung dieser Kunst kennzeichnenden
Worten: «Wieder an deinem Grabe und dem D e n k m a l d e s
e w i g e n L e b e n s i n d i r ü b e r d e i n e m G r a b e, heiliger
Erwin!»

Im späteren Verlaufe seines Lebens und seiner Entwicklung
tritt nun zwar diese Auffassungsweise bei Goethe zurück; er
ergreift andere Denkrichtungen und neigt sich zu anderen Be-
trachtungsweisen der Kunst. Zu sagen, dass er sich nun damit
in Gegensatz zu seiner früheren, genial erworbenen Erkenntnis
setzte, wäre aber grundfalsch. Beim Genie giebt es keine Widersprüche. Es vermag alles Sein, alles Denken, alles Fühlen als
Einheit zu erfassen, und wenn es sich, veranlasst durch die Verhältnisse von Zeit und Raum, in die es hineinversetzt ist, auch
zeitweise nur nach einer Richtung hin bewegt, so ist das nicht
ein Zeichen dafür, dass alle anderen Elemente nun tot sind;
sie schlummern dann bloss. Ohne seine Schuld jedoch kann das
Genie in solchen Fällen einen ungünstigen Einfluss auf minder-
begabte Wesen ausüben, denen die grosse einheitliche Gesamt-
auffassung, auf der jenes beständig fusst, fehlt und die nun einzig

dem glänzenden, verlockenden Beispiel des zeitweisen Schaffens des genialen Vorbildes folgen und so für sich nun natürlich einseitig werden. Ein solches Beispiel ist uns Heinrich Meyer, der beliebte Maler und Kunstschriftsteller des Weimarer Kreises jener Tage, der von Seiten Goethes einer ehrenvollen Freundschaft gewürdigt wurde.

Uebrigens giebt uns Goethe selbst in ganz einzigartiger wundervoller Weise Aufklärung über diese für seinen und jedes Genies so wichtigen Werdegang und Wechselgang der Sinnesweise; in «Dichtung und Wahrheit» giebt er uns herrliche Worte, die uns vollauf bestätigen und es uns durchaus unmöglich machen, die vorherrschend klassizistische und antikisierende Richtung in seiner mittleren Lebenszeit als einen Widerspruch gegen die romantisch-mystische seiner früheren aufzufassen. Die Zeilen lauten:

«Nun gesellen sich aber zur menschlichen Beschränktheit noch so viele zufällige Hindernisse, dass hier ein Begonnenes liegen bleibt, dort ein Ergriffenes aus der Hand fällt und ein Wunsch nach dem anderen sich verzettelt. Waren aber diese Wünsche aus einem reinen Herzen entsprungen, dem Bedürfnis der Zeit gemäss: so darf man ruhig rechts und links liegen und fallen lassen und kann versichert sein, dass nicht allein dieses wieder aufgefunden und aufgehoben werden muss, sondern dass auch noch gar manches Verwandte, das man nie berührt, ja, woran man nie gedacht hat, zum Vorschein kommen werde. Sehen wir nun während unseres Lebensganges dasjenige von anderen geleistet, wozu wir selbst früher einen Beruf fühlten, ihn aber, mit manchem anderen, aufgeben mussten, dann tritt das schöne Gefühl ein, dass die Menschheit zusammen erst der wahre Mensch ist und dass der einzelne nur froh und glücklich sein kann, wenn er den Mut hat sich im Ganzen zu fühlen. — Diese Betrachtung ist hier recht am Platze; denn, wenn ich die Neigung bedenke, die mich zu jenen alten Bauwerken hinzog, wenn ich die Zeit berechne, die ich allein dem Strassburger Münster gewidmet, die Aufmerksamkeit, mit der ich späterhin den Dom zu Köln und den zu Freiburg betrachtet und den Wert dieser Gebäude immer mehr empfunden, so könnte ich mich tadeln, dass ich sie nachher ganz aus den

Augen verloren, ja, durch eine entwickeltere Kunst angezogen,
völlig im Hintergrunde gelassen. Sehe ich nun aber in der
neusten Zeit die Aufmerksamkeit wieder auf jene Gegenstände
hingelenkt, Neigung, ja Leidenschaft gegen sie hervortreten und
blühen, sehe ich tüchtige junge Leute, von ihr ergriffen, Kräfte,
Zeit, Sorgfalt, Vermögen diesen Denkmalen einer vergangenen
Welt rücksichtslos widmen, so werde ich mit Vergnügen erinnert, dass das, was ich sonst wollte und wünschte, einen Wert
hatte.»

Er zielt hier auf gewisse Bestrebungen der aufgeblühten
romantischen Schule, zu der er mit der Zeit in eine sehr enge
Verbindung getreten war, derselben romantischen Schule, die
eben Heinrich Meyer von seiner einseitigen, streng klassi-
zistischen Auffassung aus auf das Heftigste befehdet hatte. Dass
Meyer vom künstlerischen Standpunkt sich gegen die künstlerische Produktion der romantischen Schule, gegen ihre äusser-
liche hohle Nachahmung alter Kunst richtete, ist ja begreiflich
und spricht für seinen eigenen Künstlersinn (— sein eigenes
Schaffen zwar wollen wir hier nicht betrachten —); dass er
aber überhaupt sich gegen die Berechtigung des Hinweises von
Seiten der Romantiker auf die Bedeutung der mystisch-religiösen
Kunst des deutschen Mittelalters als auf eine höchste Offenbarung wendet, zeugt von seiner engherzigen Einseitigkeit: er
hatte nicht die zwei Möglichkeiten der Kunst erkannt, nicht die
Berechtigung der durch die Verschiedenheit der Volscharaktere
bedingten Unterschiede. — Die Meinung Meyer's und anderer
aus dem Weimarer Kreise jener Tage in Betreff dieser Frage
darf nun also durchaus nicht als identisch mit derjenigen
Goethes selber gefasst werden, wie es bisweilen geschieht, so
sehr sie auch von Goethe selbst angeregt und hervorgerufen
scheint. Wie sehr im letzten Grunde Goethe's Gesinnung seit
der Strassburger Zeit sich selbst getreu geblieben war, zeigen
mannigfache Beweise, nicht am wenigsten u. a. die Aufnahme
der «Bekenntnisse einer schönen Seele» in «Wilhelm Meisters
Lehrjahre», durch die er dem Fräulein v. Klettenberg ein dau-
erndes Denkmal setzte. Sein eingehender Bericht über die,
in den Jahren 1814 und 1815 unternommenen Reisen an den
Rhein, an den Main und den Neckar und über die Eindrücke,

die ihm die dort nun überall von der rührigen romantischen
Schule wieder ans Licht gezogenen und zur Geltung gebrachten
Denkmale der alten deutschen Kunst, diesmal namentlich der
Malerei, gemacht hatten, beweisen auf das Beste, wie sehr er
einverstanden war mit diesen neuen Bestrebungen und den Ge-
sinnungen, aus denen sie hervorgingen. Seine volle Anerkennung spendet er den eifrigen und verdienstvollen Sammlern
und Forschern, den Brüdern Boisserée, Wallraf und ihren Genossen und Mitstrebenden auf allen Gebieten romantischer
Kunst und Litteratur, wenn er auch vor einer allzu einseitigen
Begeisterung, die sich in der «enthusiastischen Mystik» einer
Beschreibung des Kölner Dombildes von Wallraf in dem damals
von jenem Kreis herausgegebenen «Taschenbuch für Freunde
altdeutscher Zeit und Kunst» fand, glaubt warnen zu müssen.
Bezeichnend ist es übrigens, dass sich dieser Reisebericht in
denselben von Goethe herausgegebenen Heften «Ueber Kunst
und Altertum» befindet, in denen auch der Aufsatz «Neu-
deutsche religiös-patriotische Kunst» von Heinrich Meyer, der
eben jene scharfe Kritik der romantischen Bewegung enthielt,
veröffentlicht wurde. Mit Sulpiz Boisserée verband Goethe sehr
bald eine enge Freundschaft; und der reiche Briefwechsel
zwischen Beiden zeugt von der eifrigen Verfolgung jener gemeinsamen geistigen Interessen. Im Jahre 1816 veröffentlichte
Goethe seine wohlwollende Recension: «Zu Boisserée's Aufsatz über Herstellung des Strassburger Münsters»; und noch
im Jahre 1823 schrieb er einen zweiten Aufsatz unter dem
Titel: «Von deutscher Baukunst», aus dem das tiefe liebevolle
Verständnis hervorgeht, das er sich bewahrt hat für denselben
Gegenstand, den er mehr wie ein halbes Jahrhundert vorher
so begeistert gefeiert; wenn auch nun natürlich die Sprache
des Greises ruhiger und gemessener geworden ist.

Um so begeisterter, um so überschwänglicher aber hatte
jetzt eben die romantische Schule jene alte Sprache aufgenommen.
Als eine berechtigte und bei dem deutschen Wesen eigentlich ganz
unausbleibliche Reaktion gegen die steife und manierierte klassizistische und antikisierende Kunstauffassung der Empire-Zeit trat
sie auf mit, aus tiefinnerster Ueberzeugung genährtem Unge-
stüm. Schon gegen Ende des 18. Jahrhunderts bricht mit

elementarer Gewalt diese Bewegung los mit solcher ursprünglichen Kraft, dass man schon allein deshalb geneigt sein möchte,
eine innige Verwandtschaft mit der mittelalterlichen deutschen
Kunst, auf die sie zurückgriff, anzunehmen, weil beide aus dem
tiefsten Wesensinnern der deutschen Volksseele entquollen. Und
in der That, im Grunde kann man nicht anders, wie auch die
meisten Romantiker schlankweg Mystiker zu nennen. — Die
litterarischen Schöpfungen der neuen Schule waren schon zwei
Jahrzehnte vor dem scharfen Aufsatze Heinrich Meyer's, in dem
er sie angreift und ihre fortdauernde grosse Wirkung zu be-
kämpfen müssen glaubt, erschienen und hatten schon damals
grosse Bewegung hervorgerufen.

«Die Herzensergiessungen eines kunstliebenden Klosterbruders» machten im Jahre 1797 den
Anfang und verursachten grosse Erregung im kunstliebenden
Publikum. Sie erschienen anonym, und in manchen Kreisen
hielt man ohne Weiteres keinen Geringeren als Goethe für den
kühnen Verfasser. In Wahrheit waren es aber zwei bis dahin
noch fast unbekannte Jünglinge: Tieck und Wackenroder.

Dem Letzteren gehört der weitaus grösste Teil. Die ganze
Art der deutsch-mystischen Kunstauffassung der romantischen
Schule ist in diesem höchst reizvollen kleinen Büchlein schon
auf das Kühnste klargelegt. Die tiefste, heisseste Begeisterung
für die Kunst geht hier aus jeder Zeile hervor und jedes Wort
zeugt von einem wahrhaften inneren Verhältnis zu den Werken
der grossen Meister. Der Ursprung alles künstlerischen Schaffens sowohl wie echten künstlerischen Geniessens und Verständ-
nisses wird einzig und allein in die Tiefe menschlichen Ge-
mütslebens verlegt, in ganz dieselbe Tiefe, aus der alle religiöse Erhebung entsteht. Alles rein Verstandesmässige wird mit
Recht so weit wie es möglich aus dem Kreise der Kunst verbannt, und nur die Kraft innigen, wahren, tiefinnern Empfindens
wird als das Massgebende hingestellt.

So wird denn hingewiesen auf die alten Künstler und die
alte Kunst. Wie nämlich Religion und Kunst aus demselben
seelischen Urquell entstehen, so sehen wir sie in den alten
Zeiten mittelalterlicher Kunstblüte innig und untrennbar verbunden. Die zeitgenössische Kultur kennt diesen Bund nicht

mehr, was der «Klosterbruder» tief beklagt, da ja beide Schaden darunter leiden. Ausdrücklich warnt er jedoch vor einer blossen Nachahmung der alten Meister, er will nur hinweisen auf den Geist jener Kunst, der sie gross gemacht hat, als auf die einzige Grundlage, auf der ein wahrhaft künstlerisches Schaffen entstehen kann. Dieser Zug geht durch fast sämmtliche Schriften der Romantiker und schon deshalb sind die Angriffe von Seiten Meyers auf sie, welche hiervon ihren Ausgangspunkt nahmen, höchst ungerecht gewesen; denn, dass die ausübenden Künstler der romantischen Schule nur Nachähmer mit einer, bisweilen bloss affektierten Empfindung waren, das kann den bahnbrechenden Schriftstellern dieser Art mit ihrer ehrlichen Ueberzeugung und ihrer glühenden Begeisterung nicht zur Last gelegt werden. Wir späteren Betrachter aber können nicht umhin zuzugeben, dass, wenn auch die bildende Kunst in der deutschmystischen Auffassung mittelalterlicher Zeiten im Beginn unseres Jahrhunderts nicht wieder hat aufblühen können (— die heutige Welt entfernt sich ja noch immer mehr von diesem Urquell unseres nationalen Wesens —), in jenen Tagen wenigstens in der Litteratur noch dieser Geist lebendig war und seine Vertreter fand. (Wo ist er heute geblieben?)

Als eine Fortsetzung der «Herzensergiessungen» erschienen zwei Jahre später die «Phantasieen über die Kunst für Freunde der Kunst», an denen dieselben beiden Verfasser wieder durch Beiträge verschiedenen Inhalts beteiligt waren. Herausgegeben ist dieses Buch jedoch nur von Tieck und zwar aus den nachgelassenen Papieren Wackenroder's, die er aus eigenen vermehrte; denn jener war unterdessen als junger Mensch gestorben: wie mir scheint ein grosser Verlust für unsere Litteratur, denn unter den Romantikern war er, wenigstens was die Tiefe des Fühlens angeht, einer der Bedeutendsten. Die «Phantasien» sind ganz im Geiste der «Herzensergiessungen» gehalten: wieder dieselbe hohe Auffassung der Kunst, dasselbe tiefe übersinnliche Verständnis für ihr Wesen, zum Ausdruck gebracht in überschwänglichen, manchmal phantastischen, aber immer eine wunderbare Ahnung der Wahrheit gebenden Worten. Manche Gedanken sind von einer solchen Kühnheit und einem solchen Schwung, der sich über alles verstandesmässige und

regelfertige Denken hinwegzusetzen und sich nur von einem
endlosen Gefühle tragen zu lassen scheint, dass man wohl begreift, wie die Schriften der Romantiker von einer späteren,
verstandeskühleren Zeit, namentlich unserer allermodernsten kein
Verständnis mehr erlangen, ja bisweilen mit Achselzucken bei
Seite gelegt werden, fast wie die Dokumente einer krankhaften
Periode.

Wenn man sich aber näher mit dieser Ideenwelt befasst,
kann man nur staunend und bewundernd einsehen, dass diese
Romantiker in Wahrheit nichts anderes, nichts mehr und nichts
weniger vertreten, wie die urdeutsche Weltauffassung, die sich
ebenso in den Mystikern und unserer ganzen echten deutschen
Kunst offenbart. So meine ich, haben wir Recht, ihre Schriften,
die sich mit der Betrachtung alter Kunst befassen, als im höchsten Grade für kompetent zur Beurteilung derselben zu halten
und sie vom Standpunkte unserer modernen wissenschaftlichen
Forschung aus nicht verächtlich beiseite schieben zu lassen,
sondern im Gegenteil als grundlegend zu betrachten.

Der damals heftig entbrannte Streit über die verschiedenartige Auffassung der Kunst zwischen der alten Schule der
Klassizisten und der neuen mystisch-romantischen lässt auch
in den eigenen dichterischen Schöpfungen der Letzteren ein-
dringliche Spuren zurück. Als eine direkte Verherrlichung der
mystischen Kunstanschauung in Romanform kann man «Franz
Sternbald's Wanderungen. Eine altdeutsche Geschichte» von Tieck bezeichnen, die 1798 erschien.

Das Ideal, welches den Romantikern von Künstlern und
Künstlertum vorschwebte, wird uns hier in anmutiger und phan-
tasiereicher Weise vor Augen geführt an dem Beispiel eines
jungen fingierten Schülers Dürer's, der einem sehnsüchtigen
Drange folgend hinaus in die weite Welt zieht, die Kunst zu
suchen und sich zum Künstler zu vollenden. Durch Deutschland, die Niederlande und zuletzt nach Italien führt uns, zugleich mit dem wandernden, begeisterten und sehnsüchtig
strebenden Kunstjünger, der Roman, um zuletzt — zwar nur
in dem angefügten Plane des leider nicht mehr ausgeführten
letzten Teiles des Buches angedeutet — an dem Grabe Dürer's
auf dem Johannis-Friedhofe zu Nürnberg zu endigen. Zugleich

mit der Sehnsucht nach Vollendung in seiner Kunst treibt den
jungen Maler diejenige nach der Vereinigung mit einem heiss-
geliebten jungen Weibe, das ihm nur zweimal in seinem Leben
flüchtig vor Augen gekommen ist, von dem er sich aber geliebt
weiss und dem seine Seele mit sehnsüchtigem Drange liebe-
durstig suchend entgegenfliegt. In dem Augenblicke, wo nun
die Erfahrungen des Lebens, sein auf der Reise erlangtes
inniges Verständnis der Natur und seine Studien an vielen
Kunstwerken und Künstlern, ihn selbst zum Künstler gereift
haben, findet er in Rom seine unbekannte Geliebte und vereinigt sich mit ihr in Leidenschaft. Wenn auch nicht ausdrücklich vom Autor so ausgesprochen, mögen diese beiden Motive,
das der Liebessehnsucht und das der Künstlersehnsucht wechselseitig symbolisch genommen werden! Aus den vielen Betrachtungen, welche dem Helden und den übrigen Personen in den
Mund und aus den Empfindungen, welche in ihre Herzen gelegt
worden sind, spricht uns deutlich der Geist der romantischen
Schule an und mag der Verfasser hierin bisweilen etwas zu
anachronistisch vorgegangen sein; doch im Ganzen ist der Ton
gut getroffen und das deutsche Künstlerleben ist uns in einem
anmutenden Bilde vor Augen geführt worden. Namentlich ist
aber das unbewusst-mystische Element im deutschen Künstlerwesen an dem Beispiel des Lebens und Strebens, des Fühlens
und Denkens jenes Kunstjüngers in seinem eigenen künstlerischen
Schaffen und seinem Verhältnis zu Leben und Welt sehr ver-
ständnisvoll erfasst. Einige Worte aus einer begeisterten Rede
Sternbald's über seine Kunst und für dieselbe mögen hier angeführt werden:

«So halte ich die Kunst für ein Unterpfand unserer Unsterblichkeit, für ein geheimes Zeichen, an dem die ewigen
Geister sich wunderbarlich erkennen. Der Engel in uns strebt
sich zu offenbaren, und trifft nur Menschenkräfte an, er kann
von seinem Dasein nicht überzeugen, und wirkt und regiert nun
auf die lieblichste Weise, um uns, wie in einem schönen Traum,
den süssen Glauben beizubringen. So entsteht in der Ordnung,
in wirkender Harmonie die Kunst». Und weiter: «Daher sind
es wohl die schönsten, die erhabendsten Stunden, die ein Meister
vor seinem Werke zubringt; er legt bildlich die Liebe hinein,

mit der er die ganze Welt an sein Herz drücken möchte, die
Urschönheit, die Hoheit, vor der er niederkniet.»

Wenn auch wohl keiner der Dürer-Schüler jemals solche
Worte in den Mund genommen hat, so erkennen wir in ihnen
doch das, was wenigstens unbewusst in der alten deutschen
Kunst und dem deutschen Künstlertum und Künstlerwesen lebt
und wirkt. Solche Anschauungen als blosse phantastische Hirngespinste der Romantiker anzusehen, wie unsere moderne Kritik
vielleicht leicht geneigt ist zu thun, geht nicht an.

Gleichzeitig mit Wackenroder und Tieck lebte und schrieb
Fr. v. Hardenberg, genannt N o v a l i s ; höchst begabt, von
wunderbarer Gedankentiefe, leider aber auch als junger Mann
gestorben. In allen seinen Schriften und Dichtungen atmet der
Geist der Mystik im höchsten Grade. Was ist die berühmte
«blaue Blume» in seinem Roman «H e i n r i c h v o n O f t e r -
d i n g e n», die noch heute überhaupt als das Sinnbild der ganzen
romantischen Bewegung gilt anderes als ein Symbol mystisch-
künstlerischer Gefühlserkenntnis ?

Mit ausgebreiteten historischen und litterarischen Kennt-
nissen gehen unter den Romantikern die beiden Schlegel an alle
diese für unsere Betrachtungen so wichtigen Fragen, die Brüder
August Wilhelm und Friedrich, von denen für uns namentlich
der Letztere in Betracht kommt, der sich durch Geist und
philosophischen Tiefsinn auszeichnet. In seinen «Vorlesungen
über die Geschichte der alten und neuen Litteratur» betont er
an einigen Stellen die Verwandtschaft zwischen der mittelalterlichen Litteratur und dem Geiste der gothischen Baukunst,
welch' Letzterer er in weitgehendem Masse symbolische Bedeutung zugeschrieben wissen will. Dasselbe geschieht in den
Betrachtungen über «die Grundzüge der gothischen Baukunst»,
angestellt auf einer Reise durch die Niederlande, die Rheingegenden, die Schweiz und einen Teil von Frankreich in dem
Jahre 1804—1805. In seinen «Ansichten und Ideen von der
christlichen Kunst» wird er nicht müde, immer und immer
wieder das Gefühl, das tiefinnerste Empfinden der Seele als die
einzige Quelle jeder wahren Kunst hinzustellen. Der Produktion
seiner zeitgenössischen Kunst, auch derjenigen der romantischen
Schule, zu deren litterarischen Abteilung er doch selbst gehört,

steht er ziemlich skeptisch gegenüber; eine grosse, wirklich hohe
Bedeutung kann er ihr nicht zusprechen, ganz gewiss keine
solche für die gegenwärtige und kommende Kultur der Nation
wie der Menschheit überhaupt, denn es fehle ihr ja die einzig
sichere Grundlage eines die Allgemeinheit bewegenden und ver-
einenden religiösen Gefühls, wie es jene alten Zeiten in hervor-
ragendem Masse besassen. Der Ausbildung einer solchen Kunst
stehe unserer Zeit «die universelle Bildung und intellektuelle
Vielseitigkeit» hindernd entgegen, welche «leicht zur Zersplitter-
ung der geistigen Kraft führt und sich schwer mit einer kon-
zentrierten Wirkung in fortschreitender Steigerung, und mit
einer Fülle vollendeter Hervorbringungen in einer bestimmten,
positiven Art verträgt». «Der reine, klare Sinn und das tiefe
Gefühl ist die einzige ächte Quelle der höheren Kunst»,
aber «beinahe alles in unserer Zeit tritt diesem Gefühl feindlich
entgegen, um es zurück zu drängen, zu versplittern, zu über-
schütten». Was würde Friedrich Schlegel sagen und klagen,
wenn er den weiteren Verlauf des Jahrhunderts bis auf unsere
Tage erlebt hätte, wo jene doch immerhin im höchsten Grade
bewundernswerte und bedeutende universelle Geistesbildung
und intellektuelle Vielseitigkeit seiner Tage gewichen ist einer
einseitigen sklavischen Unterwerfung unter den öden Geist des
Specialismus und dazu des Materialismus auf allen Gebieten, die
Kunst nicht ausgeschlossen! Er, der ausruft: «Vergebens sucht
man die Malerkunst wieder hervorzurufen, wenn nicht erst die
Religion oder eine auf diese gegründete christliche Philosophie
wenigstens die Idee derselben wieder hervorgerufen hat». —

In den beiden Zeitschriften «Athenäum» und «Europa»
schufen die Schlegel sich die Organe für die Verbreitung ihrer
Ansichten, und sind es da namentlich eine grosse Menge von
Aphorismen und kurzen Betrachtungen, zu denen auch der tief-
denkende Novalis eine Fülle beisteuerte, die eine reiche Fundgrube
für Aussprüche im Sinne mystischer Philosophie und mystischer
Kunst darstellen. Einige von Friedrich Schlegel sollen folgen:

«Ein Künstler ist, wer sein Centrum in sich selbst hat.»

«Euer Leben bildet nur menschlich, so habt ihr genug gethan: aber die Höhe der Kunst und die Tiefe der Wissenschaft
werdet ihr nie erreichen ohne ein Göttliches.»

«Der Geist unserer alten Helden deutscher Kunst und Wissenschaft muss der unsrige bleiben, so lange wir Deutsche bleiben. Der deutsche Künstler hat keinen Charakter oder den eines Albrecht Dürer, Keppler, Hans Sachs, eines Luther und Jakob Böhme. Rechtlich, treuherzig, gründlich, genau und tiefsinnig ist dieser Charakter, dabei unschuldig und etwas ungeschickt.

Nur bei den Deutschen ist es eine Nationaleigenheit, die Kunst und die Wissenschaft bloss um der Kunst und der Wissenschaft willen göttlich zu verehren.»

Auch bei ihm findet sich die Sehnsucht nach einer Kultur, wo Religion und Kunst verbunden sind, wie es ihm das deutsche Mittelalter zeigte, und wenn er sich da noch ein Heil verspricht, so kann er es nur durch grosse Anstrengungen von Seiten mystischer Philosophen erhoffen. «Was thun die wenigen Mystiker, die es noch giebt? Sie bilden mehr oder weniger das rohe Chaos der schon vorhandenen Religionen. Aber nur einzeln, im Kleinen, durch schwache Versuche. Thut es im Grossen von allen Seiten mit der ganzen Masse, und lasst uns alle Religionen aus ihren Gräbern wecken und die unsterblichen neu beleben und bilden durch die Allmacht der Kunst und Wissenschaft!»

Es dürfte die Philosophie der romantischen Schule, wie sie sich aus vielen derartigen Betrachtungen ihrer dichterischen Vertreter ergiebt, noch lange nicht genug gewürdigt worden sein in Bezug auf ihre Stellung in der Entwicklung der deutschen Geisteskultur. Von dieser Seite betrachtet bilden die Romantiker und ihre Anschauungen ein herrliches Stück ein und desselben wundervollen tiefen Stromes, zu dem auch die deutsche Mystik und die deutsche Kunst gehörte. Mit den Mystikern berühren sie sich auf das Innigste und für die deutsche Kunst hatten sie mehr wie irgend jemand ein tiefes und sympathetisches Verständnis. Verdeckt war dieser Strom zeitweise durch humanistische und gar klassizistische Bestrebungen, durch Dinge, die dem deutschen Geiste doch immer mehr oder minder von Aussen zugetragen worden waren, aber versiegt war er nicht. Auch verschwindet er nicht mit dem Aussterben der Romantiker; im Gegenteil: die Wellen, von denen sie ge-

tragen, schwellen nach ihnen, und zum Teil, Dank ihrer Bewegung, auf das Mächtigste von Neuem an zu welterfüllendem
Brausen. Denn so, wie die Romantiker sich einerseits berühren
mit uralten künstlerischen und mystisch-philosophischen Strömungen, so leiten sie andererseits eine neue herrliche Bewegung
ein. Ihr Verhältnis zu der Kunst Richard Wagner's ist öfter
gewürdigt worden; noch nicht genügend aber, wie mir scheint,
dasjenige zu den philosophischen, künstlerischen und kulturellen Anschauungen des Meisters und weiterhin zu der Philosophie Arthur Schopenhauer's, zu den beiden grössten Deutschen
unseres Jahrhunderts. Diese neuen gewaltigen Ausbrüche deutschen Elementes bereiten sie vor.

Die oben angeführten Sätze und Citate und aphoristische
Aussprüche wie: «Selbstentäusserung ist die Quelle aller Er-
niedrigung, so wie im Gegenteil der Grund aller ächten Erhebung» und «Der Sitz der Seele ist da, wo sich Innenwelt und
Aussenwelt berühren. Wo sie sich durchdringen, ist er in
jedem Punkte der Durchdringung» — solche und viele ähnliche
Aussprüche scheinen mir in dieser Hinsicht hochbedeutend zu
sein, um nur nebenbei einige Beispiele zu solchen Anregungen,
die weiter zu verfolgen hier leider nicht Raum ist, zu geben.
Auf eine Seite dieser grossen Zusammenhänge werden wir im
weiteren Verlaufe unserer Untersuchungen noch Gelegenheit
haben, zurückzukommen. —

. Weiterhin schlossen sich an die Romantiker, besonders an Tieck und seine Romane verschiedene Schriftsteller an wie Jean Paul und der phantastische Novellendichter
und Opernkomponist E. T. A. Hoffmann, mit welch' Letzterem
sich auch hinwiederum Richard Wagner eng berührt. Ein merkwürdiges, aber recht charakteristisch deutsches Gemisch ist es,
was wir in den wunderlichen Schriften dieser Beiden finden:
übersprudelnder Humor und tolle Phantasie dicht neben mystischer Philosophie und ernstester Kunstbetrachtungen in durchaus mystischem Sinn.

Zu all' diesen Erzeugnissen einer hochfliegenden Phantasie,
die nur aus einer überreichen Kraft tiefinnersten und wahrsten
Empfindens erklärt werden können, treten sodann wissenschaftliche Bestrebungen. War durch die Schlegel die wirklich wissen-

2

schaftlich begründete Kenntnis der Vergangenheit in die romantische Schule eingeführt worden, so regte sich auch bald
der Drang nach eigener wissenschaftlicher Bethätigung. Es
fanden sich bald begeisterte Männer, die die Notwendigkeit ein-
sahen, das Urteil, das man sich über vergangene Kunst und
Kultur durch sympathetisches Verständnis gebildet hatte, wissenschaftlich zu begründen. Man begann damit, alte Kunstwerke
zu sammeln, sie vor der Vernichtung und dem Vergessen-
werden zu bewahren; man fing an, die alten Bauwerke genauer
zu studieren, sie im alten Sinn zu restaurieren und sie vor
dem Ruin zu schützen. Die Namen der Brüder Boisserée und
Wallrafs sind es hauptsächlich, an die hier nur erinnert zu
werden braucht. Alle ihre Bestrebungen geschahen in durchaus
mystisch-künstlerischem Sinne, wie sich denn auch Sulpiz Boisserée in einem Briefe an Goethe einen Mystiker nennt.
    Bekannt ist es weiterhin, wie diese Anregungen aufgenommen
wurden von dem Mystiker und Romantiker auf dem Königsthron,
wie er so oft genannt wird, von Friedrich Wilhelm IV.
    Wir brauchen ja nur an die kühn gefasste und kühn
ausgeführte Idee der Vollendung des Kölner Domes zu erinnern.
    Ein anderer Weg zur Erforschung des Mittelalters wurde
durch die Philologie eröffnet. Die neu erschlossene altdeutsche
Litteratur lud nun geradezu ein zu einem Vergleiche mit der
Kunst, und ist es für uns beachtenswert, dass man auch den
Werken der Mystiker ein hohes Interesse zuwandte. 1826 erschien die bekannte Frankfurter Ausgabe des Tauler; Görres
schrieb 1836—1842 eine grössere Geschichte der christlichen
Mystik, nachdem er 1837 zusammen mit Diepenbrock die Schriften
Heinrich Suso's herausgegeben hatte.
    Uebrigens muss gesagt werden, dass es gerade die Werke
der meisten mittelalterlichen Mystiker waren, die zu denjenigen
unserer Litteratur gehörten, die durch alle Jahrhunderte hindurch immer wieder von Neuem gedruckt worden sind; namentlich Tauler ist da mit einer grossen Anzahl von Ausgaben zu
erwähnen; des Thomas a Kempis gar nicht zu gedenken.
    So wurde mit der Zeit ein grosses Material gesammelt, das
wohl ausreichte zu gründlicher wissenschaftlicher Betrachtung
von Kunst und Kultur des deutschen Mittelalters. In diesem

Momente setzen die Männer ein, welche recht eigentlich die
Väter unserer modernen Kunstwissenschaft heissen. Schnaase
und Hotho sind es, die für unsere Zwecke nun in Betracht zu
ziehen sind.

Ausgerüstet einerseits mit gründlicher Kenntnis aller Kulturerscheinungen des Mittelalters und andererseits mit angeborenem
tiefen Kunstsinn konnten sie es unternehmen, die geschichtliche
Entwicklung der Kunst zu schildern und in das Verständnis
der Kunst vergangener Zeiten einzuführen, indem sie dieselbe
darstellten im Verhältnis zu aller übrigen Kultur, zum Zeitgeist
und zum Volkscharakter, der einzig richtigen Methode, frühere
Kunstschöpfungen, die unserem Zeitgeiste nicht mehr entsprechen,
vollauf zu würdigen.

Wichtig für uns ist es, zu sehen, wie auch diese Männer
sich durchaus von mystischer Kunstauffassung leiten lassen und
so auch darin unmittelbar anknüpfen an die deutsche Romantik.
In den schon 1834 erschienenen, so anziehenden «Niederländischen Briefen» Karl Schnaase's giebt es manche bedeutungsvolle Stellen dieser Art; eine derselben lautet: «Das praktische
Leben und die Wissenschaft geben nur Zweifel über diese Einheit (sc. von Gott und Natur), und die Kirche kann diese Zweifel
höchstens verstummen machen, indem sie von einem tiefen
Mysterium spricht, das der Mensch nicht durchschauen könne.
Das Bedürfnis nach voller Anschauung der Einheit Gottes und
der Natur bleibt daher ungestillt, die Religion in sich unvoll-
endet. Hier tritt die Kunst befriedigend ein, indem sie die
Natur gleichsam zum zweiten Male, aber mit ursprünglicher
geistiger Selbständigkeit gestaltet, giebt sie das Gefühl, dass
auch die Welt der Erscheinungen nirgend ohne Gott sei. Sie ist
selbst eine Religion, die aber nicht wie die eigentliche von Geist
zu Geist spricht, sondern durch die Erscheinung zum Gefühl,
die Verklärung der Natur für den Menschen, Naturreligion, und
damit eine Ergänzung der geistigen Religion. Sie ist das pan-
theistische Element, das keine Religion entbehren kann». —
Auf der Basis solcher Anschauungen machte sich Schnaase
dann an sein umfassendes Werk der «Geschichte der bildenden
Künste im Mittelalter», das noch heute mit Recht als eines der
grundlegendsten und unentbehrlichsten für unsere Wissenschaft

gilt. Wenn auch die neuere Kritik im Einzelnen vieles ändern muss, so ist doch die Auffassung im Ganzen, die Art, wie er der Kunst ihre Stellung, ihr Verhältnis zur übrigen Kultur zuweist, bis jetzt unerreicht. Der Mystik schenkt er eingehende Berücksichtigung. Ihr widmet er ein besonderes Kapitel und betont auf das Ausdrücklichste ihre Bedeutung für die Kunst, ohne aber im Einzelnen den Vergleich durchzuführen und Zusammenhänge klarzulegen. Er meint, dass «die Motive und Schicksale der Kunst durch die Vergleichung mit den mystisch-religiösen Regungen eine unerwartete Klarheit erlangen».

Wenn es der vorliegenden Arbeit gelingen sollte, zur Verschaffung dieser Klarheit beizutragen, und, bescheiden an den grossen Forscher anknüpfend, hier in diesem Punkte eine Ergänzung zu ihm zu liefern, so würde der Verfasser in diesem Gefühle seine volle Befriedigung finden. — Geht Schnaase's Begabung und demgemäss seine Art der Auffassung mehr nach der Seite des Historischen, so bewegt sich H. G. Hotho im Allgemeinen mehr auf dem Gebiete des Kunstphilosophischen. In seiner «Geschichte der deutschen und niederländischen Malerei» (1842) geht auch er bei seinen Betrachtungen aus von dem tiefen Bedauern, dass es ihm unmöglich ist, in der bildenden Kunst seines Jahrhunderts eine wahre grosse Kunst zu sehen; auch er weist hin auf die vergangenen grossen Kunstepochen des deutschen Mittelalters und der Renaissance, und entwickelt, auf welchen Voraussetzungen geistiger und kultureller Art jene Kunst beruhte, Voraussetzungen, die seiner Zeit durchaus fehlten, — und die, so müssen wir Modernen hinzufügen, uns heutzutage erst recht fehlen. Vom Kreise des täglichen Lebens, des endlichen Daseins, kurz von alledem, was er mit einem Worte das «Prosaische» nennt, will er die Kunst streng geschieden sehen, will ihr ebenso wie Religion und Philosophie eine Stellung zugewiesen sehen, der man nur durch höchste Erhebung von Geist und Seele sich nahen könne. Zum Kunstschaffen wie zum Kunstgeniessen und zum Kunstverständnis bedarf es nach ihm eines «göttlichen Funkens» — bewusst oder unbewusst bedient er sich desselben Bildes, das auch verschiedene Mystiker, besonders Meister Eckhart benützten, um das Innere der Seele zu bezeichnen — jenes göttlichen Funkens, der nur im tiefsten Empfindungsleben der Seele glüht, dort, wo auch das religiöse Bewusstsein sich findet. Einen der Mystiker glaubt man weiterhin zu hören, wenn Hotho den Beweis führt, dass sich Kunst sowie Religion weit empor über das Bereich der verstandesmässigen Wissenschaften erheben; mit diesem Bereich hätte sie nur wenig gemein, denn auch es gehörte nur zu jener «endlichen Welt des Prosaischen», die sich nie zum Empfinden und Anschauen ewiger Wahrheiten erheben kann: «Wo sie auf ihrer wahren Höhe steht», so meint er von der Kunst, «wird auch ihrem frohen Blick offenbar, was dem gewöhnlichen Sinne ein verhülltes Geheimnis ist, die ewige innere Bedeutung Gottes, wie der natürlichen und menschlichen Welt».

In geistvoller Art weist er übrigens nach, dass im Gegensatz zu der, der Antike mehr entsprechenden Skulptur, die eigentliche christliche unter den bildenden Künsten nur die Malerei hat werden können, sie, die imstande ist, die gesammte Erscheinungswelt in ihrem inneren und äusseren Zusammenhang, in ihrer seelischen Belebung wiederzugeben, die es vermag, uns die mannigfaltigste Vielheit als Einheit empfinden zu lassen, und die in weit höherem Masse als die Plastik befähigt ist, die feinsten innersten Seelenregungen wiederzuspiegeln und das Verhältnis der Menschenseele zu allem umgebenden Sein darzustellen.

So geht aus allen seinen Ausführungen hervor, dass er einer mystischen Kunstauffassung ganz im Sinne des deutschen Kunstgeistes durchaus das Wort reden will, jedoch scheint er noch nicht den thatsächlich bestehenden Zusammenhang zwischen der Kunst und der mystischen Philosophie und ihren Vertretern erkannt zu haben, wenigstens berührt er die Mystik in seinen längeren kulturhistorischen Betrachtungen nicht. Dass er diesen historischen und inneren Zusammenhang jedoch ziemlich deutlich ahnt, geht aus folgender merkwürdigen Stelle hervor: «Ueberhaupt geht die Richtung dieser gesammten Kunst (nämlich der des Mittelalters in Deutschland und in den Niederlanden) von Hause aus dem Protestantismus entgegen». Eine allerdings sehr feinsinnige und treffende Bemerkung, die besonders für die von uns jetzt beabsichtigten Untersuchungen von ermunternder Bedeutung ist, wenn wir bedenken, dass auch die gesammte deutsche Mystik in mancher Hinsicht mit vollem Rechte eine Vorläuferin der Reformation, und ihre Vertreter, wie Meister Eckhart, Tauler u. a. durchaus als Vorgänger und Vorarbeiter Luthers angesehen werden dürfen. — Ungefähr dieselben Betrachtungen stellt Hotho noch einmal in seiner, einige Jahre später herausgegebenen «Geschichte der christlichen Malerei» (1867—69) an, doch wie mir scheint in weniger glücklichen Form.

Auf demselben Boden der Auffassung wie Schnaase und Hotho steht auch der gleichzeitige Franz Kugler, der jedoch den kulturhistorischen und kunstphilosophischen Betrachtungen weit weniger Raum gönnt. In der Einleitung zu seiner Besprechung der gothischen Zeit (im «Handbuch der Kunstgeschichte») finden wir die charakterisierende Stelle: «Ein gemeinsamer geistiger Drang macht sich geltend, welcher die Kunstschöpfungen lebhafter durchdringt, sie reicher gliedert, fester zusammenbindet; ein schwärmerisches mystisches, ekstatisches Element, welches der Form und Darstellung einen neuen Gehalt, ihrer Fassung und Behandlung, ihrer Verbindung, ihrer Wirkung ein charakteristisch neues Gepräge giebt». Wenn er an einer anderen Stelle in der gothischen Kunst den Ausdruck des «Sieges des hierarchischen Geistes über die Welt» sieht, so müssen wir ihm da im allgemeinen ja vollkommen Recht geben, nur eben für die deutsche Kunst möchten wir diese Behauptung entschieden eingeschränkt sehen, da jener «mystische» Geist, den Kugler, wie die soeben angeführte Stelle beweist, selbst empfindet, bisweilen recht wenig kirchlich war, wenigstens durchaus nicht aus dem hieratischen System entsprang, sondern seine Quellen ganz anderswo hat. Denn so sehr sich die mittelalterliche deutsche Kunst auch an die Kirche anlehnte und sie deshalb schon manchem flüchtigen Blicke als die «Dienerin der Kirche» erschienen ist, ihrem innersten Geiste nach war sie doch meist weit, weit entfernt von allem Hieratisch-Dogmatischen, was die katholische Kirche ausmachte; — ganz so wie die deutschen Mystiker, die sich äusserlich auch noch innerhalb des Rahmens der Kirche hielten, innerlich aber ganz andere Wege gingen, wie sie denn auch mit Recht als Gegensatz zu dem die Hierarchie und das Dogma vertretenden und verteidigenden Scholastikertum betrachtet werden. —

An diese Begründer unserer modernen Kunstwissenschaft knüpfen nun eine Anzahl weiterer Gelehrter an, wie Lübke, Springer u. a. m., die sich im Allgemeinen noch den alten Geist und die alte Auffassungsweise bewahren, wenn auch bei ihnen immer mehr die Untersuchungen auf dem Gebiete des Kulturhistorischen und Kunstphilosophischen in den Hintergrund treten. Dies ist nun immer und immer mehr der Fall, je näher wir unseren eigenen Tagen kommen. Die Detailforschung hat sich in den Vordergrund gedrängt. Gewiss ist es notwendig, dass die Wissenschaft sich einmal beschränkt, um den übergrossen Stoff zu sammeln und zu sichten; doch steht sie heute auf einem Punkte, wo sie den Blick für die grossen Zusammenhänge zu verlieren scheint.

Nur wenige Erscheinungen giebt es, die noch im alten Geiste fortwirken, ohne übrigens die Errungenschaften der modernen Forschungsmethode als Hilfsmittel zu verschmähen. An erster Stelle wäre hier ein Werk zu nennen, das für die italienische Kunstentwicklung den entscheidenden Einfluss religiöser und kultureller Prinzipien in überzeugendster Weise schildert: Henry Thode's «Franz von Assisi und die Anfänge der Kunst der Renaissance in Italien». Ihm, als unerreichtem Vorbild verdankt der Verfasser des vorliegenden Versuches seine Anregung und Ermutigung. Ein längeres charakteristisches Citat aus diesem Werke wird den vorliegenden Betrachtungen dienlich sein. Thode sagt: «Die Anschauung, die Contemplatio ist das Streben, das Endziel jeder mystischen Gottesverehrung. Aus dem Worte schon liesse sich auf das künstlerische Element, das ihr eigen, schliessen. So hoch sich schliesslich der Mystiker in dem grenzenlosen Gefühl des Einsseins mit Gott über alle Wirklichkeit der Zeit und des Raumes erhebt, so ruft er sich doch, um zu solcher Höhe zu gelangen, zuerst die Bilder vor die Seele, in deren Anschauung er die zerstreuten Geisteskräfte zur einheitlichen Thätigkeit sammelt. Das ist die erste Stufe der Erkenntnis Gottes, wie Bonaventura dieselbe in seinem «Itinerarium mentis in Deum» bespricht: als Erkenntnis Gottes aus den Geschöpfen und seinem Sein in der Schöpfung. Die Anschauung, die sich kraft der sensualitas mit der materia beschäftigt, nun — diese niederste contemplatio ist doch zugleich die des bildenden Künstlers, und die Seelenkräfte, die Bonaventura sich bei ihr äussern lässt, der sensus und die imaginatio sind die massgebenden Faktoren beim Schaffen desselben. Von der Aussenwelt ab aber wendet sich der Mystiker, auf der zweiten Stufe Gott aus seinem eigenen Geiste zu erkennen. Die eigene intelligentia wird das Objekt der durch den spiritus sich vollziehenden Anschauung. Diese Stufe aber kann recht gut wohl zugleich den Standpunkt des denkenden Dichters bezeichnen. Die letzte höchste Erkenntnis Gottes aber wird in der Spekulation über Gott als absolutes Sein und höchstes Gut erreicht. Die mens vertieft sich in die direkte Anschauung des Göttlichen. Mit dieser Thätigkeit aber lässt sich wohl keine andere Kunst eher vergleichen, als jene, welche die christliche Phantasie allein von jeher in die himmlischen Sphären verwiesen hat, in welcher die ewige Harmonie mehr als in den anderen Ausdruck hienieden gefunden hat: die Musik. So lässt es sich, ohne dass man darüber selbst zum Mystiker zu werden brauchte, wohl behaupten, dass der Mystiker alle Eigenschaften des Künstlers in sich trägt. Was Wunder, wenn er auf bildende Kunst, Dichtkunst und Musik anregend und bildend gewirkt?» (Fr. v. A. pag. 384.)

Für das Verständnis des Wesens der deutschen Kunstentwicklung giebt Thode besonders in seiner Schrift: «Die deutsche bildende Kunst» tiefste Aufschlüsse (vor Kurzem erschienen in dem Sammelwerk: «Das deutsche Volkstum» hrsg. v. Hans Meyer).

Sonst aber vermisst man nur zu oft weitergehende Untersuchungen, und ist es sehr bezeichnend, dass man in zwei grossen Werken aus neuster Zeit, aus denen man am ehesten Belehrung in Betreff der Fragen, die uns jetzt beschäftigen, erwarten sollte, davon gar nichts findet. Ich meine die vor einigen Jahren erschienene umfassende fünfbändige «Geschichte der deutschen Kunst» und die grosse, kürzlich herausgegebene «Geschichte der christlichen Kunst» von Franz Xaver Kraus. Keiner von den fünf Verfassern der einzelnen Teile des ersten Werkes versucht die mittelalterliche Kunst irgendwie in einen engeren Zusammenhang mit anderen kulturellen und geistigen Erscheinungen zu bringen.

Zugegeben, dass dies ausserhalb der Grenzen, die dem umfangreichen Werke gesteckt werden mussten, gelegen hat, so muss
es doch in höchstem Grade überraschen, dass zwei von diesen
neuesten Betrachtern der deutschen Kunst sich in direkten
Gegensatz zu den älteren tief verständnisvollen Forschern setzen
und den Geist, welchen wir mit jenen als den eigentlichen
deutschen Kunstgeist bezeichnen, gar nicht erkennen. D o h m e,
der die «deutsche Baukunst» übernahm, macht folgende Bemerkung: «Seit Schnaase's grundlegender Arbeit ist es in der
Kunstgeschichte vielfach beliebt, die sachliche Nüchternheit
fachmännischer Erörterungen durch Einschiebung allgemeiner
kulturgeschichtlicher Exkurse zu würzen. Derartige Hintergrund-
Stimmung aber ist fast unvermeidlich einseitig auf das jedes-
malige besondere Bedürfnis des Autors gebaut, wenn sie nicht
einfach als entbehrliches Ornament auftritt.» Das gänzliche
Fehlen eines solchen Bedürfnisses von Seiten Dohme's dürfte
diesem erst recht den Vorwurf grösster Einseitigkeit eintragen.
Gut, dass er wenigstens schon in seinem Vorwort den Leser
darauf vorbereitet, dass seine eigenen Erörterungen durchaus
«nüchtern» sind. — Janitschek, der Verfasser der «deutschen
Malerei» schenkte dem Vorwalten der mystischen Gefühlswelt
in den Zeiten des gothischen Styls kaum Beachtung, nur als er
bei seiner Darstellung an die Wende des 14. Jahrhunderts
kommt, wirft er nebenher ein kleines Licht auf das, was er
vorher besprochen, glaubt aber zu gleicher Zeit dem Leser und
seiner Kunstauffassung eine besondere Fessel anlegen zu
müssen, ehe er ihn in den Kreis der kommenden Periode, des
15. Jahrhunderts einführt. Er trennt nämlich die Perioden vor
und nach 1400 sehr scharf und meint nun in Betreff des anfangenden neuen Jahrhunderts: «Man stand an der Scheide
zweier Weltalter. Die Umformung der mittelalterlichen Gedanken-
und Empfindungswelt musste auch für die mittelalterliche Gestaltenwelt die Götterdämmerung herbeiführen. Die Kraft der
Schwingen, welche die Mystiker und ihre Gemeinde im Sturmes-
flug vor das Angesicht Gottes trug, erlahmte, Frau Welt trug
endgültig den Sieg davon, und nicht der Himmel, sondern die
Erde wurde das wichtigste Studium auch der Kunst.»
Das Streben nach Realismus ist das Prinzip, welches dann

von Janitschek im Folgenden als das Herrschende angesehen wird. Ein unserer modernen Welt sehr entsprechender, ja schmeichelnder Gedanke, der jedoch auf die alte Kunst gerichtet, entschieden als anachronistisch zurückgewiesen werden muss! Es ist unzweifelhaft, dass man den Naturalismus in jenen Tagen nur als Mittel zum Zweck ansehen darf und seine letzte Ursache, wie wir zu Beginn unserer Betrachtungen schon betont haben, sehr tief zu suchen hat. Uns dünkt, dass das innerste Wesen auch der Kunst des aufdämmernden Renaissancezeitalters ganz dasselbe bleibt wie vordem und dass man den Urquell nach wie vor im tiefsten deutschen Gefühlsleben sich zu denken hat. Dass sich die Gestaltenwelt in jener Zeit, wo man eben diesen Naturalismus als neues, vollkommeneres künstlerisches Hilfsmittel in Anspruch nahm, änderte, ist nicht weiter zu verwundern, aber deshalb mit Janitschek gleich eine ganze «Götterdämmerung» anzunehmen, geht doch wohl nicht an. Auch in Betreff der deutschen Kunst sollte durchaus jene Auffassung angenommen werden, welche von Henry Thode in seinem schon erwähnten «Franz von Assisi» zuerst in die Kunstgeschichte eingeführt und für die italienische Kunstentwicklung eingehend begründet worden ist, jene Auffassung, dass Gothik und sogenannte Renaissance nicht scharf zu trennen sind, dass die Kunst des vierzehnten, die des fünfzehnten und zuletzt die des anfangenden sechzehnten Jahrhunderts nur die verschiedenartigen Perioden ein und derselben inneren Entwicklung sind. Derselbe Geist, für den nur immer neue, bessere Ausdrucksmittel gesucht und gefunden werden, bis sich in der Blütezeit die vollendete Form herrlich der staunenden und entzückten Welt darstellt!

Was für Italien die Person des göttlichen Franciscus bedeutet, das bedeuten in verwandter Art für Deutschland die Mystiker in ihren verschiedenen Erscheinungsformen als philosophische Schule, als häretische Bruderschaften oder Sekten oder als Fülle von Einzelgestalten, die sich, überall zerstreut, mystischem Leben schon seit dem Ende des 12. Jahrhunderts ergaben. —

Wie sehr übrigens ein mächtiger religiös-reformatorischer Geist stets geeignet ist, in hohem Grade die Künstlerwelt beeinflussend zu erregen, zeigt uns — da wir gerade bei einem Vergleich mit der italienischen Kunstentwicklung angelangt sind, sei beiläufig daran erinnert — neben Franz von Assisi das Beispiel der am Ende des 15. Jahrhunderts durch Savonarola hervorgerufenen Bewegung in Florenz. —

Am meisten wird man nun vielleicht geneigt sein, eingehende Auskunft in Betreff unserer Frage zu erwarten von Fr. X. K r a u s und seinem erwähnten neuen Werk, das er die «G e - s c h i c h t e d e r c h r i s t l i c h e n K u n s t» nennt. So muss es denn sehr überraschen, dass dies mit nichten der Fall ist, und fast muss man annehmen, dass der Verfasser und sein, übrigens sonst so inhaltreiches und auch für unsere Arbeit so wertvoll gewesenes Buch die deutschen Mystiker nicht als mit zum Christentum gehörend, rechnen. Auf sie und ihren Ein- fluss auf die deutsche Kunst wird fast mit keinem Wort ein- gegangen, trotzdem Kraus sonst alle Beziehungen von geistlicher Litteratur zur Kunst auf das Eingehendste aufdeckt und auf diese Seite der historischen Betrachtung eigentlich das Prinzip seiner ganzen umfangreichen Arbeit gründet. Ja, es macht den Eindruck, dass Kraus nicht nur nichts von einem mystischen Element in der Kunst im deutschen Sinne wissen will, sondern sogar alles, was nicht auf dem Standpunkt der römisch-katho- lischen dogmatischen Religionsauffassung steht, fast mit einer gewissen Geringschätzung zu behandeln scheint. Nachdem er z. B. frühere Auffassungen des Motives der Grablegung Christi besprochen hat, kommt Kraus zur Rembrandt'schen Komposition und meint: «ein Bild von ergreifendem Pathos, aber doch schon mit einfacher Betonung des rein Menschlichen». Was soll dieses «doch schon»? Es dürfte hier zum mindesten ein falscher Aus- druck vorliegen. Als ob denn nicht gerade in dieser «Betonung des rein Menschlichen» die Kunst eines ihrer wirkungsvollsten und ergreifendsten Mittel besässe, um zugleich mit der künst- lerischen die höchste religiöse Erhebung hervorzurufen.

In diesem Punkt eben wollen wir ein Anzeichen des mys- tischen Elementes in der Kunst, besonders in der germanischen, sehen. Wie die Mystiker vollständig absahen von allem Aeussern einerseits und Verstandesmässigen andererseits und einzig und allein durch ihre eigenste individuelle Gefühlserhebung die Seele mit dem Göttlichen zu vereinigen strebten, so legten unsere nordischen Künstler ihr Hauptgewicht auf den möglichst intensiven rein menschlichen Gefühlsausdruck, auf das Klarlegen rein menschlicher Seelenregungen. Hierdurch wirkten sie ihrerseits ˙unmittelbar und unwiderstehlich auf das rein menschliche Gefühl des Beschauers und rissen es in mystischem Schwunge mit hinauf in die höchsten Höhen religiöser Erhebung. —

Vielleicht darf man sich nicht allzusehr wundern, wenn diese inneren Zusammenhänge und Verwandtschaften nicht von jedermann zugegeben werden, denn vielleicht bei keiner anderen Sache kommt es so sehr wie hier an auf Gefühlsverständnis; fast möchten wir den Ausdruck «Wahlverwandtschaft» gebrauchen. — Auf eine weitere Beweisführung mit inneren Gründen muss also, wie schon zu Beginn betont, verzichtet werden.

Die Aufgabe der folgenden Kapitel kann nur die sein, äussere Gründe und Belege zu sammeln und vorzubringen für das, was wir beweisen wollen, nämlich die innige Beziehung zwischen deutscher Mystik und deutscher Kunst, die durch den gemeinsamen Urquell, nämlich die Weltanschauung und die Gefühlswelt der deutschen Volksseele erklärliche geistige Verwandtschaft beider.

Vielleicht, so hoffen wir, gelingt es uns, auch auf diesem Wege zu dem erwünschten Resultat zu kommen, das sich zur vollendeten Ueberzeugungsgewissheit zu gestalten, — so wollen wir skeptischen Zweiflern gerne zugeben, — dann dem Empfinden des Einzelnen und seinem Verhältnis zur Kunst anheimgegeben werden muss. —

Das verschiedenartige Material zu dieser «äusseren Beweisführung» wurde aus mannigfaltigen Quellen geschöpft: an erster Stelle stehen natürlich die uns erhaltenen Schriften der Mystiker vom 12. bis zum 15. Jahrhundert, dazu gesellt sich der reiche Schatz der Kunstdenkmäler, wie er uns in den Kirchen, Museen, Galerien und Bibliotheken aufbewahrt ist, die der Verfasser zu diesem Zweck aufsuchte. Der Natur der Sache gemäss kamen hier vornehmlich die Rheinlande und Süddeutschland in Betracht. — Nicht ohne Absicht ist, wie noch besonders hervorgehoben werden soll, diesem einleitenden Kapitel einiger Raum gegönnt worden. Einführende Litteratur-Ausweise pflegen sonst mit Recht etwas schneller abgemacht zu werden. Es lag uns jedoch daran, mit Nachdruck zu betonen, dass auch in der Litteratur unseres Jahrhunderts, vornehmlich der der Romantiker, mystischer Geist weht. Später werden wir im Verlaufe unserer Untersuchungen darauf zurückkommen, wenn wir nämlich kurz darauf hinweisen wollen, dass mit dem Aussterben der Mystiker und dem Verfalle der bildenden Kunst der deutsche Geist durchaus nicht aufhört, immer wieder neue Ausbrüche verwandter Art in die Welt zu drängen, und dass alle diese so entstandenen grossen Erscheinungen zusammen einen herrlichen ununterbrochenen Strom ausmachen: den Strom deutschen Wesens in der Geschichte der Menschheit.

II.

Historisches.

1. Beginn der Mystik in Deutschland und die Buchmalerei.

Die ersten und schon sehr bedeutenden Erscheinungen mystischen Lebens in Deutschland sind für uns im 12. Jahrhundert sichtbar. Es ist jene Zeit eines aufdämmernden neuen Tages, welche in der ganzen abendländischen Welt hier und da glänzende Strahlen aufleuchten lässt, Lichterscheinungen, die in der That der Morgenröte vergleichbar sind und als Vorahnungen jenes hellen Tages aufgefasst werden dürfen, den um Vieles später dann die deutsche Reformation brachte. Es galt die unmittelbare Befriedigung religiösen Bedürfnisses, die Stillung einer inneren geistigen Not, welche die entartende Kirche selbst verschuldet hatte! Nur in Deutschland sollte es jemals voller Tag werden und nur hier ist dieses Aufdämmern des

Lichtes bis zur vollen Klarheit ununterbrochen zu verfolgen, eben durch die Betrachtung der Entwicklung mystischen Lebens und Denkens.

Die bedeutendsten, wenigstens die bekanntesten Erscheinungen dieser Art sind in jener frühesten Zeit jedoch noch ausserhalb Deutschlands zu suchen, und ist hier, um die ganze Richtung zu kennzeichnen, zu erinnern an Bernhard von Clairvaux einerseits und etwas später, an das Auftreten der Waldenser andererseits, welch' Letztere sich schon in ganz direkten bewussten Gegensatz zur herrschenden Kirche setzten, und, nur ihrem eigenen Drange folgend, sich neue Wege suchten. Aber auch auf germanischem Boden gab es eine dem Waldensertum verwandte Erscheinung, deren nicht so auffällige Beteiligung an den Wirren und Kämpfen der Geschichte vielleicht einzig und allein der Grund ist, weshalb sie nicht als innerlich ebenso bedeutend bekannt ist. Wir meinen das Beghinen- und Beghardentum, welches von dem Häretiker Lambertus Beghe in Lüttich begründet worden sein soll. Jene Vereinigungen von Frauen und Männern zu gemeinsamem Leben auf der Grundlage freier religiöser Prinzipien ohne mönchischen Zwang gewannen bald eine ausserordentliche Verbreitung in den Niederlanden und in Deutschland vom 12. bis zum 15. Jahrhundert.

Da sie nicht offenen Anlass zur Anklage wegen Ketzertums gaben, liess die Kirche sie im Allgemeinen gewähren, wenn auch stets mit argwöhnischstem Blick; vielleicht musste sie sie auch einfach gewähren lassen wegen der ausserordentlichen Verbreitung und dem innigen kaum löslichen Zusammenhang, den sie mit dem ganzen gesammten Volke und seinem Leben und Wesen hatten. Sie wirkten im Stillen, doch müssen sie nichtsdestoweniger einen grossen Einfluss gehabt haben, was kaum bezweifelt werden kann, wenn man sich an einigen Beispielen klar macht, welche Ausdehnung die Erscheinung genommen hat.

Haben wir doch aus dem 13. und 14. Jahrhundert urkundliche Beweise von nicht weniger als über 40 Beghinenhäuser allein in Strassburg; im Jahre 1250 wurden in Köln mehr wie tausend Beghinen gezählt. In die grosse Oeffentlichkeit des politischen Lebens sind diese Vereinigungen, wie gesagt, nie getreten und so kommt es, dass wir über sie im Einzelnen recht wenig Nachricht haben; doch unbedenklich dürfen wir gerade in ihnen eine der wichtigsten Anregungen und Förderungen des Mystikertums annehmen. — Bei dieser mangelnden Kenntnis ist es nun erklärlich, dass wir über ihr Verhältnis zu Kunst und Künstlern kaum Notizen bringen können und müssen wir vorausschicken, dass wir im weiteren Verlauf unserer Untersuchung ihrer nur wenig erwähnen können. Doch ist es uns vielleicht erlaubt, aus einer späteren Erscheinung, die entschieden verwandt ist, ja vielleicht aus jener sich langsam entwickelt hat, diesbezügliche Rückschlüsse zu machen: es sei hier flüchtig erinnert an das Brüderschafts- und an das Hospital- und Armenhauswesen in Holland und die bekannte Begünstigung, welche die Kunst im 16. und 17. Jahrhundert von seiner Seite erfuhr.

Die mystischen Erscheinungen in jener frühesten Zeit, von deren Namen wir zum ersten Male auf germanischem Boden eine sichere und bedeutungsvolle Verbindung mit der Kunst knüpfen können, haben mit jenem Sektentum noch nichts zu thun; zwar erheben sie gewichtige und ernst mahnende Stimmen gegen die damaligen Vertreter der Hierarchie, doch halten sie sich noch auf dem strengen Boden des kirchlichen Klostertums. Es sind zwei Paralellerscheinungen in Deutschland zu Bernhard von Clairvaux, zwei Frauen, doch auch von ganz beachtenswerter geistiger Kraftfülle, wie sie durch ihr unerschrockenes Auftreten Papst und Kaiser gegenüber, durch ihre sichere Stimme im Lärm der Zeitwirren bekunden. Ein entschiedener mystischer Zug in ihnen lässt sie unserem Blick als die ersten hervorragenden Vertreter des deutschen Mystikertums erkennen. Wir werden durch sie auf den alten, schon damals seit Jahrhunderten fruchtbaren Kultur- und Kunstboden der Rheinlande geführt; Hildegard von Bingen und Elisabeth von Schönau heissen ihre Namen. Beides bedeutende Frauengestalten; beide später von der Kirche heilig gesprochen.

Sehen wir nun zunächst zu, wie es damals auf dem Gebiete der Kunst in Deutschland stand und zwar auf dem der Malerei, denn diese kommt, wie wir sehen werden, da in Betracht.

Auch hier begann es sich damals zu regen: ein neuer Geist drang ein, brachte neues Leben und rettete die Kunst vor Erstarrung und Verfall. Woher aber kam jenes Leben? Wenn wir genau zusehen, erkennen wir jenen eben besprochenen neuen Zeitgeist, der auch hier massgebend, ja der das primäre und direkt anregende und beeinflussende Element war.

Die Buchmalerei war in jenen Zeiten die verbreitetste Kunst und auf dem Gebiete der Malerei sogar der durchaus herrschende Zweig. Jener neue Zeitgeist nun fand seinen Eingang in die Litteratur; dadurch wurden dem Schreibewesen neue Texte vorgelegt und durch die neuen Texte dem Maler neue Anregungen, neue Stoffe zur Behandlung. Man bezeichnet jenen Umschwung in der Malerei mit Recht als das Aufblühen eines nationalen Styls, und denkt dabei an jene Gruppe von uns erhaltenen kostbaren Miniaturen-Handschriften dieser Zeit, welche ein Loslösen vom alten überlieferten und mit der Zeit erstarrten, mehr oder minder byzantisierenden Schema bedeuten, und welche sich nicht mehr auf Kopieren und Nachahmen beschränkten, sondern eigener Phantasie und selbständiger Gestaltungskraft freien Lauf liessen, und so recht eigentlich die deutsche Malerei einleiten.

Es sind uns nicht viele Beispiele dieser Gattung der Buchmalerei aus der frühesten Zeit des neuen, nationalen Styls erhalten; um so wichtiger und bedeutungsvoller muss es uns sein, dass wir einige sehr interessante Codices dieses Kreises in enger Beziehung zur Mystik stehen sehen, ja dass sie nur den damals auftretenden ersten Erscheinungen des Mystikertums ihr Entstehen verdanken. Um die Gattung der in Frage stehenden kunstgeschichtlich wichtigen Codices zu kennzeichnen, sei hier zunächst das berühmteste Beispiel genannt: Der «Hortus Deliciarum» der Aebtissin Herrad von Landsperg. Die gelehrte Verfasserin und Malerin dieses zwischen den Jahren 1165—1175 entstandenen, uns bekanntlich im Original beim Strassburger Bibliotheksbrande während des letzten deutsch-französischen Krieges zerstörten Buches, war zwar keine Mystikerin, weshalb uns denn auch ihr Werk nicht näher beschäftigen kann; dennoch hat ihre Erscheinung, aus demselben Zeitgeist entstehend, manches Verwandte mit den ersten Mystikern und man wird sehen, dass unter dem so bunten Inhalt ihres Werkes auch einige Darstellungen sich fanden, die sich mit mystischen Vorstellungen berühren.

Eine eingehendere Betrachtung haben wir jedoch einigen illustrierten Handschriften zu widmen, die mit den Namen der oben erwähnten Heiligen, den ersten Mystikerinnen in Deutschland, enge Beziehung haben. Es sind drei Codices, deren Texte auf Hildegard von Bingen und auf Elisabeth von Schönau zurückgehen und deren Miniaturen die, jenen zu Teil gewordenen Visionen bildlich darstellen. Mit anderen Worten: es liegen uns hier die ersten künstlerischen Manifestationen des aufdämmernden mystischen Lebens und Fühlens vor, die ersten Beweise für die Vermählung von deutscher Mystik und Kunst.

Das Hauptwerk, das auf Hildegard, die Aebtissin der Benediktinerinnen im Kloster Rupertsberg bei Bingen am Rhein, zurückgeführt wird, ist der Liber Scivias. Der sonderbare Titel ist als eine Zusammenziehung zu erklären: Scivias soll soviel bedeuten als «Cognosce vias», sc: Domini. Auf die Frage, in wieweit der Text im Einzelnen auf die Nonne selbst zurückgeht, in wieweit er Erfindung des ausarbeitenden Mönches ist, brauchen wir hier nicht einzugehen; uns genügt zu wissen, dass er im Ganzen dem Geiste der mystischen Heiligen sein Dasein verdankt und dass die mit Bildern versehenen Visionsbeschreibungen ihrer Phantasie entsprungen sind. Die Zeit ihres Lebens (1104—1178) fällt in eine bewegte Periode lebhafter politischer und künstlerischer Strömungen. An diesen nahm sie fortwährend den regsten, ja thätigsten Anteil. Von der Warte eines hochdenkenden Geistes, mit dem sie von Natur begabt war und den sie sich kraft ihrer mystischen Denkungsart von Vorurteilen und falschen Leidenschaften frei und klar blickend erhielt, suchte sie mit erhobener Stimme zu warnen und zu raten, unbekümmert um Macht und Stellung derer, denen sie freimütig unter Hinweisung auf die göttliche Stimme, die aus ihr spräche, ihre Meinung sagte. Papst und Klerus, Kaiser und Fürsten widmete sie offene Worte. Sie war und wollte sein eine Weltverbesserin, — ein Charakterzug, den man fast bei allen Mystikern findet. So haben ihre Worte etwas Prophetisches, auch ihre Visionen. Göttliche Stimmen erschallen in ihrem Innern, Stimmen, die sie aufklären über Dinge der heiligen Schrift, der Wissenschaft und über die Wirren der Ereignisse ihrer Zeit. Dabei aber war sie mit einer erstaunlich reichen Phantasie begabt; sie empfing ihre Offenbarungen gleichzeitig mit inneren Vorstellungen, welche bildlich in oft sonderbarster und überreicher Weise vielfache Beziehungen ausdrücken.

Nach ihren eigenen Angaben wurden von diesen Visionen ihre äusseren Sinne nicht berührt; sie glaubte in solchen Augenblicken sich von einem mächtigen inneren Lichte erfüllt und mit dem geistigen Auge sah sie dann ihre Bilder und hörte mit innerem Ohre die verkündende Stimme der Gottheit. So war dem Maler, der diese Visionen darzustellen hatte, eine grosse, schwierige Aufgabe gestellt. Künstlerisch wertvoll und verwendbar in unserem heutigen Sinne waren fast alle die durch diese Visionen gegebenen Motive nicht, aber immerhin, für einen damaligen begabten Maler, musste ihre Ausführung sehr anziehend sein. Hatten sich doch die Künstler schon seit Jahrhunderten nur mit einem beschränkten Stoffkreis begnügt, mit Motiven und Typen, die immer und immer wiederholt und nur wenig von den Einzelnen variiert wurden, ja variiert werden durften, da sie ein durch das Alter und durch die kirchliche Ueberlieferung geheiligtes Schema ausmachten. Jetzt aber hiess es eine neue Aufgabe lösen, der nur durch eigene Gestaltungskraft genügt werden konnte. Neue Kompositionen, neue Figuren und neue Aktionen hiess es nun bilden. So ist es leicht einzusehen, von welcher Wichtigkeit solche neue, die Künstler anregenden Texte, wie die Schriften unserer Mystikerinnen, für die Entwicklung des künstlerischen Könnens in jener Zeit waren.

Vom Liber Scivias sind uns zwei illustrierte Exemplare erhalten, beide hochinteressant, reich ausgestattet und von schöner Ausführung; das eine befindet sich auf der königlichen Landesbibliothek zu Wiesbaden, das andere in Heidelberg auf der Universitäts-Bibliothek. Wir dürfen wohl annehmen, dass es ursprünglich eine grössere Anzahl solcher Handschriften gegeben hat, wenigstens ist uns bezeugt, dass es zu Beginn des 16. Jahrhunderts auf dem Rupertsberg selbst noch so viele Exemplare gegeben hat, dass die Nonnen unbedenklich einige davon nach Paris vergeben konnten. Zwar wird nicht angegeben, dass dieselben illustriert waren, doch dürfen wir dies wenigstens von einigen aus der Masse, die es demnach überhaupt gegeben haben muss, wohl kühn annehmen, wenn wir bedenken, dass Handschriften von solcher Bedeutung, wie sie der Text der Hildegard, besonders natürlich für die Nonnen ihres Klosters hatte, in jenen Zeiten meist reich und vornehm ausgestattet wurden. Dass es ausserdem viele unillustrierte, zum gewöhnlichen Gebrauche, gab, ist natürlich nicht ausgeschlossen und wird schon durch einige uns sonst erhaltene Beispiele der Schriften Hildegards bezeugt.

Diese Thatsache vom Vorhandensein mehrerer Exemplare auf dem Rupertsberg im 16. Jahrhundert ist beglaubigt durch den ersten Druck der Visionen der heiligen Hildegard, der im Jahre 1513 in Paris erschien. Der Herausgeber desselben, Jacobus Faber Stapulensis, reiste 1512 zu diesem Zwecke nach Deutschland zum Rupertsberge, erbat sich die Hilfe der Aebtissin, eines Abtes und einiger gelehrter Geistlicher, erhielt von den Nonnen mehrere alte Codices, um sie zum Zwecke der Edition mit nach Paris zu nehmen und erzählt dann alle diese Thatsachen in der Widmung an die damalige Aebtissin, die er seinem Drucke vorausschickt. Auch er versah sein Buch mit künstlerischem Schmuck. Das Titelblatt liess er mit sechs Holzschnitten zieren, welche in zwei Spalten angeordnet je eine Figur zeigen: 6 verwandte Heilige, deren Schriften und Visionen neben denen der Hildegard vom Herausgeber gebracht werden, jeder mit charakteristischen Attributen oder in einer charakteristischen Scene dargestellt; es sind das Hermas, Uguetinus, F. Robertus, Elisabeth und Mechthild, ebenfalls zwei mystische Visionärinnen, die wir später noch kennen lernen werden, und unsere Hildegard. Ein Kirchenmodell hält die Letztere in der erhobenen Rechten, in der Linken ein Buch; Lichtstrahlen dringen von oben links aus einer Wolke auf sie herab, ein Motiv, das wir schon bei den sogleich zu besprechenden Miniaturen finden. (Der Titel des ganzen Druckwerkes ist: ‹Liber trium virorum et trium spiritualium virginum. Emissum Parisiis ex officina Henrici Stephani. Anno 1513.)

Doch nun zu den Handschriften. Sie dürften beide nicht lange nach dem Tode der Hildegard (1178) entstanden sein, die

Wiesbadener wohl gewiss auf dem Rupertsberge selbst, da sie
von dorther direkt in die Landesbibliothek gelangt ist; die
Heidelberger stammt aus dem, 1802 aufgehobenen Cisterzienserkloster Salmansweiler am Bodensee, ihre früheren Schicksale
sind unbekannt. Die Wiesbadener Miniaturen zeigen äusserlich
das altertümlichere Gepräge von den beiden; übrigens nicht zu
ihrem Schaden, da sie die Vorzüge älterer Prachtcodices in
Bezug auf Farbenreichtum, Gediegenheit der Ausführung, Reichtum an Gold- und Silberverzierung und an ornamentalen Um-
rahmungen vereinigen mit den anziehenden Freiheiten eines
neu erwachenden Kunstgeistes, der sich in Ausdruck und Bewegung hervordrängt. Das erste Bild zeigt uns die Heilige selbst
in dem Moment, wo sie gerade eine Offenbarung empfängt. Wir
sehen sie in einem Innenraum sitzend; eine rote Flamme fällt
von oben herab auf ihr Haupt. Auf eine Tafel schreibt sie
nieder, was ihr die Gottheit eingiebt. Ein Mönch mit einem
Buche in der Hand lauscht an der Thür; es ist eben ihr gelehrter Freund, der die Redaktion des Buches besorgte. (Eine
Abbildung dieses Blattes im 8. Bande der «Analecta sacra» des
Kardinals Joh. Bapt. Pitra.) Es folgt dieser Darstellung nun,
dem Texte beigegeben, die lange Bilderreihe der Visionen: bunt,
phantastisch und bisweilen schwer verständlich. Es hat keinen
Zweck auf die vielen einzelnen Kompositionen beschreibend
und erklärend einzugehen, zumal da dieses nur in Verbindung
mit einer genaueren Kenntnisnahme des Textes möglich wäre,
was hier zu weit führen würde. Alle diese Bilder haben nur
Bedeutung in Bezug auf diesen besonderen Text, für die Ikonographie der folgenden Kunstperioden sind sie als Ganzes ohne
Belang, was aber nicht ausschliesst, dass wir im Einzelnen bei
ihnen Motive und Gestaltungen finden, die uns für das folgende
Kapitel der ikonographischen Betrachtungen wichtig sein werden,
was hier besonders betont sein mag. An dieser Stelle genügt
uns die Beobachtung, dass wir in dem künstlerischen Können,
in der Kraft, Ausdruck und Bewegung zu verleihen, die Anzeichen jenes neuen Styles feststellen dürfen.

Hervorgehoben soll bloss noch werden, dass die meisten
dieser Visionen in Begleitung von mächtigen Feuer- und Flammen-
erscheinungen erschaut und dargestellt worden sind, und dass

bei einigen von ihnen die geheimnisvolle Welt der Töne nicht fehlt, was auch der Maler durch Hinzufügung von singenden und Instrumente spielenden Engeln angedeutet hat.

Ist der Wiesbadener Codex der prächtigere und gefälligere, so ist der Heidelberger vielleicht der interessantere. Sein Maler bricht noch mehr mit den alten Traditionen, und gerade die Punkte, in denen er sich noch mit ihnen berührt, sind für uns besonders belehrend.

Statt der Gouache-Malerei, die wir beim Wiesbadener noch finden, zeigt der Heidelberger Codex die Technik der lavierten Federzeichnung, welche gerade in jenen Zeiten anfing, recht in Gebrauch zu kommen und als ein passendes Ausdrucksmittel von allen den Malern gern benützt wurde, die sich vom alten Schema befreiten und die für die grössere Lebendigkeit und naturfrischere Auffassung ihrer Darstellungen, für ihr Streben nach lebhafterer Bewegung und intensiverem Ausdruck einer freieren leichteren Technik bedurften. Diesen Bestrebungen diente die flotte Feder mehr als die zähe Deckfarbe ; erst als man später gelernt hatte, mit der Farbe zu modellieren genügte auch die Gouachemalerei höheren Anforderungen dieser Art. Wenn übrigens, abgesehen von der Frage der Technik, die Wiesbadener Miniaturen trotzdem in Bezug auf den Gesichtsausdruck noch etwas vor den Heidelberger Zeichnungen voraus haben, so beweist das nur, dass wir dort einen grösseren Künstler vor uns haben, den aber andererseits die ältere ungelenkere Technik zu grösserer Manieriertheit in den Verhältnissen und Stellungen verleitet. Schon A. v. Oechelhäuser macht in seiner Publikation: «Die Miniaturen der Universitäts-Bibliothek zu Heidelberg» auf diesen Unterschied aufmerksam ; auf seine Beschreibung des Heidelberger Liber Scivias mag hier verwiesen werden. Derselbe teilt a. a. O. auch seine Beobachtung mit, dass die beiden ersten Bilder in Heidelberg, zu denen es in Wiesbaden keine entsprechenden giebt, gar nicht eigentlich mit dem Texte Zusammenhang haben, dass ihre Kompositionen nicht mit zu den Visionen gehören, sondern ziemlich willkürlich als eine gelehrte Spielerei miteingefügt, und zwar nach einem ganz anderen Codex, den Oechelhäuser in Stuttgart entdeckte, kopiert sind (oder wenigstens mit jenem

auf ein gemeinsames Vorbild zurückgehen). Das erste dieser
Bilder enthält eine Darstellung der Weltschöpfung in jener zu-
sammenschachtelnden naiv komplizierten Art, wie sie schon in
früheren Zeiten bisweilen vorkommt; das zweite Bild ist eine
gelehrte astronomische Komposition, eine Zusammenstellung von
allegorischen Figuren und allerhand sonderbaren Gebilden, welche
die Tages- und Jahreszeiten, die Himmelsrichtungen, Winde und
Wettererscheinungen vereinigen. Wir unsererseits erwähnen
diese Beobachtung, weil gerade ein Vergleich dieser Bilder, bei
denen der Maler nur einen älteren kopiert und sich auch mit
jenem an den alten Styl hält, mit den übrigen, die Visionen
wiedergebenden, wo er selbständig schafft, höchst lehrreich
und bezeichnend ist. Wie viel mehr Leben und Frische in
diesen letzteren, zum Texte der Hildegard gehörenden Bildern!
    Das dritte bemalte Blatt zeigt uns, wie das erste in Wies-
baden, die Heilige im Momente der Verzückung. Wie dort,
eröffnet auch hier diese Darstellung die Reihe der Visionen und
erscheint so wie ein vom Künstler hübsch erdachtes Proömium
zum ganzen Buch. Das Vorhandensein dieser, im Einzelnen
jedoch verschieden ausgeführten Komposition in beiden Manuscripten dürfte übrigens auch ein Beweis dafür sein, dass es
ursprünglich mehr illustrierte Exemplare des Liber Scivias gegeben hat; denn, da die beiden uns bekannten Exemplare sonst
nichts Gemeinsames aufweisen, was sie uns als Kopien von
einander auswiese, so dürfen wir schon die Annahme wagen,
dass beide auf die Erfindung eines dritten zurückgehen.
    Das Heidelberger Bild zeigt eine einfache, in zwei Stock-
werke geteilte, dem Auge vorn geöffnete Architektur. In dem
Raum oben, der anscheinend als Söller gedacht ist, steht Hildegard in langem grün angemalten Klostergewand. Sie richtet das
Gesicht aufwärts, als wenn sie sich der Stimme zuwenden
wollte, die von oben erschallend ihr die göttliche Offenbarung
eingiebt. Beide Hände streckt sie empor, in der Rechten hält
sie einen Griffel, in der Linken ein Wachstafeldiptychon, in das
sie die erhaltene Belehrung eintragen will. Der Ausdruck der
Verzückung auf ihrem Antlitz ist trotz der einfachen Mittel
dem Künstler sehr gut gelungen. Im unteren Stockwerk sitzt
der Mönch vor einem Schreibpulte, im Begriffe, den Liber

Scivias auszuarbeiten. Man vergleiche hier nur z. B. die Gewandung des sitzenden Mönches auf dieser freieren Komposition
mit der des sitzenden Christus auf dem ersten Bild, dem der
Weltschöpfung, wo der Maler — es kann übrigens kein Zweifel
sein, dass es ein und derselbe ist — das manierierte uralte
Schema wiedergiebt! (Beides bei Oechelhäuser mit anderem re-
produziert.) Wie fest eingewurzelt aber die Gewohnheit der
alten Typen noch war, zeigt in bezeichnender Weise der Umstand, dass, sobald der Maler im weiteren Verlauf seiner Bilder
wieder einen thronenden Christus oder eine diesem ähnliche
Figur, die der Text der Vision nicht gerade als Christus bezeichnet aber als solchen meint, wie die der geheimnisvollen
lichtstrahlenden göttlichen Person bei der ersten Vision des
dritten Teiles, zu schildern hat, er sogleich wieder in den alten
Schematismus verfällt, nicht aus Unvermögen, sondern wohl
nur aus heiliger Scheu. Sonst aber erfreut uns beim Durch-
blättern des Codex eine Fülle von Zügen frischer freier Beobachtung und Auffassung, die uns die Malereien für jene Zeit
als eine beachtenswerte Leistung erscheinen lassen. Dass der
Eindruck einiger Bilder nüchtern und unkünstlerisch ist, wie
Oechelhäuser tadelt, ist kaum zu verwundern, wenn man sich
einmal in den Text vertieft und dann bedenkt, was für sonderbare und krause Dinge der Künstler manchmal zu illustrieren
hatte, Dinge, deren Darstellung auch von Künstlern einer viel
späteren fortgeschritteneren Zeit kaum zu unserer Zufriedenheit
behandelt worden wären. Im Gegenteil, die Art, wie er manche
Züge des phantastischen Textes einfach unbeachtet lässt, an
einigen Stellen eine Kleinigkeit zu seinen Gunsten hinzufügt
oder umändert, ohne aber im Ganzen den einzelnen Visionen,
wie sie von Hildegard als geschaut vorgegeben wurden, Gewalt
anzuthun, beweist, dass er ein Selbstdenker und Frei-
schaffender war, der recht wohl wusste, wie er in seiner Kunst
vorgehen musste, um auf seine Beschauer eindringlich zu wirken.

In späteren Zeiten sind die sonderbaren Phantasiegebilde
der Hildegard wohl selten Gegenstand künstlerischer Darstellung
gewesen; doch scheint man hie und da doch Versuche dieser
Art gemacht zu haben. In einem Falle wenigstens ist uns dies
durch eine Stelle bei Johannes Tauler bezeugt, die wir in einer

seiner Predigten fanden. Er spricht nämlich von zwei Gestalten, die der heiligen Hildegard erschienen seien und die «in dem Buch derselbigen heiligen Jungfrau und in dem Refektorio unserer Nonnen abgemalet gesehen werden». Also auch Tauler war ein illustriertes Exemplar der Schriften der Hildegard' bekannt und ausserdem hatte er zwei daraus entnommene Darstellungen wohl als Wandfresken in dem Dominikanerinnenkloster zu Köln, von dem hier die Rede ist, gesehen. Er beschreibt und erklärt diese Bilder sehr genau und wollen wir seine Worte hier folgen lassen:

«Es sind zwei Bildlein, das eine ist mit einem meergrünen Gewand bedeckt und hat keine Augen: aber sein Kleid ist allenthalben voll Augen und bedeutet die Furcht Gottes, nicht aber eine solche Furcht, wie ihr sie zu nennen pflegt, sondern eine solche, welche macht, dass der Mensch auf sich selbst Achtung giebt, auf seinen Fürsatz, Weise, Worte und Werke; und hat derenthalben keine Augen, dieweil er seiner selbst vergisst, und ihm gleich gilt, ob er geliebt oder gehasset werde, ob er gelobt oder gescholten werde; desgleichen hat er auch keine Hände, dieweil er ihm selbst nichts zumisst oder nimmt, sondern sich und alles dasjenige gänzlich verläugnet. Neben diesem steht ein ander Bildlein, welches mit einem bleichen Kleid angethan ist, mit über sich gereckten Händen; und haben beide blosse Füsse, das letztere aber hat auch keinen Kopf. Denn oben ist die Gottheit gesetzet, unter der Gestalt des allerreinsten Goldes, welche gar kein Angesicht hat, sondern ist nur ein pur lauteres Gold, und bedeutet die unerkannte Gottheit. Dieses Bild zwar bedeutet die wahrhaftige und blosse Armut des Geistes an, welcher Haupt eigentlich Gott ist. Das bleiche Kleid aber bedeutet die Einfältigkeit des Lebens und Wandels, dass einer nicht stolz ist und Uebermuts sich anmasset. Dass sie aber alle beide mit blossen Füssen stehen, solches bedeutet die blosse Nachfolge des Lebens und Wandels unseres Heilandes Jesu Christi. Darnach so bedeutet das meergrüne Kleid die Beständigkeit und Unbeweglichkeit des einen Bildleins, nämlich also, dass du dich nicht heute übest und dasselbige morgen wiederum unterlassest, sondern beständig und ohne Veränderung bis ans Ende darinnen verharrest. Endlich so bedeuten die in die Höhe aufgereckten Hände dieses, dass wir zu allem Willen Gottes, es sei gleich zu wirken oder zu leiden, bereit und willig sein sollen.»

Der Charakter der hier von Tauler beschriebenen sonderbaren Gebilde stimmt ganz zu demjenigen der phantastischen Gestalten unserer Codices. —

Die dritte Handschrift, die wir hier anzuführen haben, ist schon aus einer etwas späteren Zeit und nicht so reich mit künstlerischem Schmuck versehen wie die beiden vorhin behandelten; sie enthält nur zwei Bilder, während jene beiden eine sehr grosse Anzahl aufweisen. Das Werk der Aebtissin Elisabeth vom Kloster der Benediktinerinnen zu Schönau: der «Liber Viarum Dei» macht seinen Inhalt aus. Elisabeth lebte von 1129 bis 1165; sie hat mit Hildegard viele verwandte Züge gemeinsam und wirkte und schrieb in ganz ähnlicher Weise wie jene, vornehmlich als eine ernste und unerschrockene Mahnerin gegenüber der Verwilderung von Kirche und Klerus. Die Abtei Schönau liegt in der Nähe von St. Goarshausen am Rhein, nicht allzu fern von der auf dem Rupertsberg. Beide Mystikerinnen haben miteinander im Verkehr gestanden. Das oben genannte Werk, in dem sie ihre prophetischen Visionen bekannt machen liess, war von ihrem Bruder, dem Mönche Eckbert nach ihren Angaben ausgearbeitet worden.

Sie begann damit im Jahre 1156. Das uns erhaltene Exemplar ist eine Abschrift aus dem Anfang des 13. Jahrhunderts, ein lateinischer Pergamentcodex, der sich auch auf der königlichen Landesbibliothek zu Wiesbaden befindet. Ausser einer Anzahl hübscher Initialen enthält er eine blattgrosse Miniatur und die in einen grossen Initialbuchstaben eingefügte Darstellung zweier Engel mit Palmzweigen. Das erste Bild führt uns die aus allegorischen Motiven zusammengesetzte Vision vor, aus welcher Elisabeth ihre Anklagen gegen den Klerus und ihre Mahnrufe an denselben, die den übrigen Inhalt des Buches ausmachen, ableitet. Wir wollen diese einmal näher betrachten, um wenigstens ein Beispiel für den Charakter der Visionen jener frühesten deutschen Mystikerinnen zu geben. Die Miniatur zeigt in der naiven andeutenden Art der Maler jener Tage in geschickter Ausführung die Darstellung folgender von Elisabeth beschriebenen Erscheinung:

Auf einem Hügel mit leuchtendem Gipfel stand ein Mann, dessen Angesicht wie die Sonne leuchtete und dessen Augen gleich den Sternen glänzten. Sein Haar war blendend weiss wie Wolle und aus seinem Munde ging ein zweischneidiges Schwert. In der Rechten hielt er einen Schlüssel, in der Linken ein königliches Scepter.

Zu ihm hinauf führten verschiedene Wege: der Weg gerade vor ihr war blau wie der Aether oder wie Hyacinth, der rechts grün, der zur Linken purpurn. Es sind die Wege der Contemplation, des aktiven Lebens und der Märtyrer. Doch ausserdem giebt es noch sieben andere Wege nämlich diejenigen der Ehelichen, der Enthaltsamen, der Regierenden, der zuerst weltlich Gesinnten und dann Entsagenden, der Asketen, der frühverstorbenen Kinder und endlich der Jünglinge.

An diese Wege knüpft sie nun ihre Betrachtungen, die sich hauptsächlich an den zeitgenössischen Klerus wenden. — Man sieht an diesem Beispiel, wie bei den frühesten Visionen neben dem bildmässigen Schauen noch das Allegorisch-Gedankenhafte herrscht. Mit Interesse werden wir aber bald zu betrachten haben, wie sich dieses mit der Zeit ändert. Auch bemerken wir hier noch eine starke Beeinflussung von Seiten der Apokalypse. Bei Elisabeth von Schönau jedoch tritt als Anregung ausser diesem Element noch dasjenige der Geschichte Christi, wie sie von den Evangelien berichtet ist und dasjenige der Heiligenlegenden hinzu. Was sie dort gelesen, glaubt sie oft im Zustande der Ekstase leibhaft vor ihrem Auge sich abspielen zu sehen. Ja, man weiss von ihr, dass sie sogar in dieser Hinsicht selbstschöpferisch gewesen ist, indem sie nämlich die Anregung zur Erweiterung der Geschichte der heiligen Ursula und ihrer elftausend Jungfrauen gegeben hat auf Grund einiger Visionen, die sie gehabt zu haben glaubte. In ihre Lebenszeit fällt nämlich die Entdeckung des grossen Totenfeldes bei Köln, das man sogleich als für die Begräbnisstätte der Märtyrerin Ursula und ihrer grossen Gefolgschaft angesehen wissen wollte.

Ein Bericht und eine Anfrage bei der als prophetischen Visionärin schon weithin bekannten Elisabeth scheint diese in solche Erregung versetzt zu haben, dass sie, für nichts anderes mehr Sinn habend, in Verzückungen geriet und in Visionen die Geschichte der Ursula so zu sehen glaubte, wie sie sich in Wirklichkeit abgespielt haben soll. Die von ihr so ausgeschmückte Erzählung erhielt seit der Zeit kraft ihres Ansehens allgemeine Gültigkeit für alle späteren Erzähler — und also auch späteren Maler. —

Ehe wir von diesen beiden ersten Erscheinungen der Mystik in Deutschland Abschied nehmen, wollen wir noch eines kleinen Kunstwerkes der Buchmalerei Erwähnung thun, das mit dem Namen unserer Hildegard in Verbindung gebracht wird. Es gehört zu den Schätzen der Staatsbibliothek in München (Cod. lat. membr. cum pict. N. 114), und trägt seit uralten Zeiten die Bezeichnung : Precationes S. Hildegardis.

Es ist ein kleines Bändchen in Oktavformat, dessen Blätter auf der einen Seite jeweils ein lateinisches Gebet enthalten, während die andere mit einer schönen, sorgfältig ausgeführten Miniatur geziert ist. Die Darstellungen der Letzteren geben die wichtigsten Scenen der Genesis und des Neuen Testamentes wieder. Die Dialektform, welche einige eingestreute Zeilen deutschen Textes erkennen lassen, weist auf die Rheinlande als Entstehungsort hin ; die Entstehungszeit dürfte um die Wende des 12. Jahrhunderts zu suchen sein. Von einer etwas späteren Hand ist nun vorn eine lateinische Bemerkung eingetragen worden, welche besagt, dass dieses Werk «aus begründeten Vermutungen» der heiligen Hildegard als Erfinderin zuzuschreiben ist. In wieweit diese Vermutungen wirklich begründet sind, dürfte mit Bestimmtheit nicht mehr zu ermitteln sein.

Wenn wirklich die Erfindung der Gebete und die Idee der Kombinierung derselben mit bildlichen Darstellungen, deren Zweck es ist, dem betenden Beschauer die heiligen Vorgänge recht eindringlich vor Augen zu führen, auf Hildegard zurückgehen, so hätte die Kunstentwicklung und die Kunstgeschichte ihr eine weitere wertvolle Anregung zu verdanken. Denn das vorliegende Büchlein ist entschieden ein Vorgänger all' jener Illustrationswerkchen, die erbaulichen Text mit anschaulichen Bildern verbindend während der folgenden Jahrhunderte dem Volk zur Belehrung und Andacht dienten. Wir denken an die «Specula humanae salvationis» und manche verwandte Bücher, die uns in so unzähligen Exemplaren in allen Bibliotheken zerstreut erhalten sind, und die für die Entwicklung des Holzschnittes und Kupferstiches im 15. Jahrhundert dann so wichtig wurden.

2. Die Kunst der Visionen.

Die Namen der Hildegard und Elisabeth bedeuten für uns die wichtige Einleitung einer längeren Entwicklung. Für unsere Betrachtungen haben sie hauptsächlich Interesse durch ihre visionäre Begabung: mit Visionentum haben wir uns im Folgenden noch des Längeren zu beschäftigen. Dasselbe gewann in den folgenden Jahrhunderten eine sehr grosse Ausdehnung und für das religiöse Leben in Deutschland und somit für das Fühlen und Denken des gesammten Volkes eine hohe Bedeutung, eine Bedeutung, von der sich unsere moderne Welt, in der im Gegensatz zu jenen Zeiten das Verstandesleben in erdrückender Weise das Gemütsleben überwiegt, kaum eine rechte Vorstellung machen kann.

Der wissenschaftlich forschende Betrachter jener Zeiten jedoch hat mit allen diesen vielen Erscheinungen, mit diesen ekstatischen Zuständen unzählig vieler Personen und mit der dadurch hervorgerufenen Erregung weitester Schichten des Volkes, von welchen Dingen uns in mannigfachen Berichten Kunde überliefert ist, zu rechnen als mit bedeutungsvollen That-sachen, so sonderbar uns manches auch anmuten mag. Uebrigens kommt unserem Verständnis und unserem Glauben ja die Wissenschaft zu Hülfe, so dass wir dort Thatsachen erkennen dürfen, wo man ohne die Errungenschaften und Entdeckungen der modernen Psychologie vielleicht nur Erfindungen des Aber-glaubens oder gar plumpen Betrug zu sehen geneigt wäre. Die historisch beglaubigten Thatsachen des Kinderkreuzzuges im Jahre 1212 und die der späteren sogenannten Geisslerfahrten, jener fürchterlichen Züge wahnwitziger Asketen, die im 14. Jahrhundert in grossen Schwärmen die Länder durchzogen, sich selbst peinigend, klagend und flehend, um von Gott die Abwehr der schlimmen damaligen Zustände, das Aufhören von Pest, Erdbeben und Hungersnot zu erlangen, beweisen zur Genüge, welcher für uns schier unglaublicher Dinge jene erregten Zeiten fähig waren.

Kurz, die ekstatischen Visionäre und Visionärinnen, von denen es vom 12. bis ins 15. Jahrhundert unzählige gab, sind höchst wichtige Erscheinungen für das Kulturleben jener Epochen und müssen gerade für unsere Untersuchungen eingehende Berücksichtigung erfahren. Ein weitgehendes religiöses Bedürfnis, ein leicht erregbares Gemütsleben, die Aufregungen stürmisch bewegter Zeitverhältnisse und zu alledem die ganze Charakterveranlagung des deutschen Volkes, alle diese Dinge haben zusammengewirkt, um dem Uebersinnlichen und Unbegreiflichen die Bedeutung des Thatsächlichen selbst im täglichen Leben einzuräumen. Gross ist die Anzahl der Personen, die eine ähnliche Stellung wie Hildegard und Elisabeth im öffentlichen Leben hatten und deshalb auch in der Geschichtsschreibung einnehmen; grösser noch, ja unzählbar die Menge derer, welche nicht so sehr in den Vordergrund der historischen Ueberlieferung treten, deren religiöses Leben und deren ekstatische und visionäre Zustände jedoch auf das Volksleben jener Zeiten einen grossen Einfluss geübt haben; von allen den Erscheinungen, die uns nicht gerade durch die Berichte auf zufällig erhaltenen Manuscripten oder durch später im Druck festgelegte Schriften überliefert sind, natürlich ganz zu schweigen. Diese ekstatisch-visionären Zustände machen die eine Seite des deutschen Mystikertums aus; sie bilden die notwendige Ergänzung zur mystischen Philosophie, indem sie das, was jene als erstrebenswert hinstellt, nämlich die Vereinigung mit dem göttlichen Wesen, das Aufgeben der «Selbstheit» zu Gunsten eines Sichhinwendens zur Gottheit, indem sie das wenigstens in einer Hinsicht und für einzelne Augenblicke thatsächlich zu einem wirklichen Erlebnis machen. Wir werden sehen, dass fast alle theoretischen Mystiker auch ekstatische Visionäre waren. Die meisten Visionäre und besonders Visionärinnen jedoch waren selbst nicht philosophisch geschult; ganz unbewusst gaben sie sich einem inneren Drange zu mystischem Leben hin, der ihre Zeit und ihr Volk beherrschte. Es ist leicht begreiflich, dass uns die meisten hier in Betracht kommenden Berichte in die stillen Räume der Klöster führen. Wir werden sehen, dass nicht nur einzelne Klosterinsassen als Visionäre bekannt werden, sondern dass sogar eine grössere Anzahl ganzer Klöster, ganzer

Konvente lange Zeiten hindurch sich als direkte Pflegestätten mystischen Lebens hervorthun, und als solche in der Geschichte der Mystik eine wichtige Rolle spielen, dass in ihnen die visionären Zustände der Insassen geradezu traditionell, fast möchte man sagen epidemisch werden. Aber auch im Volke selbst regt es sich, wie denn ja auch einzelne Laien ohne höhere schulmässige Bildung für die Geschichte der mystischen Philosophie bedeutend geworden sind.

Das empfängliche Gemüt der Frauen ist an diesen Bewegungen besonders stark beteiligt gewesen. Es sind vornehmlich Nonnen und Nonnenklöster, die in den Vordergrund treten. Dieser Umstand darf nicht etwa zu einer falschen Auffassung der wichtigen Kulturerscheinung veranlassen. Das weibliche Element hatte in der mittelalterlichen Welt eine Bedeutung wie vielleicht in keiner anderen Periode. Die Kraft des männlichen Geschlechts war in jenen Zeiten durch grosse schwere Aufgaben stark in Anspruch genommen, für alle Regungen und Ansprüche einer höheren idealeren Kultur fand sie nicht genügend Musse. Da war es die Frauenseele, welche unmerklich, im Stillen, aber sicher die Führung übernahm. Es hat seine tief bedeutungsvolle Ursache, wenn wir auch da, wo das männliche Geschlecht sich in Leistungen höherer Kultur hervorthut, in Dichtung, Philosophie und Kunst bis ins 15. Jahrhundert hinein, ein gewisses weibliches Element als das Lebenspendende und das Charakteristische erkennen müssen.

Wir möchten hier nachdrücklich hinweisen auf die feinsinnigen Betrachtungen, welche Schnaase in seinen einleitenden Kapiteln zur Geschichte der Malerei im Mittelalter über die Stellung der Frau im Kulturleben jener Zeiten anstellt.

Wenn wir auf die Visionen und das visionäre Leben näher eingehen, so geschieht es natürlich nur im Hinblick auf die Kunst. Sehen wir zu, ob sich hier Beziehungen erkennen lassen! Folgende Thatsachen müssen als feststehend gelten: jene Kulturerscheinungen hatten eine grosse Ausdehnung; sie waren mit dem Bewusstsein des Volkes, mit seinem Fühlen und Denken innig verknüpft; die einzelnen Fälle wurden schnell allgemein bekannt, begierig vernommen und verbreitet; die Erinnerung an dieselben wurde dauernd bewahrt und gepflegt

durch mündliche, schriftliche und später gedruckte Ueberlieferungen. (Durch alle Jahrhunderte bis auf unsere Tage hat man
diesbezügliche Berichte noch immer wieder abgedruckt! — Noch
heute wird die mystische Visionärin Christina von Stommeln,
welche 1242—1312 lebte, in Jülich vom Volke mit Begeisterung
wie eine Heilige verehrt und gefeiert, obgleich sie von der
Kirche gar nicht offiziell heilig gesprochen ist!) Ist nun bei
dieser Bedeutung und dieser Verbreitung der Visionen, deren
Wesen ein inneres bildmässiges Schauen ist, eine Verwandtschaft
mit dem künstlerischen Schaffen des deutschen Volkes jener
Jahrhunderte zu bemerken? Sind sie von Einfluss gewesen auf
die bildlichen Darstellungen? Haben die Künstler, bewusst oder
unbewusst, von ihrer Seite Anregungen bei der Konzeption
ihrer Werke empfangen? Uns will bedünken, dass man schon
von vornherein leicht geneigt ist, diese Fragen unbedenklich zu
bejahen; doch wird es unsere Aufgabe sein durch genauere
Beobachtung und durch Herbeitragen von Beweismaterial eine
sichere Stütze für diese instinktive Zustimmung zu bauen.

Einer der verschiedenen Berichterstatter visionärer Erscheinungen und mystischen Lebens ist der Franziskanermönch Lamprecht von Regensburg, der Verfasser einer mystischen Dichtung
«Tochter von Sion», der in der zweiten Hälfte des 13. Jahrhunderts lebte. Dieser benennt auffallender Weise die Begabung,
die Thatsache des übersinnlichen visionären Schauens mit dem
Worte «Kunst», eine, wie uns scheint, philologisch wie auch
kunstphilosophisch recht bemerkenswerte Bezeichnung, interessant
genug, um einen Augenblick zu verweilen, ehe wir zu weiteren
Untersuchungen schreiten. Also das Erschauen göttlichen Wesens
und überirdischer Dinge in Bildern der Phantasie, hervorge-
zaubert durch mächtige Gefühlserhebung ist ihm «Kunst»! Der
mittelalterliche Sprachgebrauch gab diesem Worte eine andere
Bedeutung wie der unsrige. Man begegnet ihm häufig in der
Litteratur des späteren Mittelalters und zwar in den meisten
Fällen in der Bedeutung, welche ihm durch die Rede- und
Denkweise der scholastischen Gelehrsamkeit aufgeprägt worden
war, nämlich als Bezeichnung für die Kenntnisse und Vorteile
der weltlichen Wissenschaften, jener Wissenschaften, die sich
ihrerseits eben in die «septem artes liberales» gliedern. Auch

bei den meisten mystischen Philosophen, die ja fast alle ursprünglich scholastische Erziehung genossen, findet es sich häufig so.

Die sonderbare Anwendung bei Lamprecht findet hellere Beleuchtung durch verwandte Beispiele in Grimm's Wörterbuch. Man findet dort, dass sich neben jenem Gebrauch im scholastischen Sinne — von den verschiedenen Fällen, wo sich das Wort in seiner einfachsten, durch seine Abstammung von «können» bedingten Bedeutung für Handfertigkeiten etc. findet, sehen wir hier natürlich ab — noch hier und da ein solcher in anderem Sinne nachweisen lässt. Es wird das Wort nämlich bisweilen gebraucht, um gewisse Begriffe mystischen Wesens und Wissens damit zu bezeichnen. Wir geben zwei Beispiele des Wörterbuches wieder. Der Verfasser des mystischen Buches «Von den neun Felsen» stellt die beiden Begriffe von «Kunst», den im scholastischen und den im mystischen Sinne, sogar als Gegensätze dicht nebeneinander, indem er von jener Kunst spricht, die äussere Ehren einbringt und neben dieser, als das nach seiner Auffassung Erstrebenswertern, von jener inwendigen Kunst, welche die Erwerbung des heiligen Geistes einbringt, womit er die Errungenschaften seines mystischen Erkennens und Wissens, das er empfehlen will, meint. Seine Worte lauten: «. . . das si me noch kunst stellent, domitte si ere erwerbent, denne si stellent noch der indewendigen kunst, domitte si den heiligen geist möchtent erwerben».

Das andere Beispiel ist aus späterer Zeit, nämlich ein Vers des schwäbischen Reformators und Dichters Ambrosius Blaarer, aus dessen «gsang uf den pfingstag», wo er mit «Kunst» die Himmelsgnade bezeichnet, welche des Menschen Herz erhebt und beglückt durch Erfüllung mit dem heiligen Geist der Liebe; ein echt mystischer Gedanke. Die Reime lauten :

«Kumb, heiliger geist, o gottes salb,
erfüll die herzen allenthalb
mit diner liebe brunste
von dir allein mûsz sin geleert,
der sich durch bôsz zû gott bekeert,
gib uns disz himmels kunste.»

Bei Grimm nicht erwähnt ist eine Stelle, die wir in dem, in den vierziger Jahren des 14. Jahrhunderts entstandenen «Heiligenleben» des mystisch gesinnten Hermann von Fritzlar fanden und die besonders interessant erscheint. Es werden da gar fünf Arten von «Kunst» aufgezählt, welche als eine Stufenleiter zur höchsten Vervollkommnung, nämlich der mystischen Vereinigung mit dem Göttlichen als der grössten «Kunst» zu fassen sind. Er kommt darauf zu reden bei Gelegenheit der Besprechung des Evangelisten Lukas, den die Legende als Maler feiert und von dem Hermann rühmet, dass er «vil lichtes gehabet von gote und vil gôtlicher kunste».

An dieses letzte Wort knüpft er dann an und fährt fort: «Ir sullit wizzen daz, in funfleie wise hât man kunste. In deme êrsten von eigenem gewerbe der vernunft und der redelichkeit. In dem anderen mâle mac man kunste lerne von der schrift und von flizegeme studierne. In dem dritten mâle lernet man kunste von hôrne und von geistliche gemerke. In dem virden mâle sô lêren di heiligen und die engele kunste deme mensche, und got lêret ouch dicke durch di heiligen und durch di engele den menschen kunste. In deme funften mâle sô lernet der mensche sunder mittel von gote, und got der gûzet si sunder mittel in den menschen. Also tet her den apostelen di dâ grobe gebûres lûte wâren, und wurden ûffe einer stunde pristere und bischove.»

Es dürfte eine nicht uninteressante und undankbare Aufgabe sein, von philologischer Seite einmal genauer zu untersuchen aus welchem Begriff sich unser heutiger Sprachgebrauch in diesem Falle langsam entwickelt hat, ob aus dem scholastischen, oder dem mystischen.

Derselbe Lamprecht von Regensburg weiss nun zu berichten, dass diese «Kunst» zuerst in «Brabant und in Bayern» entstanden sei und geblüht habe. Wenn wir annehmen, dass er mit «Brabant» ganz allgemein die Niederlande (mit den unteren Rheingegenden und dem nahen Köln) und mit «Bayern» überhaupt Süddeutschland gemeint hat, — zu welcher Erweiterung wir wenigstens durch die beglaubigten Thatsachen berechtigt sind, — so finden wir, dass er gerade jene Gegenden auf germanischem Boden bezeichnet, wo in den folgenden Jahrhunderten

4

eben das sich zur schönsten Blüte entfaltete, was wir in unserem modernen Sprachgebrauch «Kunst» nennen. —

In den Niederlanden sind es vornehmlich folgende Frauengestalten, die im 13. Jahrhundert aus einer grossen Menge, mit Namen meist unbekannter Visionärinnen hervorragen und grosses Aufsehen, weit über ihre Heimat, erregten: Marie von Oegnies, Christine von St. Troud, Margarethe von Ypern, Luitgard von Tongern, u. a. Sie sind unabhängige Nachfolgerinnen von Hildegard von Bingen und Elisabeth von Schönau, wenn auch nicht von deren Bedeutung, namentlich in politischer Beziehung. Auch bei ihnen besteht ein wichtiger Teil ihrer höheren Begabung im prophetischen Hell- und Fernsehen; der Charakter ihrer Visionen ist jedoch ein anderer, ein einfacherer. Sie sehen im Geiste nicht phantastische Zusammenstellungen allerhand sonderbarer Motive, Gegenstände und Figuren, die nur als Symbole und Allegorien verständlich sind, sondern sie haben die Erscheinung einzelner Personen, Christi, Mariae, der Heiligen, der Apostel und der Engel in bildmässiger Deutlichkeit, so dass sie wie leibhaftig vor ihnen zu stehen oder zu schweben und dann zu ihnen zu reden scheinen.

In den benachbarten Rheingegenden auf Kölnischem Gebiet ist es hauptsächlich die Beghine Christina aus dem Dorfe Stommeln, von der uns Kunde überliefert ist. (In wieweit der Bericht des gewissen zeitgenössischen Petrus von Dacien auf Wahrheit beruht, wieweit er Erfindung ist, braucht hier nicht untersucht zu werden; uns genügt, in ihm eine Stimme der Zeit zu vernehmen.) Die Visionen der Christine bedeuten für sie zu gleicher Zeit schlimme Versuchungen und Peinigungen: ihr erscheint nämlich meist der Teufel mit seinen Dämonen. Die phantastische Art, wie das Aussehen der Bewohner der Hölle immer beschrieben wird, die verschiedensten, oft recht komischen Gestaltungen, die ihnen angedichtet werden, erinnert ganz an die Darstellungen der späteren kölnischen Schule, ja bisweilen an die tollen Figuren der noch späteren Kunst gewisser Niederländer.

Wenden wir den Blick nach Süddeutschland, so fällt uns besonders ein Kloster in der Nähe von Nürnberg auf: der Sitz der Dominikanerinnen Engelthal. Dort trat im Jahre 1289 eine

Christine Ebner, eine Tochter des berühmten Nürnberger Pa-
triziergeschlechtes, in den Nonnenstand und that sich bald als
Visionärin hervor. Ihren Aufzeichnungen verdanken wir die
Kenntnis vieler und mannigfaltigster Visionen ihres eigenen
Lebens und solcher von Mitschwestern. Einige Jahrzehnte später
ist es im selben Kloster eine Adelheid Langmann, ebenfalls aus
vornehmer Nürnberger Familie stammend, die sich in ganz
ähnlicher Weise wie Christina Ebner durch Visionen und Aufzeichnungen einen besonderen Ruf macht. Eine andere visionär begabte Ebnerin, vielleicht auch mit den Nürnbergern verwandt, war Klosterfrau zu Maria-Medingen bei Donauwörth,
Margaretha Ebner, die in der ersten Hälfte des 14. Jahrhunderts
lebte und in enger Beziehung zu verschiedenen der mystischen
Philosophen und Predigern stand.

Aus den Berichten der Christina Ebner erfahren wir, dass
sie in ihrem Convent nicht allein steht mit ihrer mystischen
Begabung; mehrere ihrer Klosterschwestern sind ebenso be-
gnadigt.

Ein solches ganz allgemeines Vorkommen visionär-ekstatischer
Zustände bei sämmtlichen Insassen ist nun sozusagen zur Regel,
zur Lebensgewohnheit geworden in einer grösseren Anzahl von
Nonnenklöstern des heiligen Dominikus, die in den oberen Rhein-
landen, im Elsass und in der nördlichen Schweiz zu finden sind,
und von denen wir durch verschiedene Berichte ein anschau-
liches Bild haben. In der Geschichte der Mystik sind sie geradezu als Pflegestätten mystischen Lebens durch Generationen
hindurch bekannt. Mit einigen der wichtigsten wollen wir uns
unten noch etwas eingehender beschäftigen; hier mögen schon
verschiedene der hervorragendsten mit Namen genannt werden:
Unterlinden zu Colmar, Adelhausen bei Freiburg im Breisgau,
Klingenthal in Basel, Töss bei Winterthur u. a.

Sind uns diese als Gesammterscheinungen wichtig und bemerkenswert, so erregen unser besonderes Interesse drei weitere
weibliche Einzelgestalten von hoher Bedeutung. Wir werden
durch sie in den vornehmen Kreis des sächsischen und Thüringer
Adels eingeführt, desselben Kreises, dem die edle Fürstin
der Wartburg, die ihrerseits auch mystischer Denkweise nicht
fern gestanden hat, die heilige Elisabeth, angehörte. Die drei

Frauen waren ungefähr Zeitgenossinnen jener und Nonnen in dem Cisterzienserkloster Helfta bei Eisleben, das hauptsächlich von Töchtern aus jener adligen Gesellschaft aufgesucht und in dem ein gediegenes gelehrtes Wissen eifrig gepflegt wurde. Zwei unserer Visionärinnen und Schriftstellerinnen stammten aus sehr angesehenen Adelsfamilien der Umgegend, die dritte scheint in niederem Stande geboren zu sein. In allen Schriften lebt etwas von der feinen Bildung, durch welche sich gerade jene dortigen Gesellschaftskreise im Laienstande auszeichneten; oft klingen bei ihnen Töne an, welche die Berührung mit der ritterlichen Dichtung der vorhergehenden Tage empfinden lassen.

Mechthild von Magdeburg, Mechthild von Hackeborn und die Nonne Gertrud sind diese drei edlen Erscheinungen, die unter den vielen Visionärinnen ihrer Tage ganz besonders anziehend sind. Sie gehören der Mitte, der zweiten Hülfte des dreizehnten und den ersten Jahren des vierzehnten Jahrhunderts an. Die erste verfasste in deutscher Sprache ein Werk, das sie «Das fliessende Licht der Gottheit» nannte; auf die zweite geht ein, «Speculum spiritualis gratiae» genanntes Buch zurück und auf die letzte die «Insinuationes divinae pietatis».

Alle diese Schriften lassen eine schöne Geistes- und Gemütsbildung erkennen, sie sind in schwungvoller Sprache abgefasst und erfüllt von einem edlen sehnsüchtigen Streben nach religiöser Vervollkommnung in hohem mystischem Sinn; sie verraten eine Weltanschauung von wunderbarer Poesie, die sich bisweilen in Bildern von solcher Phantasie und künstlerischer Gestaltungskraft auszudrücken vermag, dass man fast an die «Göttliche Komödie» des grossen Florentiners erinnert wird, wie man denn auch andererseits bei Dante die Kenntnis einer lateinischen Uebersetzung der Schrift der Mechthild von Magdeburg vermutet hat. Kein Wunder, dass die vielen Visionen jener Frauen von ganz besonderer Schönheit, — ja man darf fast sagen künstlerischer Vollendung sind. Strahlende Lichterscheinungen begleiten meist die himmlischen Bilder, die in glühender reicher Farbenpracht von den Verzückten erschaut und durch die geschickten Beschreibungen auch unserem inneren Auge wieder vorgezaubert werden. Herrliche Musik ertönt den Beseligten zugleich, Töne von solchem Wohlklang, wie er nur von den Engelchören hervorgebracht werden kann, welch' Letztere denn auch oft die Begleitung der erscheinenden heiligen Gestalten bilden. —

Wir haben im Vorgehenden kurz die allerbedeutendsten Erscheinungen visionären Mystikertums vorgeführt, mit denen wir uns, um nicht zu weitläufig zu werden, als Beispiele für die allgemeine Bedeutung und Verbreitung desselben begnügen müssen. Damit aber haben wir noch nicht einen vollgültigen Beweis für die Beeinflussung der Kunst von dieser Seite her gebracht. Es wäre nun sehr naheliegend, uns das Verlangen zu stellen, bevor wir einen Einfluss der Visionen auf die Kunst annehmen, zuerst einmal umgekehrt zu untersuchen, ob die Visionäre und Visionärinnen nicht von künstlerischen Darstellungen angeregt worden sind.

Gerade von dieser wichtigen Frage haben wir in der That jetzt weiterhin auszugehen. Wir denken so:

Zunächst wird man wohl zugeben müssen, dass die Fähigkeit zu visionärem Schauen überhaupt aus derselben Quelle geistiger Kraft und Begabung entspringt wie die Fähigkeit zu künstlerischen Conceptionen, weshalb denn schon überhaupt im ganzen Visionentum ein gewisses künstlerisches Element liegt. Ein nicht künstlerisch begabtes Volk wird nie Visionäre hervorbringen. Irgend ein Vorbild von aussen braucht deshalb bei den Visionserscheinungen durchaus nicht a priori angenommen zu werden. Die Kraft kam von innen, wurde nur durch die religiöse Gefühls- und Denkrichtung der Zeit zum Ausbruch veranlasst. Nun sind wir aber weit davon entfernt zu bestreiten, dass der Charakter vieler Visionen im Einzelnen durch schon vorhandene Kunstwerke beeinflusst und bestimmt worden sein mag; das ist ganz gewiss öfters der Fall gewesen. Ja, wir können uns recht wohl denken, dass in manchen Fällen Visionen nur durch das Vorhandensein ganz bestimmter Kunstwerke ihre Erklärung finden, dass manche der himmlischen Erscheinungen in Wirklichkeit nichts weiter waren wie unbewegliche, ganz materielle Kunstgegenstände aus Holz oder Stein oder mit Farbe auf die Wand gemalt. Oft mag es geschehen sein, dass

ein zur Ekstase neigender Mönch oder eine schwärmerische
Nonne im geheimnissvollen Dunkel einer Kapelle in die Knie
gesunken war und sich durch inbrünstigstes Gebet und andächtige Betrachtung in eine solche Verzückung versetzt hatte, dass
für die erregten äusseren Sinne die Statuen an den Säulen,
die Heiligengestalten auf den Wandfresken, den Altarbildern und
bemalten Fenstern schliesslich Leben bekamen, sich zu bewegen,
zu schweben und zu reden schienen und dann fernerhin in
ihrem Gedächtnis als ihnen gewordene himmlische Erscheinungen
weiterlebten.

In einigen Fällen übrigens, wenn wirklich ein Einfluss von
Seiten bildlicher Darstellungen vorliegt, deuten die Berichte
ausdrücklich darauf hin. Von der Nonne Gertrud heisst es z.
B. in den «Insinuationes divinae pietatis» einmal: «Nach em-
pfangener Communion, als sie sich zum Innersten versammelt
hatte, hat sich ihr der Herr gezeiget in Gestalt eines Pelikan,
wie er gemalet pflegt zu werden, mit dem Schnabel durch-
grabend sein Herz». Eine andere Stelle zeigt, dass dieselbe
Nonne sich des Verhältnisses ihrer visionären Bilder zu den
künstlerischen Darstellungen ihrer Zeit und des Unterschiedes
derselben von einander durchaus bewusst war; sie lautet:
«Als diese heilige Jungfrau am Tage des heiligen Johannis des
Täufers mit aller Andacht auf der Metten Achtung gegeben,
ist ihr der heilige Johannes erschienen, stehend vor dem Thron
der Glorie in der Gegenwart des Königs der Himmeln, mit
wunderbarlicher Lieblichkeit in glorwürdiger blühender Jugend.
Indem sie ihn gar wohl beschauet, hat sie gesehen, dass er
sehr ungleich gewesen der Gestalt, in welcher er pfleget gemalt
zu werden, denn er allenthalben alt und nicht schön gemalet wird.»

Dass die Kunst in der Umgebung der Gertrud gepflegt
wurde, wird durch eine Notiz bewiesen, welche das Vorhandensein einer Malerin im Kloster Helfta bezeugt; es war eine Nonne
aus dem vornehmen Geschlecht der Grafen von Mansfeld, der
Stifter des Klosters, von der es heisst, dass sie Bücher und
«anderes zum Gottesdienste gehörige» mit Malerei geziert habe.
Gertrud selbst hatte sogar ein sehr inniges Verhältnis zur
Kunst, der sie eine grosse Macht auf des Menschen Herz und

auf die inneren geistigen Vorstellungen einräumte. Es wird
nämlich ein anderes Mal von ihr gesagt: «Item, als sie das
Crucifix-Bild mit andächtiger Meinung umfassete, hat sie verstanden, dass, wann einer ein Bildnis Christi des Gekreuzigten
mit andächtiger Meinung anschauet, selbiger mit so milder
Barmherzigkeit vom Herrn angesehen werde, dass dessen Seele,
gleichsam einem hellscheinenden Spiegel in sich aus der göttlichen Liebe empfange ein gar liebliches Ebenbild, wo von der
ganze himmlische Hof sich erfreue.»

Auch von dem «Lebendigwerden» der Figuren auf Bildern,
vor denen jemand in Andacht versunken niedergekniet war,
ist einige Male ausdrücklich die Rede, so z. B. bei einzelnen
Fällen in dem gleichzeitigen Berichte des visionären Lebens im
Kloster Töss.

Wie wenig sich aber die meisten der visionären Personen
von Kunstwerken bei ihren Visionen beeinflussen liessen, dürfte
u. a. Christina von Stommeln beweisen. Von ihr wird nämlich
berichtet, dass sie oft in der ihrer Heimat benachbarten Abtei
Brauweiler war.

Wohl ganz ohne Zweifel hat sie nun dort die bekannten
Fresken gesehen, die gewiss zu dem Eindruckvollsten gehörten,
was sie überhaupt in ihrem Leben an Kunst sah.

Es findet sich nun aber nichts, gar nichts in ihren vielen
Visionen, was auch nur im Entferntesten wie eine Erinnerung
an das aussähe, was sie in der Abtei Brauweiler gesehen
haben kann.

Bei dem grössten Teil der uns berichteten Visionen jedoch
kommt man mit einer Erklärung, wie wir sie oben zugegeben
haben, nicht aus. Bei vielen kann man getrost und mit aller
Gewissheit sagen, dass sie auf das Vorbild schon vorhandener
Kunstwerke nicht zum Mindesten zurückgehen, ja gar nicht
zurückgehen können. Der Grund hierfür ist ein ziemlich einfacher; man braucht sich in solchen Fällen bloss die beschriebenen Erscheinungen einmal in Form eines gemalten Bildes oder
gar einer Steinskulptur zu denken und man wird sofort finden,
dass kein Künstler jener Zeiten überhaupt imstande war,
Kompositionen von solcher Ausdehnung und Mannigfaltigkeit,
von solchem Reichtum der Motive und Gestalten auszuführen!

Die Kunstgeschichte weiss genug von jeder Periode, um dies
zu beweisen. — Der Umstand ist natürlich entscheidend für
uns, und ist es bloss noch unsere Aufgabe, diese Behauptung
durch Vorführung einiger Beispiele zu bekräftigen. Wir werden
sehen, dass uns manche Visionsberichte des 13. oder 14. Jahrhunderts fast anmuthen, als ob sie Beschreibungen von Bildern
wären, wie sie erst im 15. Jahrhundert thatsächlich von Malern
ausgeführt worden sind. Zu berücksichtigen hat man bloss den
Umstand, dass bei den Visionen naturgemäss ein Nacheinander
der Vorgänge öfters mitspielt.

Schenken wir einmal einer grossen Visionserscheinung aufmerksame Betrachtung, welche die Schwester Mechthild von
Magdeburg in ihrem «Fliessenden Licht der Gottheit» von sich
berichtet, und versuchen wir, von den dabei berichteten zeitlichen Vorgängen und Handlungen zu abstrahieren und das
Ganze uns als eine zusammenfassende bildliche Komposition zu
denken. Eines Tages gerät Mechthild wieder in Verzückung und
glaubt sich plötzlich entrückt in eine grosse schöne Kirche,
welche anfangs leer ist. Bald aber füllt sich dieselbe vor ihren
Augen mit unzähligen Gestalten. Zunächst schreiten vier edle
schöne Jünglinge herein und bestreuen den Boden der Kirche
mit Blumen; dann kommen zwei «Schüler» in weissem Gewande; die setzen zwei Lichter auf den Altar. Nun aber erscheint ein langer hagerer Mann in ärmlichem Kleid; es ist
Johannes der Täufer, der ein Lamm trägt und dasselbe auf den
Altar setzt. Ihm folgen ein zarter Jüngling mit einem Adler vor
der Brust, Johannes der Evangelist, und ein «einfältiger» Mann:
St. Peter. Von Jünglingen werden diesen dreien Messgewänder
gebracht, mit welchen sie sich bekleiden. Jetzt aber naht sich
eine grosse Schaar, «das kreftige gesinde des himelreiches»,
und füllt die Kirche so, das Mechthild kein Platz mehr
verbleibt. Sie begibt sich in den Turm, findet aber auch
diesen besetzt. Sie sieht nämlich dort mehrere Gruppen von
Leuten, welche mit verschiedenfarbenen Kleidern und mit
verschiedenen Zierraten geschmückt sind, aus denen sie ent-
nimmt, dass sie in den einzelnen Gruppen Vertreter bestimmter
Arten von Himmelsbewohnern vor sich hat: die reuigen
Sünder, die Tugendhaften, die ehrbaren Wittwen und die keu-

schen Jünglinge und Jungfrauen. Da fällt der Mechthild ein,
dass sie selbst so gar schlecht gekleidet ist in dieser herrlichen
reichgekleideten und gezierten Versammlung und bekümmert
schreitet sie durch die Menge bis zum Chor der Kirche.

Dort sieht sie oben in der Höhe schwebend Maria, umgeben
von Engeln und Mägden und von heiligen Männern und Frauen,
von Märtyrern und Bischöfen. Und als sie, geblendet von all'
dieser Pracht und beschämt ihr Auge niederschlägt, da merkt
sie, dass plötzlich ihre ärmliche Kleidung vertauscht ist mit
einem schönen roten Mantel, der reich mit Gold geziert, und
auf welchem ein Spruch eingewirkt ist: «ich sturbe gern von
minnen». Auf dem Haupte aber fühlt sie einen goldenen Kranz.
Entzückt schaut sie auf; da winkt Maria sie zu sich, und in
deren Auftrag hört ihr Johannes der Evangelist die Beichte ab.
Während dessen beginnt man das «Gaudeamus in domino» zu
singen; der Täufer Johannes zelebriert die Messe. Als beim
Gesang der Name unserer lieben Frau genannt wird, da fällt
alles in anbetender Verehrung auf die Kniee. Nach der Beichte
fragt Mechthild, ob sie opfern soll. Als Antwort giebt ihr Maria
einen goldenen Pfennig: «das ist dinen eigenen willen: oppfer
den minem herren sune an allen dingen». Auf den Pfennig
war die Darstellung der Kreuzesabnahme geprägt und auf der
andern Seite «alles himelrich», Gott Vater thronend und über
den neun Engelchören schwebend. Wie nun Johannes die stille
Messe feiert und er die Oblate in seine Hände nimmt, da fügt
sich das Lamm, das bis dahin auf dem Altar gestanden hatte,
in die Oblate, «und die Oblate in das Lamm, also, dass man
die Oblate nicht mehr sah, sondern ein blutiges Lamm an einem
roten Kreuze hängend».

Da fleht Mechthild Maria an, dass jene ihren Sohn bitte,
sich ihr, der Mechthild, zu geben; woraufhin ein Lichtstrahl aus
der heiligen Jungfrau Mund auf den Altar fällt und auf dem
Lamm ruht.

Das Lamm spricht darauf: «mûter ich will mich gerne
legen in die stat diner girde.» Sehnsüchtig, inbrünstig geht die
Nonne zum Altar; Johannes nimmt das Lamm und legt es ihr
in den Mund. «Do leite sich daz reine lamp uf sin eigen bilde
in iren stal, und sog ir herze mit sinem süssen munde. Je

me es sog, je me si es im gonde.» — Diese Vision ist um die Mitte des 13. Jahrhunderts erlebt worden. Gab es in jener Zeit künstlerische Darstellungen, die irgend eine Verwandtschaft mit dem eben Beschriebenen haben? Gewiss nicht! Finden wir aber in späteren Zeiten Dinge, an die wir erinnert werden? Wir meinen: ja; und glauben nicht zu kühn zu sein, wenn wir sogar auf ein ganz bestimmtes Werk hindeuten, und zwar auf eines der berühmtesten Gemälde, welche die Kunstgeschichte kennt, an welches der aufmerksame Leser vielleicht selbst schon bei der obigen Visionsbeschreibung gedacht hat. Wir meinen den Genter Altar der Brüder van Eyck. Haben wir dort nicht ebenfalls eine mystische Verherrlichung des Messopfers in einer Weise, die mit jener der Vision sozusagen gleich ist?

Das Lamm auf einem Altar stehend, wird verehrt von einer grossen, prächtig gekleideten Gemeinde, die sich zusammensetzt aus den verschiedenen Gruppen der Heiligen, der Märtyrer, der seligen Kleriker, der reuigen Sünder, der Bekenner, der keuschen Jungfrauen und anderer hingebungsvoller Gläubigen. Man versetze den Altar mit dem Lamm und die ganze glänzende Versammlung von dem mit Blumen bestreuten Kirchenboden hinaus auf die mit Blumen bewachsene Wiese einer herrlichen weiten Landschaft und wir haben statt der Vision den Genter Altar.

Es giebt noch eine andere berühmte malerische Verherrlichung der Messe, aus wenig früherer Zeit: den Clarenaltar im Kölner Dom. Die Malereien desselben zeigen wie bekannt in der Mitte einen heiligen Priester vor dem Altar, das Amt der Messe verrichtend und seine ihn umgebenden Ministranten. Die mystische Bedeutung der Handlung erhebt die Darstellung durch folgende Zuthat in die Sphäre eines geheimnisvollen visionären Vorganges: oben in der Höhe erscheint in der leuchtenden Glut der Sonne, die aus Wolken hervorbricht, ein Antlitz, von welchem Strahlen hinunterfallen auf die Oblate, die der verzückt aufschauende Priester hoch emporhebt. — Es ist leicht begreiflich, dass die Handlung des Messopfers die Phantasie und die innere Sehkraft der Visionäre öfters anreizte, wie es denn unter den heiligen Schriften naturgemäss die mystische Apokalypse ist, von der wir bisweilen Einfluss erkennen. Manche

Visionen haben denn auch die Messe zum Gegenstand, und
können wir mehrere darunter anführen, die an die Darstellung
des Clarenaltars erinnern. So glaubte z. B. einmal eine sonst
unbekannte Dominikanerin, von der Johannes Tauler in einer
seiner Predigten erzählt, zu sehen, wie der Priester, der gerade
vor ihr die Messe las, plötzlich mitsammt dem Altar «von
unaussprechlicher Klarheit umgeben wurde», und dass «Engel
und viele andere Dinge mehr, ganz lieblich anzuschauen, allda
gegenwärtig gewesen».

Aehnliches erlebte Heinrich Suso. Als er eines Tages zum
Altar schritt, um die Messfeier zu begehen, wurde er verzückt.
Da wurde er «lauter mit einer Gezierde einer durchleuchtenden
Minne, und er sah, dass die göttliche Gnade herabthaute in
seine Seele, und dass er Eins ward mit Gott». Und es kamen
«gar viele leutselige Kinder mit brennenden Kerzen zu dem
Altar», Engel, die ihn herzlich umfingen. Ein anderes Mal sass
derselbe im Chorstuhl, in Andacht versunken; da wähnte er
plötzlich, er werde in den Chor einer anderen Kirche versetzt,
wo ein Priester gerade das heilige Opfer vollbrachte, während
«eine grosse Schar des himmlischen Gesindes, von Gott dorthin
geschickt» so schön und süss dazu sang, «dass ihm seine Seele
zerfloss von rechten Freuden».

Ein Beispiel für bildliche Vorstellungen anderer Art giebt
uns folgende Vision, die von der Nonne Gertrud in den «Insinuationes divinae pietatis» erzählt wird. Es heisst dort: Sie
sah im Geiste die selige Jungfrau als in einem sehr lustigen
Garten voll schöner Blumen von allerlei Farben und der ganz
durchgepflanzet war mit wohlriechenden Kräutern, und es schien
als wenn sie im äussersten Kampfe des Lebens wäre, in der
allerstillesten Jubilierung der süssigsten Beschauung, welche
durch die Klarheit ihres lieblichen Angesichts und die Freund-
lichkeit ihrer Geberden wohl und recht zu erkennen gaben,
dass sie voll Gnaden war. Es waren auch in diesem Garten
schöne Rosen ohne Dornen, weisse Lilien, wohlriechende Violen
und allerlei Blumen. Auch wurden allda gesehen unzählbare
Engel, die alle beschäftigt waren im Dienste ihrer Kaiserin,
wann sie den Atem schöpfte von dem Geruch der Blumen, die
allesammt den Herrn gelobt. Auch hat sie daselbsten gesehen

den heiligen Johannem Evangelisten, welcher gesessen zum Haupt
der seligen Jungfrau und andächtig gebetet». Auch Mechthild
von Hackeborn sieht einmal einen «Wald der Gesellschaft heiliger Leute, wo die allersüssesten Nachtigallen von der lieblichen
Einigung mit Gott Tag und Nacht singen». Klingt das nicht
alles fast wie anmutende poesiereiche Schilderung gewisser
Kompositionen der Kölner Schule des 15. Jahrhunderts, jener
reizenden Bilder, wo wir die Jungfrau in blumenreichem Garten
sitzend erblicken in Gesellschaft heiliger Frauen oder Männer,
die sich ruhiger Beschauung oder der Musik hingeben, wie es
uns z. B. jenes bekannte kleine Bild im städtischen Museum
zu Frankfurt a. M. zeigt? Erinnert das nicht an das beliebte
Motiv der von Engeln umgebenen Madonna im Rosenhag, das
wir zuerst in der Kölner Schule auftauchen sehen, das dann
von Schongauer so herrlich benutzt wurde, und das sogar in
die oberitalienische Kunst von Deutschland her eingedrungen
ist? — —

Es mögen diese Beispiele jetzt genügen; wir wollen uns
hier beschränken, da wir im nächsten Kapitel noch oft Gelegenheit haben werden, aus dem reichen Schatz des vorhandenen
Materials manches zu bringen. — Natürlich liegt es uns fern
zu behaupten, dass die oben angeführten Bilder und so viele
andere der deutschen Kunst ganz direkt auf jene einzelnen Beispiele von Visionen, die wir zum Vergleich herangezogen und
ähnliche zurückgehen, dass die Maler solche Berichte gelesen
und erst durch die Lektüre zum Entwurfe ihrer Werke angeregt worden seien und sich nach dem Texte gerichtet hätten.
Ganz undenkbar und ausgeschlossen wäre dies ja in einzelnen
Fällen durchaus nicht; jedoch im Grossen und Ganzen ist natürlich eine solche Annahme als zu willkürlich von der Hand
zu weisen. Die Art der Beeinflussung ist ganz allgemein zu
denken: Die Visionen und die durch sie gewonnenen Vorstellungen setzten sich fest in das Bewusstsein des Volkes; von da
aus befruchteten sie die Phantasie der Künster und gaben ihr
eine bestimmte Richtung, ja, in vielen Fällen, wie wir gesehen
haben und noch sehen werden ganz bestimmte Vorlagen. Tausend
unsichtbare Fäden haben diese Verbindungen über lange Zeiträume hinweg geknüpft, für uns im Einzelnen nicht mehr zu

verfolgen; ihr Vorhandensein aber, so dünkt uns, wird uns nicht bestritten werden können.

Ueberhaupt fällt es nicht schwer, bei der deutschen Malerei bis ins 16. Jahrhundert hinein in der ganzen Art zu komponieren, in der Vorliebe für Lichterscheinungen, für Farben- und Feuerglorien, für weltentrücktes Schweben göttlicher und heiliger Figuren im Himmelsglanz und auf Wolkenbildungen und in manchen ähnlichen Zügen ein gewisses visionäres Element zu erkennen. Im Gegensatz zu der italienischen Kunst! Man rufe sich die Kompositionsweise und die Art der Motive italienischer Maler ins Gedächtnis! An Visionen erinnert da selten etwas; die meisten Bilder muten uns dort an, wie wenn sie Gestalten und Dinge einer anderen Welt, einer besseren, schöneren, harmonischeren, idealeren Welt uns vor Augen führten, einer Welt, von der man sich gerne träumen mag, dass sie irgendwo ausserhalb der unsrigen in Wirklichkeit vorhanden ist; aber in visionärer Verzückung geschaute Bilder überirdischer Dinge und Vorgänge sind dort selten.

Die Kunst der ekstatischen Spanier hat in diesem Punkte schon eher einige Verwandtschaft mit der deutschen, soweit sie sich nicht mit der einfachen Wiedergabe der Natur begnügt (wie man ja auch in der deutschen und namentlich der niederländischen Kunst hier von jenen Darstellungen absehen muss, in denen das naturalistische Prinzip vorherrscht, die aber durchaus nicht etwa in einem Widerspruch zu jener anderen Auffassung stehen, sondern im Grunde derselben Charakterveranlagung ihr Dasein verdanken, wie wir schon in unserem einleitenden Kapitel betonten).

Schauen wir uns doch einmal ein wenig um in dem reichen Bestand deutscher Malereien! Sind da nicht wirklich unzählige, die gleich Visionen aussehen? Einige auffallende Beispiele, die uns gerade in den Sinn kommen, wollen wir herausgreifen. Es muss jedem Leser überlassen bleiben, sich die Zahl derselben selbst beliebig zu vergrössern.

Der Genter Altar, den wir eben anführten, erinnert uns an ähnliche Kompositionen, wo die Gemeinschaft der Heiligen in Anbetung der Gottheit dargestellt ist, an die sogenannten Allerheiligenbilder.

Nehmen wir Dürer's unvergleichliches Werk! Ist es nicht

eine wunderbare Vision, die dort über der irdischen Landschaft, in die der Meister seine eigene Person hineingesetzt hat, plötzlich in unendlicher überirdischer Pracht, in strahlendem Glanze erscheint? Des Künstlers Macht lässt uns da einen Blick ins Himmelreich thun, wie er sonst nur auf flüchtige aber beseligende Augenblicke dem verzückten Sinne ekstatischer Visionäre zu Teil wurde. Man vergleiche übrigens diese Schöpfung mit dem etwa gleichzeitigen italienischen Meisterwerk, in dem der gleiche Gedanke ausgesprochen werden soll aber in ganz anderer Auffassung wiedergegeben wird, mit Raffael's Disputà! Wir wollen hier auf die warm empfundenen Worte hinweisen, welche Thausing in seiner Dürer-Biographie diesem Vergleiche widmet, und wollen unsererseits nur darauf aufmerksam machen, wie sehr das deutsche Werk von einem mystisch-visionären Gefühlselement beherrscht wird, während bei der italienischen Komposition das Kirchlich-dogmatische sich geltend macht.

Ein Künstler, in dessen Schaffen sich eine merkwürdige Mischung von Streben nach populär-naturalistischer Darstellung, das sich namentlich in seiner liebevollen oft so anmutigen Detailschilderung äussert, mit Vorliebe für phantastisch-visionäre Motive zeigt, ist z. B. Albrecht Altdorfer. Aus seinen Werken mögen an dieser Stelle zwei Beispiele angeführt werden: seine Himmelfahrt Mariae in der Augsburger Galerie, wo er die im Strahlenglanz Aufschwebende mit jenem so entzückenden Kranz unzähliger, im Reigen durch den Aether fliegenden Engel umschweben lässt, und sein Bild in der Münchener Pinakothek, wo man Maria mit ihrem Kinde hoch über einer herrlichen Landschaft auf Wolken schweben sieht und hinter ihr sich mit blendendem Lichtglanz der Himmel öffnet, in welchem das verzückte Auge wiederum ungezählte Engelschaaren wahrnimmt, die zum Teil die Jungfrau musizierend umgeben. Wenn der Maler dieser herrlichen Bildchen, zweier rechten Kleinode der Kunst, auch nicht an Visionen gedacht haben sollte, so muss man doch zugeben, dass solche Darstellungen nicht «komponiert», d. h. nicht mühsam mit Ueberlegung zusammengesetzt werden können; so etwas kann nur wie in visionärem Zustand in glücklichen Momenten erschaut sein und dann durch den Pinsel festgehalten werden.

Ebenfalls in der Münchener Pinakothek hängt vom «Meister des Marienlebens» eine Krönung der Maria, ein Bild, das im Charakter durchaus an Visionen mahnt. Der Thron, auf dem Christus und Maria sitzen, schwebt frei in der Luft vor glänzendem Goldgrund und ist umgeben von goldenen Strahlen; Engel tragen ihn aufwärts und ein dichter Engelschor umgiebt ihn musizierend und singend. Unten auf dem Erdboden kniet das Stifterpaar; die Frau mit Gebetbuch und Rosenkranz blickt sinnend vor sich hin, der alte Mann aber schaut zu der Erscheinung empor und streckt beide Hände aus, halb in betender Andacht, halb wie in verzücktem Erstaunen.

Betrachten wir ein Kölner Bild aus späterer Zeit, den Thomasaltar im Museum zu Köln. Wie merkwürdig die Darstellung! Um den auferstandenen Heiland, welcher dem zweifelnden vor ihm knieenden Jünger die Hand an seine Seitenwunde legt, schweben auf Wolken vier Heilige, andächtig der Handlung zuschauend; oben aber im lichten Himmel werden der segnende Gott Vater und die Taube des heiligen Geistes sichtbar, umgeben von singenden und Weihrauchfässer schwingenden Engeln. Nur als Vision ist das Ganze zu verstehen.

Wir finden es oft, das deutsche Maler einfache biblische oder legendare Handlungen durch solche willkürliche aber anmutende und bedeutungsvolle Zuthaten bereichern und sie dadurch in die Sphäre visionärer Phantasieen erheben. Als weiteres Beispiel diene der Isenheimer Altar des Matthias Grünewald in Kolmar. Man betrachte dort den grossen Flügel, welcher die Maria mit dem Kinde zeigt. Welch' mächtige Phantasie offenbart sich uns da! Wie ist dort das schlichte aber bedeutungsvolle Motiv der heiligen Mutter mit ihrem spielenden Kinde in Beziehung gesetzt worden mit — ja man kann nur sagen mit dem gesammten Sein, mit dem ewigen Reiche der Unendlichkeit. Vor uns sitzt in natürlicher Unmittelbarkeit die glückliche Mutter mit dem lächelnden Knaben auf den Armen; recht deutsch naturalistisch: neben ihr steht am Boden die Wiege, ja sogar die zum Bade bereite Wanne. Hinter diesem alltäglichen Anblick aber schweift das Auge in eine herrliche reiche Landschaft, in deren Ferne sich ein Gebirge erhebt; schroffe riesige Felsabhänge türmen sich auf,

höher und immer höher, bis der Gipfel sich in Wolken verliert, in Wolken, die ihrerseits, zusammenballend sich bis in den
Aether erheben, höher und immer höher, bis auch sie zergehen
und sich auflösen in blendendem Licht : hoch oben aber öffnet
sich der Himmel, und das Auge schaut zum allerhöchsten Thron,
wo Gott Vater in erhabener Majestät unbeweglich thront. Zu
seinen Füssen wölbt sich der Farbenbogen des ewigen Friedens ;
die Engelchöre, im Lichtglanz schwebend, umgeben ihn, Lichtstrahlen umleuchten ihn und Strahlen fallen nieder aus der
Höhe hinunter auf die irdische Landschaft. Und auf den zit-
ternden Strahlen flattert und fliegt es : Engel sind es, die abwärts gleiten, herunter auf die Erde, wo sie zwei Hirten auf
dem Felde mit einer Frohbotschaft beglücken. Alles lebt und
leuchtet in Farben und Licht; in den Lüften scheint es lebendig zu werden. Rauscht es da nicht? Klingt es nicht in
unser Ohr? Schallt da nicht Musik? Sphärenmusik aus den
geöffneten Himmelsräumen, in die wir trunken hineinschauen ?
Woher die Töne? Ah welche Erscheinung! Seht dort, neben
Maria ist plötzlich ein reichgezierter Tempel hingezaubert :
wir schauen hinein durch seine geöffneten Spitzbogen und erblicken entzückt einen vom Himmel gesandten Chor : eine
dichtgedrängte Schaar unzähliger Engel und Engelein, in farben-
prächtigen Gewändern, von Licht umflossen, singend und jubilierend, auf Instrumenten spielend zum Preise der Gottesmutter,
zu der sie holdselig hinüberlächeln. Und an ihrer Spitze? Wer
naht sich dort schwebend der Mutter, sie mit betend gefalteten
Händen verehrend? Ja, es ist die Maria selbst noch einmal,
als holde zarte Jungfrau, ihre Seele ist es, welche Gestalt gewonnen hat, mit einer Flammenkrone auf dem Kopf, umstrahlt
von hellscheinendem Licht. Zwei kleine Engelchen halten eine
goldene Krone über ihr schwebend in der Luft. — Woher ein
solch' mächtiges Künstlerschauen? Kein Zweifel, dass es seinen
Ursprung in einer ganz bestimmten Gefühlswelt hat, die ihrerseits in Beziehung steht mit einer ganz bestimmten Weltauffassung, welche sich ihren eigenen phantasiereichen Vorstellungskreis schafft, einen Vorstellungskreis, der nur als etwas
Visionäres bezeichnet und verstanden werden kann! — —

Nach allem, was wir über Bedeutung und Verbreitung der

Visionen gesagt haben, könnte man vielleicht erwarten, dass
der deutschen Kunst oft die Aufgabe gestellt worden sei, ganz
bestimmte Visionen, die gewisse Personen einmal gehabt haben,
durch ihre Darstellung dauernd festzuhalten; und es könnte
auffallen, dass wir heute wenig Beispiele dieser Art haben.
Vielleicht hat es solcher Erinnerungsbilder an bestimmte Visionen in der That viel mehr gegeben, als uns erhalten sind;
der Grund, warum sie verschwunden, ist vielleicht darin zu
suchen, dass solche Werke mehr den Charakter von Votiv-
bildern, von Gelegenheitsschöpfungen hatten als den offizieller
Altarbilder, und deshalb nicht so sorgfältig aufgehoben und
von späteren Generationen nicht mehr der Beachtung wert gehalten wurden. Immerhin können wir auch hier einige charakteristische Beispiele anführen.

Im Bonner Provinzial-Museum hängt ein gutes Bild der
Kölner Schule unter Lochners Einfluss. Es zeigt einen blauen
Grund, der mit Sternen besät ist; unten links kniet ein ju-
gendlicher Priester, der betend seine Hände faltet und mit
schwärmerischem Blick aufschaut auf eine Vision, die ihm zu
Teil wird: vier Engel schweben in der Höhe; einer hält den
gebrochenen Leichnam Christi, den er zugleich mit einem
grossen brokatenen Mantel unter die Achseln fasst, so dass der
prächtige Stoff den Heiland von rückwärts umwallt; einer stützt
im Fliegen die Füsse des Toten mit den Armen hinauflangend,
wie um von unten nachzuhelfen. Die beiden anderen flattern
zu den Seiten Christi und halten Marterwerkzeuge. — Die Annahme liegt sehr nahe, dass in dieser merkwürdigen Komposition die Erinnerung an eine Vision festgehalten worden ist,
die jener Geistliche erschaut.

Nach der Eigenart ihrer Komposition dürften auch zwei
Bilder unbedenklich als Beispiele hier in Anspruch genommen
werden, die sich in der Münchener Pinakothek befinden: die
Rückseiten der Flügel des Hochaltars aus St. Mauritius in
Köln, die der burgundische Maler Pierre des Mares verfertigte.
Auf dem einen Flügel sehen wir Gott Vater in der Mitte
schweben; auf seinem Schooss hält er den Leichnam des
Sohnes, dessen Füsse auf der Weltkugel ruhen. Der andere
zeigt die Maria als Himmelskönigin auf dem Halbmonde mit

dem Jesusknaben auf dem Schoosse; über ihr fliegt ein Kranz anbetender Engel. Diese Erscheinungen nehmen fast den ganzen Raum der Tafeln ein, sie schweben auf lichten Wolken, sind ganz von Licht, Goldglorienschein und hellster Farbenpracht umgeben und durchleuchtet und scheinen sich herabzusenken zu den Gestalten der beiden Stifter, einem Abt und einer Aebtissin, die unten knieen, von denen sie aber durch die Goldglorie getrennt und als besondere, in der Luft schwebende Bilder unterschieden sind.

Ganz ähnlich ist eine Darstellung vom «Meister der heiligen Sippen» im Germanischen Museum, die auch der dortige Katalog als Vision bezeichnet.

Diese Erscheinung zeigt den thronenden Gott Vater; auf der Lehne des Thronsessels sitzt die Taube des heiligen Geistes und nebenan knieen Jesus und Maria als Fürbitter; oben schweben Engel mit Marterwerkzeugen; vor dem Thron liegen Säule und Rute der Geisselung. Das Ganze ist unten segmentförmig abgerundet und schwebt als geschlossenes Bild über einer Landschaft, in der ein Geistlicher kniet. Eine Inschrift der Rückseite besagt, dass das Werk als Gedächtnistafel auf den Tod jenes Priesters angefertigt worden ist.

Man darf wohl annehmen, dass diesem selbst in seinem Leben eine solche Vision zuteil geworden ist.

Hans Baldung Grien setzt bei seinem grossen Altar im Freiburger Münster die Bildnisse seiner Auftraggeber in Beziehung zu einer visionären Erscheinung.

Er bringt die Porträts der ehrbaren Bürger und Stifter auf der Rückseite an, auf der grossen Predella unter der Kreuzigung, und zeigt uns dieselben in Halbfigur, wie sie sich gerade anbetend der Maria mit ihrem Kinde nahen, die unmittelbar vor ihnen in Wolken und Glorienstrahlen erscheint. — Uebrigens erinnert auch die Komposition des Hauptbildes dieses Altars, die Krönung der Maria, sehr an Visionen.

Auch in die Holzschneide- und Kupferstecherkunst ist hie und da das visionäre Element eingedrungen. Es mag hingewiesen werden auf eine anmutige Komposition aus dem Werke Schongauer's (B. 70), wo zwei Engel einen grossen schweren Vorhang zur Seite ziehen, wie um dem Beschauer für einen Augenblick

den Anblick des segnenden Christus zu gönnen, der auf einem
Throne sitzend sichtbar wird.

Bekannt sind die beiden Stiche der «Madonna von Ein-
siedeln» des Meisters E. S. vom Jahre 1466, die der Künstler
auf oder nach einer Wallfahrt nach dem berühmten Gnadenort
verfertigt haben soll, und die uns Visionen wiedergeben, mit
welchen einige Pilger beglückt worden sind. Auf dem grösseren
Blatt knieen in einer Kapelle zwei Pilger, ein bürgerliches Ehe-
paar vor einem Altartisch, auf welchem die thronende Maria
mit dem Christuskind auf dem Arm und mit einer Lilie in der
rechten Hand erscheint. Neben die heilige Jungfrau tritt links
ein anmutiger Engel, rechts der heilige Abt Meinrad, beide
Leuchter in den Händen haltend. Oben darüber aber ist auf
einer von einem Teppich überspannten Ballustrade ein himmlischer Chor sichtbar geworden, eine entzückende Schaar sing-
ender und musizierender Engel, vor welche Gott Vater getreten
ist, um die Pilger zu segnen und Christus, um sie mit einem
Weihwasserwedel zu besprengen. Ueber allen schwebt die Taube
des heiligen Geistes. Hinter dem Altar aber nahen sich in
höchstem Erstaunen noch einige Bauern. Eine Inschrift auf
dem Bogen der architektonischen Umrahmung lautet: «dis ist
die engelwichi zů unser lieben frouwen zů den einsidlen. ave
gratia plena». — Der kleinere der beiden Stiche enthält eine
ähnliche aber nicht so reiche Darstellung.

Einen sonderbaren Einfluss übten die Visionen aus auf die
Evangelistendarstellungen bei den Holzschnitten des Quentel'schen
Bibeldruckes von 1480 und der von jenem abhängigen Drucke.
Zu Beginn der vier Evangelien wird da jedesmal der betreffende
Evangelist vorgeführt, wie er, nach uraltem Schema, an seinem
Schreibpulte sitzt, neben ihm sein symbolisches Wesen; vor
jedem Einzelnen aber erscheinen wie in Vision diejenigen Per-
sonen oder ganzen Scenen, die für seinen Bericht besonders
charakteristisch sind. So nahen sich dem Mattheus, der das
Geschlechtsregister bringt, die Altväter, voran Abraham und
David mit seiner Harfe. Marcus sitzt in einer Landschaft und
erschaut vor sich die Auferstehung Christi. Dem Lucas erscheinen vor seinem Pulte gleichzeitig drei Bilder: die Geburt Christi,
die Anbetung der Könige und die Beschneidung. Johannes aber

sicht mit erstaunt emporgehobener Hand vor sich die Dreieinigkeit. Es reiht sich dann an diese vier Darstellungen sehr gut an die Vision des Johannes auf Patmos, mit der das Buch der Offenbarung eingeleitet wird.

Uebrigens muss an dieser Stelle nachdrücklich an die Häufigkeit dieser letzteren Darstellung in der deutschen Kunst erinnert werden, sowie an das Bemühen deutscher Künstler, die Wundererscheinungen der Apokalypse verwendbar zu machen.

Ueberhaupt ist der Umstand sehr bezeichnend, dass sich die deutsche Kunst eifrig jener fremden Stoffe bemächtigt, die ihrem einheimischen mystischen Element verwandt sind. Die Gestalten, das Leben und die Visionen mystischer Heiligen des Auslandes bringt sie mit grosser Vorliebe. Die deutschen Mystiker und Visionäre sind von der Kirche nicht sehr gewürdigt worden; nur sehr wenige sind von Rom aus heilig gesprochen und auch diese nie besonders gefeiert worden.

Dies ist natürlich der Grund, warum ihre Geschichte, ihr Leben und ihre Visionen nicht in den regelmässigen Stoffkreis der Kunst aufgenommen worden sind, so bekannt und verehrt die Einzelnen bei ihren heimatlichen Landsgenossen ihrer und späterer Zeit auch gewesen sein mochten. Dafür entschädigte man sich denn durch die Aufnahme verwandter fremder Gestalten, wie z. B. des Franz von Assisi, der Katharina von Siena und der heiligen Brigitta von Schweden. Die Letztere sieht man häufig dargestellt, einem Engel lauschend, der ihr eine Offenbarung zuflüstert, die sie niederschreibt, während vor ihr in der Höhe Gott Vater, die Maria mit dem Jesusknaben und die Taube des heiligen Geistes erscheinen.

(Im Handbuch von Schreiber sind allein 30 verschiedene Holzschnitte mit dieser Darstellung aus dem 15. Jahrhundert erwähnt.)

Die mystische Verlobung der heiligen Katharina von Alexandrien wird ein beliebtes Motiv sowohl für die deutschen Mystikerinnen, deren Sehnsucht nach einem ähnlichen geheimnisvollen Erlebnis ging, und von denen einige thatsächlich an ihrer eigenen Person eine Wiederholung jenes visionären Vorganges erfahren zu haben glaubten, wie auch für die deutsche

Kunst. Auch die so häufige Darstellung des heiligen Gregor, dem beim Messelesen die Vision des vom Kreuze gestiegenen Christus und seiner Marterwerkzeuge zuteil wird, gehört hierher.

3. Die Kunstpflege in den mystischen Klöstern.

(Die Totentänze.)

Nachdem wir die Beeinflussung der Kunst durch die Visionen und die beiderseitige Verwandtschaft betrachtet haben, wird es uns interessieren, zu untersuchen, in welchem Verhältnis die Visionäre selbst zur Kunst standen, ob die Kunst auch einen praktischen Nutzen von ihnen hatte.

Kurz gesagt, wir wollen uns der Frage zuwenden: wie stand es mit der Kunstpflege in jenen mystischen Frauenklöstern, in welchen, wie wir schon sahen, das ekstatische Visionentum durch Generationen hindurch eine eifrige, allgemeine und traditionelle Pflege fand? Nur bei diesen ist eine solche Untersuchung möglich, da wir bei den vielen einzeln lebenden Visionären und Visionärinnen natürlich zu wenig Anhalt haben. Wir wollen gleich vorausschicken, dass wir in der That eine hervorragende Kunstpflege in allen jenen für die deutsche Mystik so wichtigen Klöstern bezeugen können, so dass es sich schon lohnt, allen dies beweisenden Spuren einmal sorgfältig nachzugehen. Leider ist uns das Meiste von den Kunstschätzen jener Klöster durch verschiedenes Missgeschick verloren gegangen und vernichtet worden, doch ist es uns gelungen manches noch aufzufinden; bei anderem können wir auf wichtige Berichte hinweisen. Wenn wir unter den zu erwähnenden Werken einige bringen werden, die erst im 15. Jahrhundert entstanden sind, zu einer Zeit, wo das Visionentum nicht mehr in dem Masse blühte wie früher, ja wo in einigen dieser Klöster eine gewisse Verwilderung eingerissen war, so glauben wir hierzu doch berechtigt zu sein, da wir das Andauern mystischer Traditionen und mystischer Denkungsart auch in jenen Zeiten wohl annehmen dürfen, eine Vermutung, die durch die Thatsache erhärtet werden dürfte, dass mehrere solcher Konvente sich nach dem Auftreten Luther's mit voller Ueberzeugung und heiligem Eifer der Reformation zugewandt haben; denn wir betonten es schon, die Mystik ist in mancher Hinsicht durchaus als eine Vorläuferin der Reformation anzusehen.

Die schriftlichen Aufzeichnungen, welche wir über und aus jenen Klöstern besitzen, die von Nonnen verfassten Berichte über das Leben und die Visionen der Schwestern und manche Briefe, die dem Verkehr einiger Klosterfrauen mit verschiedenen der bedeutendsten mystischen Predigern und Theoretikern ihre Entstehung verdankten, beweisen, dass in allen diesen Klöstern eine hohe Bildung zu Hause war. Die meisten Nonnen verstanden Latein und konnten lesen und schreiben. Das Schreiben und Abschreiben für sich und andere war eine Hauptthätigkeit innerhalb jener Klostermauern, womit manches Geld verdient wurde, das dann oft, so wird berichtet, zum Ankauf von Gemälden und anderem Schmuck der Kirchen Verwendung fand.

Verschiedene der hier zu nennenden Schwesterkonvente haben sich ihre Klosterräume mit umfangreichen Wandgemälden schmücken lassen, die z. T. von hoher kunstgeschichtlicher Bedeutung sind, wie wir sehen werden. Es geschah dies in einer Zeit, wo die Herrschaft des gothischen Styls die Freskomalerei in Deutschland sonst sehr zurückgedrängt hatte. Diese Klöster also scheinen, trotz der Ungunst der damaligen Kunstrichtung, auf eine solche ins Grosse gehende Kunstbethätigung nicht haben verzichten wollen; vielleicht waren sie auch von Italiens Beispiel angeregt worden, mit dem sie durch ihre Beziehungen zu dortigen Dominikanerklöstern in Verbindung standen und von dessen grosser monumentaler Kunst sie manche Kunde vernommen haben mögen.

Doch wenden wir uns jetzt verschiedenen einzelnen Klöstern im Besonderen zu. Gehen wir zunächst nach Colmar zum dortigen Nonnensitze Unterlinden, dessen umfangreiche Gebäude heute noch stehen, jedem kunstliebenden Besucher der Stadt wohl bekannt und vertraut, da in seinen Räumen, in seinem Kreuzgang und seiner Kirche jetzt wertvolle Kunstsammlungen und die Bibliothek untergebracht sind. Im Chor der dortigen Kirche wurden vor einigen Jahrzehnten Reste von Wandgemälden aus dem 14. Jahrhundert entdeckt. Schnaase berichtet kurz von ihnen; heute ist leider nichts mehr zu sehen, so dass wir keine weitere Auskunft geben können. Die französische Revolution war es, welche die übrigen Unterlindener Kunstschätze dem Untergang preisgegeben hat, wie überhaupt so manches im Elsass, namentlich aus dem Besitze der dortigen Klöster. Schnaase weiss nach glaubwürdiger Quelle zu erzählen, dass im Jahre 1796 auf dem Marktplatze zu Colmar in frevelhafter Weise eine grosse Anzahl alter Kirchenbilder zusammengeschleppt und einfach verbrannt wurden. Nur ein bemaltes Blatt aus einem Miniaturenkodex des Unterlindener Klosters aus dem 15. Jahrhundert können wir erwähnen, das sich jetzt eingerahmt im ehemaligen, zum Museum umgewandelten Kirchenraum befindet; es zeigt bezeichnender Weise die Darstellung der Stigmatisation der Katharina von Siena. Uebrigens bezeugen einige ebendort aufbewahrte Geisselwerkzeuge die Fortsetzung eines strengen asketischen Lebens noch nach Jahrhunderten.

Ausserdem fanden wir ein kleines Büchlein im Duodezformat in der dortigen Bibliothek, das uns manches Interessante erzählte. Es gehörte den Klosterfrauen und ist in Unterlinden entstanden in der ersten Hälfte des 15. Jahrhunderts. In rotes Leder ist es gebunden: auf die Innenseiten des Einbandes sind zwei Holzschnitte eingeklebt. In lateinischem und deutschem Text, von verschiedenen Händen geschrieben, und in Bildern, schlichten kolorierten Federzeichnungen, behandelt das Bändchen die Geschichte eines wunderthätigen Altarbildes, welches im Jahre 1348 in die Kirche von Unterlinden gestiftet wurde. Es führt den Titel «Liber miraculorum» (Mss. Nr. 495).

Die erste Zeichnung stellt den heiligen Lucas dar, wie er vor seinem Malertisch sitzt, auf dem seine Farbentöpfe stehen: neben ihm befindet sich sein Stier. Er hält die Pinsel in der Hand und ist eben damit beschäftigt, an einem Altarwerk zu malen, einem Tryptichon auf dessen Mittelbild er die Madonna und auf dessen Flügeln er je einen Heiligen anbringt. Das zweite Bildchen führt uns einen zeitgenössischen Maler in grünem Wams vor, welcher es sich angelegen sein lässt, jenes alte vom heiligen Lucas gemalte Bild der Maria zu kopieren. Auch er steht vor einem Malertisch, auf dem das Original und seine Kopie nebeneinander aufgestellt sind. Hinter ihm befindet sich der Besteller der Kopie, ein Mönch. Auf der nächsten Zeichnung sieht man, wie jener Mönch die fertige Kopie zu den Nonnen von Unterlinden bringt, welche aus ihrem Kloster heraustreten und das Kunstwerk in feierlichem Aufzug, eine Fahne tragend, und mit Gesängen einholen.

Das vierte Bild zeigt uns das Werk an seinem Bestimmungsort und die Aebtissin im Gebete davor knieen. In den siebzehn übrigen Bildchen und dem Texte wird dann geschildert, welche Wundererscheinungen das Kunstwerk bei den Insassen des Klosters gewirkt hat. Wir sehen die Nonnen — einmal sind es auch Bauern — vor dem Altarbild in Andacht versunken und in visionäre Verzückungen geraten, bei welchen ihnen Offenbarungen zuteil werden und ihnen Christus oder Maria oder Engel erscheinen. — Die Zeichnungen selbst sind künstlerisch ziemlich wertlos, wohl von einer Dilettantin im Kloster selbst angefertigt; der Inhalt der Darstellungen aber ist merkwürdig genug, um hier beschrieben worden zu sein. Welcher Art das wunderwirkende und Visionen veranlassende Werk war, ob es in der That eine Kopie nach einem der Bilder war, welche die Legende dem heiligen Lucas zuschreibt, muss natürlich dahingestellt bleiben.

Ein wenig mehr Ueberreste sind aus dem als nächstes zu nennenden Kloster Adelhausen zu Freiburg im Breisgau auf uns gekommen, obwohl auch hier ein böses Schicksal gewaltet hat, indem das Kloster und sein ihm verbundenes und nur wenige Schritte entfernt liegendes Schwesterkloster St. Katharinen 1677 von den Franzosen zerstört und niedergebrannt wurde, nach welchem Ereignis die Nonnen beider sich vereinigten, um sich innerhalb der Stadt ein neues Heim zu errichten, in das sie alles übertrugen, was aus den früheren Räumen noch zu retten gewesen war. Aus diesem neueren Kloster, dessen barocke Kirche heute noch steht, sind dann einige alte Stücke in die öffentlichen Sammlungen zu Freiburg gelangt. So fallen in der städtischen Altertümersammlung besonders einige illustrierte Prachtkodices, die aus dem Besitze der Nonnen stammen, auf. Der älteste ist ein ausserordentlich schönes, grosses Missale, vom Jahre 1350 datiert. Dieses enthält wunderbar fein und zierlich ausgeführte Initialen, von reizenden gothischen Rankenornamenten übersponnen und eine Reihe sehr gut ausgeführter Miniaturen mit Darstellungen aus der Geschichte Christi und ein die Krönung der Maria zeigendes Bild in merkwürdiger mystischer Auffassung, von der im nächsten Kapitel noch die Rede sein wird.

Die übrigen Bücher sind aus dem 15. Jahrhundert: ein grosses, reich mit Initialen, Ornamenten und Bildern geschmücktes Pracht-Chorale, ein zweites grosses Missale, ebenfalls schön und vielfach verziert, sodann drei kleinere mit hübschen Initialen versehene Gebetbücher, welche vielleicht auch dem 14. Jahrhundert entstammen können, und die bei schöner Ausführung, sorgfältiger Schrift und in gefälligen rotledernen Einbänden mit gothischer Ornamentpressung einen sehr vornehmen Eindruck machen. In eines derselben ist auf die Innenseite des vorderen Deckels ein Blatt Papier mit einer sehr feinen gleichzeitigen Federzeichnung, welche die heilige Elisabeth von Thüringen mit Brot und Weinkanne in den Händen darstellt. — In derselben Sammlung befinden sich weiterhin zwei grössere Altarwerke aus Adelhausen. Das eine, ein breites Triptychon, ist ein recht gutes Werk der schwäbischen Schule, etwa der Mitte des 15. Jahrhunderts angehörend. Die Haupttafel ist dreigeteilt: in der Mitte ist Christus am Kreuz mit Maria und Johannes dargestellt, links sieht man die Geburt des Herrn, rechts seine Auferstehung. Von den Flügeln sind nicht alle Teile erhalten; die einzelnen Abteilungen sind mit verschiedenen Bildern versehen. Die eine zeigt die Gestalten des Täufers Johannes und des Paulus, eine andere die Scene der Verkündigung, die dritte die Himmelfahrt und auf der vierten findet sich folgende merkwürdige, uns auch im nächsten Kapitel noch beschäftigende Komposition: vor einem goldenen Brokatvorhang, den Engel halten, knieen einige heilige Dominikanermönche und heben mit hoch emporgereckten Armen die Gestalt des Christus als Schmerzensmann in die Höhe. — Das andere Werk ist ebenfalls ein Triptychon, doch eine nur mässig gute Arbeit der zweiten Hälfte des 15. Jahrhunderts. Das Mittelbild enthält eine Darstellung der Krönung der Maria; die Flügel zeigen Gestalten von Engel und Heiligen. — Zu diesen beiden grossen Werken gesellt sich noch ein kleines, etwa einen Viertelmeter hohes Tragaltärchen, das im Anfang des 15. Jahrhunderts entstanden sein wird.

Es hat auch die Form eines gothischen Triptychon mit holzgeschnitzter Verzierung ; das Innenbild stellt den Tod Mariens vor, auf den Flügeln sieht man eine Dominikanernonne und einen vornehmen Geistlichen, beide betend neben ihren Schutzheiligen. Die recht gut gemalten Darstellungen sind mit bunten Temperafarben auf blauen Grund aufgetragen und scheinen die Hand eines Künstlers, oder vielleicht einer begabten Nonne aus Adelhausen selbst zu verraten, die sonst gewohnt ist, Miniaturen zu verfertigen. —

Sodann mag noch eine ebendort befindliche kleine sehr hübsche Holzkasette erwähnt werden, die mit feinen geschnitzten gothischen Ornamenten geschmückt und zierlich mit Eisen beschlagen ist. Sie soll alter Ueberlieferung zufolge der Schwester Rudolf's von Habsburg angehört haben, welche als Nonne ins Kloster Adelhausen, das überhaupt mit Vorliebe von Damen des höheren Adels aufgesucht wurde, eingetreten war. Wenn auch diese Zuschreibung etwas kühn erscheint — die kleine Truhe dürfte überhaupt aus einer etwas späteren Zeit stammen —, so ist sie doch immerhin als kleiner Beweis für den Kunstsinn der Nonnen, aus deren Besitz sie sicher stammt, hier anzuführen. — Ein weiteres sehr gutes Bild aus Adelhausen besitzt die städtische Gemäldesammlung ; es gehört etwa der zweiten Hälfte des 15. Jahrhunderts an und stellt die Halbfigur eines segnenden Christus mit schönem ernstem Gesicht dar vor einem Brokatteppich als Hintergrund. Es ist möglich, dass auch noch einige andere Stücke dieser kleinen Sammlung aus Adelhausen stammen. Ueber die Provenienz der meisten übrigen Bilder ist nichts bekannt, doch weiss man, dass manche aus naheliegenden Klöstern herkommen und erst neuerdings aus privatem in städtischen Besitz gelangt sind.

Von Freiburg aus wollen wir uns mit unseren Nachforschungen zur Schweiz begeben, wo verschiedene der wichtigsten Klöster dieser Art bestanden haben.

Wir wenden uns zuerst zum Kloster Töss, in der Nähe von Winterthur gelegen. Auch hier hat es umfangreiche und wichtige Wandmalereien gegeben, die aber auch für uns leider nicht mehr sichtbar sind. Schnaase erwähnt auch diese kurz und sagt, dass sie sich in dem «neuerlich» abgebrochenen Kreuzgange befunden hätten. Durch eine verdienstvolle Lokalforschung sind wir jedoch in der Lage, einige Auskunft über diese Werke zu bringen. Im «Neujahrs-Blatt von der Stadtbibliothek in Winterthur auf das Jahr 1879» hat nämlich Dr. A. Hafner eine kunsthistorische Studie veröffentlicht, in der er genauen Bericht erstattet über das, was er selbst noch in Töss gesehen hat. Auch sind uns ein grosser Teil der Bilder und einige architektonische Ansichten und Aufnahmen des Klosters und des Kreuzgangs vor dem Abbruch in Kopieen und Zeichnungen von der Hand Schweizer Maler erhalten; die betreffenden Blätter befinden sich jetzt im Besitze des historisch-antiquarischen Vereins zu Winterthur. Nach Hafner war unter den sehr ausgedehnten stattlichen Baulichkeiten des Klosters besonders der Kreuzgang höchst beachtenswert; derselbe war zweistöckig, prächtig angelegt und mit einer Fülle von Spitzbogenfenstern versehen, die zum Teil sehr reich mit anmutigem gothischen Masswerk verziert waren. Eine Inschrift nennt das Jahr 1465, doch scheint das meiste, nach der Beschreibung Hafner's zu urteilen, aus weit früherer Zeit gewesen zu sein. Die Innenräume dieses prächtigen grossen Kreuzganges waren nun mit Wandmalereien belebt und zwar wiesen sie im Ganzen nicht weniger wie 80 grosse Freskenbilder auf, von denen 36 Szenen aus dem alten Testament, 42 solche aus dem neuen wiedergaben und 2 legendarische Darstellungen enthielten. Eine stattliche künstlerische Anlage! Die meisten der Bilder sollen in Styl und Ausführung sehr gut gewesen sein, doch waren mehrere Hände beteiligt und zwar solche von verschiedener Begabung und von mehr und minder grossem Können; einer der Meister soll entschieden Beeinflussung von Seiten Italiens her verraten haben. Hafner giebt eine genaue Beschreibung der einzelnen Kompositionen, die teilweise von origineller und interessanter Erfindung gewesen zu sein scheinen. Die Zeit ihrer Entstehung setzt er nach dem durch jene Inschrift für die Baugeschichte als wichtig bezeichneten Jahre 1465 an; einen Teil verlegt er sogar in den Anfang des folgenden Jahrhunderts. Verschiedene der Bilder jedoch sollen ihrem Styl nach einer früheren Zeit angehören, einer Zeit, die er aber nicht näher bestimmt. Wahrscheinlich sind diese aus dem 14. Jahrhundert, — ein einziges

will er sogar ins 13. Jahrhundert verlegen, in die Zeit der ersten
baulichen Anlagen, — und gehören sie vielleicht zu ursprünglichen, früheren Freskenreihen; eine Annahme, mit welcher
Schnaase Recht behalten würde, der seinerseits nur von einem
Cyklus aus dem 14. Jahrhundert spricht. — Auch von anderen
Kunstwerken hat sich aus dem ehemals reich ausgestatteten
Kloster ausser einem gothischen Sarkophag-Deckel mit den Darstellungen der Evangelistensymbole, mit Rankenornamenten und
den Wappenschildern von Oesterreich und dem Kloster nichts erhalten. Verschiedene widrige Schicksale haben auch hier ver-
wüstend und aufräumend gewirkt. — Dagegen fanden wir auf
der Stadtbibliothek zu Nürnberg eine illustrierte Handschrift,
die zum Kloster Töss in Beziehung steht (Cent. V 10). Es ist
ein gemischter Pergament- und Papier-Codex, welcher die Le-
bensbeschreibungen der visionären Schwestern zu Töss enthält,
so wie sie im Jahre 1454 nach älteren Aufzeichnungen von
dem Dominikaner Johann Meyer von Zürich verfasst worden
sind, einem für die Kenntnis des mystischen Lebens in deutschen
Klöstern Predigerordens sehr wichtigen Schriftsteller. Das Buch
gehörte dem Katharinenkloster zu Nürnberg, wohin es vom
Verfasser, dessen eifriges Streben nach einer Reform des damals schon sehr von seiner sittlichen Höhe heruntergekommenen
Predigerordens im mystischen Sinne auf deutschem Gebiet ging,
selbst gestiftet worden sein mag. Es enthält eine Menge sehr
hübscher Initialen, in welche die Darstellungen der verschiedenen
Nonnen, deren Leben beschrieben wird, eingemalt sind, jede
derselben in einer charakteristischen Situation zeigend: betend,
sich mit anderen unterredend, sich kasteiend und vor allem in
ekstatischer Verzückung Visionen empfangend. —

Neben den Nonnen von Töss sind auch einige aus den
beiden verwandten Klöstern Oetenbach bei Zürich und Katha-
rinenthal bei Diessenhoven oberhalb Schaffhausen am Rhein
behandelt worden. — Nicht so gross und bedeutend wie Töss
spielen die beiden letztgenannten Konvente doch eine ähnliche
Rolle in der Geschichte der deutschen Mystik; von Katharinen-
thal ist es uns gelungen einen Beweis für seine Kunstpflege
und einen Ueberrest seiner Kunstschätze zu finden in sehr
schönem holzgeschnitztem Chorgestühl, das wir in der «Thur-

gauer historischen Sammlung» zu Frauenfeld, der Schweizer Kantonshauptstadt, sahen. Es mag um 1500 entstanden sein und zeichnet sich besonders durch sehr gute Halbfiguren von Propheten, Heiligen, Gott Vater und Christus, die an den Seitenwänden angebracht sind, aus. —

Vom Kloster Oetenbach können wir die Nachricht bringen, dass dort in der ersten Hälfte des 14. Jahrhunderts die Wittwe des schwäbischen Ritters von Hohenfels in den Orden trat und nicht nur ihren ganzen reichen Besitz mitbrachte, sondern auch drei Jungfrauen, welche alle drei künstlerisch begabt waren und hinfort ihre Kunst zu Gunsten des Klosters übten, die eine als Schreiberin und Illuminiererin, die zweite als Malerin und die dritte als kunstvolle Wirkerin.

Das für die Kunstgeschichte wichtigste Kloster dieser Gattung ist ohne Zweifel Klingenthal zu Basel, auf der rechten Seite des Rheins gelegen; seine frühgothische Kirche mit den hohen schlanken Spitzbogenfenstern ist heute noch sichtbar. Ist es doch die erste uns in Deutschland bekannte Heimstätte des für die deutsche Kunst so bedeutungsvollen und charakteristischen Motivs der Totentänze! Es ist oft darauf hingewiesen worden, dass die Entstehung dieses Motivs wahrscheinlich mit mächtigen schicksalsschweren Zeitereignissen zusammenhing, welche die Geister des mittleren Europa's, ja ganz besonders des südwestlichen Deutschlands in die höchste Erregung gebracht hatten. Wohl durchaus mit Recht. Entstand doch diese Komposition in der ersten Hälfte des 14. Jahrhunderts, in jener Periode, in der politische und kirchliche Wirren mit den entsetzlichsten Verheerungen durch Erdbeben, Hungersnot und vor allem durch die Pest zusammenwirkten, um sie zu einer der schaurigsten der Weltgeschichte zu machen. Der Gedanke an das Sterben war ein alltäglicher; und die schlimme Macht des Todes, der keinen Stand schont, und der an jedes Leben, auch an das blühendste und reichste zu jeder Stunde als grausiger hohnlächelnder Geselle treten kann, wie es ihm beliebt, war damals fühlbarer denn je. — Nun kann überdies kein Zweifel sein, dass eben jene Zeitstimmung der Mystik und ihrer Verbreitung im höchsten Grade förderlich war. Bei der Kirche war bekanntlich damals nicht viel Trost zu holen. Was lag für die,

durch so schwere Schicksale geängstigten und gequälten Deutschen näher, als dass sie Tröstung suchten und fanden bei
einer Philosophie, die ihrem angeborenen Denken so viel ver-
ständlicher und so viel zusagender war, wie alles jenes Fremde,
was man ihnen als kirchliche Dogmatik und Scholastik so lange
dargeboten hatte? Wir werden später noch zu betonen haben,
wie sehr damals die Mystik Eingang fand in den weitesten
Kreisen Deutschlands; kein Wunder, da sie doch recht eigentlich dem deutschen Fühlen und Denken überhaupt nur ihr
Dasein verdankte. Die ganze mystische Litteratur beweist, mit
welch' heiligem Ernst die Vertreter dieser Philosophie, namentlich ihre Prediger und Volksredner sich der ihnen so ganz von
Natur zufallenden Aufgabe bewusst waren, hier als Tröster zu
wirken, als Tröster — und aber auch als ernste Mahner. Das
allgemeine Elend und «das grosse Sterben» ist ihnen ein natürlich gegebenes Thema, dessen Bedeutung sie in Beziehung
auf die mystische Weltauffassung oft behandeln. Was aber
kann der Tod einem, von mystischer Denkungsart erfüllten Geist
denn eigentlich bedeuten? Doch wahrlich nicht mehr als ein
tanzender grinsender Gesell, der eines Tages in jedes Menschen Leben eintreten wird, um ihn aufzufordern zum letzten
Reigen.

Noch ein Tanz, noch ein wüstes Spiel, ein widriges Springen, — und dann ist es vorbei mit diesem äusseren irdischen
Leben, jenem Leben, das dem mystisch fühlenden Geist, das
der ruhig sinnenden, «ewig minnenden» Seele doch nie für
mehr gegolten hatte als für einen aufgeregten und das körper-
liche Sein langsam aufreibenden Tanz! Von ähnlicher Auffassung,
von solcher Geringschätzung ja Nichtachtung des Todes giebt
es in der mystischen Litteratur mannigfache Beispiele; hierin
am weitgehendsten aber auch am charakteristischsten ist wohl
folgende bewundernswerte Bemerkung, die ein Mitglied der mystischen Sekte der Amalrikaner auf dem Wege zum Scheiter-
haufen seinen, zwar wohl solcher Auffassung gegenüber recht
blöden Richtern mit erhabener Ruhe gesagt haben soll, nämlich die, dass man ihn, ihn selbst gar nicht verbrennen
könne. Die Materie war ihm das «Nichtseiende», das «Unwesent-
liche»!

Auf eine solche Höhe des Denkens war nun aber natürlich die breite Masse des Volkes nicht zu heben; ihr musste
man schon mit einfacheren Ideen kommen, oder, besser noch,
mit eindringlichen bildlichen Anschauungen. Eine solche ist aber
der Totentanz!

Dass die Erfindung desselben nicht aus den Kreisen und der
Gedankenwelt des römisch gesinnten Klerus herrührt, liegt wohl
auf der Hand. Schon einzig und allein der Umstand, dass ein
sehr grosser Teil der bei diesen grausigen Reigen Dargestellten
geistlichen Standes — vom Papste bis zum Mönche — ist, und
zwar oft in recht bedenklichen Situationen und Charakteristiken,
dürfte dies beweisen. (Eine Thatsache, die ja übrigens auch
für manche andere Kompositionen, so namentlich die des jüngsten Gerichtes so oft zutrifft.) Nach allem Gesagten kann es nun
kaum zu bezweifeln sein, dass auch hier die Welt der Mystiker
das anregende und beeinflussende Element war; vielleicht in
Verbindung mit uralten Volksvorstellungen und sicher mit gewissen litterarischen Erscheinungen, die schon in früherer Zeit
in Frankreich und Deutschland erkennbar sind, wie es Wackernagel in einer Abhandlung über den Totentanz nachweist. (In
dem Sammelband: «Basel im 14. Jahrhundert. Geschichtliche
Darstellungen zur 5. Säkularfeier des Erdbebens am S. Lucas-
tage 1356. Herausg. von der Basler historischen Gesellschaft.
Basel 1856».)

Als wichtiger äusserer Beweis tritt der Umstand hinzu,
dass es eben gerade eines jener mystischen Klöster ist, wo
uns der Totentanz zuerst in Deutschland erscheint, nachdem er
allerdings in Frankreich schon verwendet worden war, und wo
er als solch' grössere künstlerische Komposition wohl zum ersten
Male entworfen worden ist. Dazu kommt dann als ebenso be-
weiskräftig die weitere Geschichte der Totentänze: Die Stätten,
von denen wir wissen, dass an ihnen in den folgenden Zeiten
die Komposition in monumentalen Wandmalereien wiederholt
wurde, sind fast ausschliesslich Klöster des Predigerordens, also
des Ordens, der in Deutschland als der wichtigste Pfleger der
Mystik angesehen werden muss. Unter ihnen sind die Domini-
kanerklöster zu Basel und zu Strassburg, jene Klöster, in welchen die meisten Hauptvertreter der mystischen Philosophie

kürzere oder längere Zeit gelebt, in denen ein Meister Eckhart, ein Tauler und ein Suso ihre Stimmen als Lehrer und Prediger erhoben haben.

Wie bekannt sind uns von diesen Werken keine erhalten, ebensowenig wie von dem übrigen Schmuck an Skulpturen, Fresken und Gemälden, an welchen Klingenthal ausserordentlich reich gewesen ist, und wovon uns durch die Berichte und Kopien eines Basler Bürgers, Emanuel Büchel, die derselbe in den 60er Jahren des vorigen Jahrhunderts nach dem damals noch Vorhandenen anfertigte, wenigstens einige Kunde überliefert worden ist. Nach diesen enthielt der Kreuzgang ausser dem Totentanz noch verschiedene andere Fresken; ebenso waren die äusseren Kirchenmauern reich mit solchen versehen, und zwar anscheinend legendarischen Inhalts. Beim Totentanz selbst, der von erklärenden Inschriften begleitet war, will Büchel die Datierung 1312 gelesen haben.

Wir beendigen hiermit den kleinen Exkurs zu den mystischen Frauenklöstern, um uns im Folgenden zunächst den Vertretern der spekulativen Mystik zuzuwenden. Kurz erwähnen wollen wir indessen noch, ehe wir weitergehen, zwei kleine Bildchen, die im Kirchenraum des Germanischen Museums in Nürnberg hängen und die etwa um 1500 entstanden sind. Das eine zeigt uns eine Nonne in ihrer Zelle auf dem Bette schlafen liegend; eine Inschrift nennt sie «Schläferin»; das andere aber führt uns in die Zelle einer «Betrachterin», die auf einem Stuhle sitzt und eifrig in einem grossen Buche liest. Ihrer Ordenstracht nach sind es Clarissinnen, und es ist wohl kein Zweifel, dass mit der Letzteren das Beispiel einer Nonne gezeigt werden sollte, die sich einem beschaulichen Leben im mystischen Sinne hingibt, während die erste dasjenige einer solchen, welche die Ruhe des Klosterlebens zu müssigem Nichtsthun missbraucht. Die mystische Litteratur, namentlich die der Klosterpredigten, wie sie besonders von Tauler vielfach gehalten wurden, kommt oft auf solche Vergleiche zu sprechen.

4. Die spekulativen Mystiker in ihrem Verhältnis zur Kunst.

(Stationswege.)

Wenn wir unser Auge jetzt auf die hervorragendsten Vertreter der spekulativen Mystik richten, so kann dies natürlich nicht in der Absicht geschehen, uns in ihre Lehren zu versenken. Wir müssen uns hier damit begnügen, nachzuforschen, ob wir etwa in ihren Schriften Aussprüche und in ihrem Leben Thatsachen entdecken, die uns Aufklärung zu geben vermögen über ihre persönliche Stellungnahme zur Kunst. Auch können wir nur die allerbedeutendsten herausgreifen, von deren Gestalten und Schriften wir genug wissen, um eine Prüfung nach solcher speziellen Seite zu ermöglichen; wir werden aber sehen, dass sich der Versuch, unsere Frage auch auf diese Weise zu beleuchten, durchaus lohnt, besonders in Betreff eines der zu Betrachtenden, nämlich Suso's.

Während des 12. und 13. Jahrhunderts sind innerhalb der kirchlich-dogmatischen scholastischen Welt mehrere bedeutende Versuche gemacht worden, der herrschenden Philosophie Elemente mystischer Art zuzuführen, fast wie wenn man einem starken, stattlichen aber früchtelosen Baum künstlich warme Säfte zuführen wollte, um ihn zur Erzeugung von Früchten zu bringen, nach welchen man darbte. Schon ehe unsere grossen deutschen Mystiker den, Schatten und Labung spendenden Baum ihrer Philosophie pflanzten und pflegten, machte sich bei edlen, tieffühlenden Denkern, auch ausserhalb Deutschlands, die Sehnsucht nach einer inneren Wärme geltend, einer Wärme, die sie in dem stolzen und stattlichen aber kalten Gebäude der Scholastik nicht empfanden. Die Namen eines Bonaventura, eines Hugo und eines Richard von St. Victor bezeichnen hier genug. Es darf nun für diese Richtung auch ein Mann in Anspruch genommen werden, der einen der berühmtesten Gelehrtennamen trägt, der zugleich aber in gewisser Hinsicht zu einer sagenhaften Persönlichkeit geworden ist und als solche auch in der Kunstwissenschaft, wenigstens in der früherer Jahre erschienen ist: Albertus Magnus. Ganz mit Recht feiert man diesen als einen der Grössten in den Reihen der Scholastiker, ja vielleicht als den Wichtigsten für die Entwicklung der Philosophie, ihn, den Lehrmeister des Thomas Aquinus, des grossen Vollenders des Gebäudes.

Seine Hauptkraft, sein Hauptstreben galten zweifellos der kirchlichen Schulweisheit; aber, im tiefsten Innern scheint auch er jenes Sehnen verspürt zu haben. Kaum ist es anders zu erwarten; — er war ein Deutscher. Verschiedene seiner Schriften beweisen es, besonders einige seiner kleinen, die er unabhängig von seiner grossen Gelehrtenthätigkeit, fast möchte man versucht sein zu sagen, wie zur Erholung verfasste; auch beweist es vielleicht die Thatsache, dass er in seinem Alter plötzlich seine glänzende Stellung als hoher kirchlicher Würdenträger verliess und sich wieder nach Köln in die einsame stille Klosterzelle zurückzog, um sich dort während der letzten achtzehn Jahre seines Lebens einem Dasein beschaulichen Sinnens hinzugeben. Nicht mit Unrecht nimmt man ihn also auch für die Geschichte der Mystik in Anspruch und so haben auch wir hier ein Recht, uns ihm zu nähern. Will ihn doch die Sage zu einem grossen Baumeister machen, zu einem der grössten, den die Welt besessen hat, denn er soll, nach ihr, hervorragenden Anteil haben an den Domen und Münstern zu Köln, zu Strassburg, zu Freiburg und zu Regensburg.

Heutzutage glaubt man der Legende nicht mehr, da sie durch nichts als wahr erwiesen werden kann. Schon Boisserée wies die, den Romantikern sonst zwar sehr liebe Annahme zurück, dass Albertus am Kölner Dombau thätig war, doch behielt er den Glauben daran fest, dass der grosse Gelehrte wenigstens der Baumeister der Dominikanerkirche zu Köln gewesen, eben jener Kirche, in deren Chor man dann seine Leiche beisetzte, nachdem er seine letzten Lebensjahre in dem dazugehörigen Kloster verbracht hatte. Gestützt wurde diese Annahme jedoch durch weiter nichts, als durch eine Inschrift unter dem Bildnis des Albertus auf einem Glasfenster, das der Erzbischof Siegfried von Westerburg wenige Jahre nach jenes Tode im Chor derselben Kirche ihm zu Ehren hatte anbringen lassen, und welche lautete:

«Condidit iste Chorum Praesul qui Philosophorum
Flos et Doctorum fuit Albertus scholaque morum
Lucidus errorum destructor obexque malorum,
Hunc rogo Sanctorum numero Deus adde tuorum.»

Nun will das «condidit» aber wohl nichts weiteres
sagen, wie dass der Gefeierte der Gründer, der Stifter, der
Bauherr der Kirche ist. Die Inschrift übrigens ist heute nicht
mehr sichtbar; bis in den Anfang unseres Jahrhunderts soll
sie sich aber unversehrt noch an Ort und Stelle befunden
haben. — So schön nun also auch die Sage vom Baumeister
und Philosophen Albertus Magnus ist, dem wir die Schönheiten
unserer bedeutendsten gothischen Bauwerke danken sollen, so
dürfen wir sie hier doch nicht unbezweifelt gelten lassen. Dass
aber dieser grosse Denker, der als einer der ersten in
Deutschland mit der Mystik Fühlung gewann, ein Freund der
Kunst war, ja ein eifriger Förderer und Kunstverständiger, der
wohl imstande war, bei den kühnen Kirchenbauten seiner Zeit
aus der Fülle seines reichen Geistes Rat zu spenden, das dürfen wir wohl unbedenklich annehmen; denn ganz ohne Grund
entstehen ja keine Legenden; ihren bedeutungsvollen Kern, ihre
innere Wahrheit hat jede Sage.

Dürfen wir so in Albertus einen Gelehrten erblicken, der
von einem hohen Bildungsstandpunkt aus mit edlem Sinn der
Kunst seinen Geist zuwandte, der sich aber dem volkstümlichen
Fühlen und Denken, auch was seine mystische Richtung an-
betrifft, ziemlich fern hielt und deshalb auf das Volksbewusst-
sein im grossen Ganzen mit seinen Ueberzeugungen und Vorstellungen wohl wenig Einfluss hatte, so sehen wir in zwei
Gestalten, die ihm etwa gleichzeitig sind, das Gegenteil hiervon.
Sie sind die ersten hervorragenden Prediger, die sich ganz zum
Volke herablassen und diesem in unmittelbarem Verkehr ihre
religiösen Anschauungen vermitteln wollen, so wie es dann in
den folgenden Zeiten das Hauptstreben in der äusseren Thätigkeit aller unserer grossen Mystiker wird. Der eine von ihnen,
der Franziskaner David von Augsburg darf seiner ganzen
geistigen Richtung nach schon ein Mystiker genannt werden;
der andere, jenes Schüler, der herrliche Berthold von Regensburg ist weniger tief in seinem Denken, dafür aber ein wahrer
volkstümlicher Seelsorger und Seelenführer, ein gewaltiger Redner,
der mit dem vollen Schwung und dem herzinnigen Feuer seiner
Worte zu begeistern und zu erwärmen vermochte. Beide
müssen einen grossen Eindruck auf die Gemüter ihrer Zeitge-

nossen in den vielen Gauen des deutschen Vaterlandes, die sie
als Reiseprediger durchwanderten, gemacht haben; vermögen
ihre Schriften und Reden doch auch heute noch unwiderstehlich
zu fesseln. Diejenige Seite ihrer kulturgeschichtlichen Bedeutung,
die für uns hier besonders in Betracht kommt, liegt aber in
der Thatsache begründet, dass sie ihre deutsch gefühlten Ge-
sinnungen und ihre deutsch gedachten Worte in deutscher
Sprache zum Ausdruck brachten. Man weiss, was dies in der
lateinisch-kirchlichen Welt, die seit Jahrhunderten massgebend
war, bedeutete. Die deutsche Litteraturgeschichte sagt den
Beiden darob mit Recht viel ehrenvollen Dank, zumal sie sich
in der That als Meister im Gebrauche der Heimatsprache erweisen, wie sich ja übrigens alle unsere Mystiker und alle
unsere religiösen Führer, Meister Eckhart und Luther an der
Spitze, die grössten Verdienste in dieser Hinsicht erworben
haben.

Man muss sich den Einfluss dieser ersten wirklich bedeutenden deutschen Predigten sehr gross und von sehr allgemeiner tiefgreifender Bedeutung vorstellen. Die einheimische
Sprache wurde dadurch plötzlich zu Ehren und zu verdientem,
lange verschleiertem Ansehen gebracht; doch hiermit nicht genug: es konnte nicht ausbleiben und es ist ganz gewiss nicht
ausgeblieben, dass, damit im Zusammenhang stehend, auch
alle übrigen Bethätigungen einheimischen Fühlens und Denkens,
einheimischen Lebens und Strebens, allen voran die deutsche
bürgerliche Kunst zu grösserem Ansehen gelangten und in ihrem
Selbstbewusstsein gestärkt wurden.

Wenn wir in den folgenden Jahrhunderten in den deutschen Städten eine originale grosse Kunst, besonders eine
fruchtbare Malerei und ein reiches Kunstgewerbe erblühen
sehen, so haben wir wohl zu bedenken, welche Kräfte hier
bahnbrechend gewirkt haben, nachdem lange Perioden hindurch
eine, von fremden Elementen durchsetzte Bildungswelt den Geschmack beeinflusst hatte.

Kein Zweifel, dass da aber auf Erscheinungen wie David
von Augsburg und Berthold von Regensburg mit in erster
Linie hinzuweisen ist. — Dafür übrigens, dass David von
Augsburg selbst die Kunst und ihre Werke liebte, fanden wir

als Beweis eine Stelle in seiner Schrift «der Spiegel der Tugend», einen hübschen Vergleich; er lautet in seiner Sprache: «Sît wir ein holz minnen oder ein vihes bein oder ein gemaele daz nach unserem hêrren gebildet ist, im ze êren, verre billîcher süle wir sîn bilde minnen und êren an dem menschen, der sîn bilde ist nâch sîner gotheit an der sêle, unde nâch sîner menschheit an dem lîbe und an sêle.» —

Aehnliche Stellen finden sich bei Berthold von Regensburg nicht; doch können wir von ihm anführen, dass er seine Zuhörer, indem er ihnen davon spricht, wie man irdische Güter recht verwenden könne und solle, auffordert, zum Bau der Gotteshäuser das Ihrige beizutragen. Im Hinblick auf den Charakter der deutschen Kunst dürfte sodann folgender Gedanke nicht ohne Interesse sein, der oft bei ihm wiederkehrt, zwar nicht von ihm selbst herrührt, da er ihn aus der älteren kirchlichen Litteratur übernommen hat, der aber sehr charakteristisch für seine ganze Anschauungsweise ist.

Er sagt nämlich, dass Gott den Menschen vier Bücher geschenkt habe; zwei seien für die gelehrten Priester: das alte und das neue Testament; für die Laien aber seien zwei andere aufgedeckt: das Himmelreich mit den Sternen bei Nacht, bei Tage das weite herrliche Erdreich. Darinnen solle jedermann mit Eifer zu Nutz und Frommen lesen: und jeder solle sich zu verstehen bemühen, was uns die Schönheit der Bäume, der Blumen und des Grases und des Vogelsanges und des Harfenklanges lehren. Wir wissen, mit welch' liebevollem Eifer unsere deutschen Künstler dieser Aufforderung, sich der Betrachtung der Natur hinzugeben, nachgekommen sind: und wenn wir nicht schon eingesehen hätten, dass der Naturalismus der deutschen Kunst kein platter Realismus im modernen Sinne ist, dass er nicht einer kühlen Verstandesbetrachtung der Natur sondern einem sehr innigen Gefühlsverhältnis zu ihr entspringt, solche Stellen bei Berthold von Regensburg könnten es uns fast beweisen. In hübscher Weise knüpft derselbe Prediger eine Erzählung aus dem Leben des heiligen Bernhard an, welcher einmal auf die Frage, woher er denn so weise wäre, geantwortet haben soll: «ich lerne es an den Bäumen». Wie müssen dann unsere braven deutschen Künstler weise in jenem

religiös-mystischen Sinne gewesen sein!, so möchte man fast
versucht sein auszurufen. —

Wir kommen nun auf die Höhen der deutschen Mystik
und wenden uns zu ihren drei bedeutendsten Vertretern:
dem Meister Eckhart und seinen beiden Schülern Tauler
und Suso.

Eckhart erhebt bekanntlich das deutsche Denken auf die
freiesten Höhen der Philosophie; sein Geistesforschen ist ein
sehr abstraktes und seine Mystik eine durchweg spekulative.
Da ist es denn nicht zu verwundern, dass er jener anderen
Seite des mystischen Lebens, jener Mystik, die sich schon seit
geraumer Zeit vor ihm und während seines Lebens in so aus-
gedehntem Masse, aber fast wie unbewusst bethätigt hat, dass
er dem Visionentum etwas skeptisch gegenüber steht. Kraft
der Stärke seines mystischen Fühlens und dem hohen fort-
reissenden Fluge seines Denkens ist er zwar selbst bisweilen
in ekstatische Zustände geraten, auch verwirft er nicht schlechthin die Visionen, aber er warnt vor einem Ueberhandnehmen
derselben und davor, auf sie einen allzu grossen Wert zu legen,
da sie leicht aus Täuschung entstehen und zu Täuschung Ver-
anlassung geben, da sie der Erkennung der Wahrheit eher hinderlich als förderlich sind, denn er, der sich möglichst nur im
freien Aether des Gedankenhaften bewegt, will absehen, so weit
es eben geht, von allen bildlichen Vorstellungen, besonders des
Heiligen und des Göttlichen, und will nur gelten lassen das
erhabene Reich der Ideen und Gefühle. «Ir sult wizzen», so
sagt er einmal, «allez daz man alsus wortiget unde den liuten
für leit mit bilde, daz ist niht dan ein reizen ze gote.» Alles,
was irgendwie eine bildliche Formulierung des Begriffes des
Göttlichen oder gar eine konkrete Vorstellung desselben ist,
will er also nur gelten lassen, soweit es dienlich ist, die Menschen zur Erhebung ihrer Gedanken zu jenem Begriff anzureizen.
Da kann es denn nicht überraschen, wenn er Aussprüche thut
wie: «Helle ist niht dan ein wesen. Waz hie der liute wesen
ist, daz blîbet êwiclîche ir wesen, alsô ob sie drinne funden
werden.» «Ich spriche ouch: tûsent engel in der êwikeit ist
niht mêre an der zal denne zwêne oder einer, wan in êwikeit
ist niht zal, ez ist obe aller zal.» «Daz wir gote zuo legen

materie, forme unde werc, daz tuon wir dur unser grober sinne
willen.» Und weiterhin einmal in geistvoller Ueberlegenheit,
und dabei mit evangelischer Freiheit: «Die gote dienent umbe
lôn mit ûzern werken, den sol gelônet werden mit geschaffenen
dingen als himelrîche unde himelschin dinc. Die aber gote
dienent mit innerlichen werken, den sol gelônet werden mit
dem, daz ungeschaffen ist, daz ist mit den werken der heiligen
drivaltikeit.» Man mag sich oft fragen bei der Betrachtung
alter Bilder: hat denn die damalige Welt, haben die Künstler
selbst wirklich an das reale Bestehen aller dieser Dinge, die da
mit so rührender Naivität dargestellt wurden, aller der feurigen
Höllenschlünde, der grässlichen Teufel, der holden Engelchöre,
des goldenen Thrones Gottes, seiner edelsteingeschmückten
Krone, ja seiner ganzen ehrwürdigen körperlichen Figur im
langen Bart geglaubt? Nun, bei der breiten Masse des Volkes
hat man dies ja anzunehmen, wie denn ja auch heute noch so
mancher Aberglaube ebenso lebt wie vor Zeiten und wie es
ja auch überdies der gute Glaube an die Wirklichkeit der visionären Erscheinungen bezeugt; jedoch beweisen aufleuchtende
Lichter eines wachen philosophischen Bewusstseins wie solche
Stellen bei Eckhart und anderen Mystikern, dass die Welt des
Mittelalters doch nicht so düster war, wie es manchem flüchtigen Blick früher bisweilen erschienen ist. Aber nur die Mystik
nährte solche lichtspendenden Flammen: die Scholastik hatte
kein Interesse daran — ebensowenig wie die katholische Kirche
heutzutage noch. Aber die Mystik und ihre Vertreter hatten,
so müssen wir bedenken, zu Zeiten auf das deutsche Volk und
sein Denken und Fühlen weit mehr Einfluss als der scholastisch
gesinnte Klerus. So haben wir uns wohl vorzustellen, dass
wenigstens die gebildeten unserer Künstler, namentlich die
späterer Zeiten, jene Dinge, die sie zu malen hatten, mit einer
ähnlichen Auffassung im mystischen Sinne betrachteten, wie sie
ein Meister Eckhart schon frühe verbreitet hatte. Wie könnte
man sich einen Dürer anders denken? —

Uebrigens ist nun derartigen Aeusserungen bei Eckhart durchaus nicht etwa eine kunstfeindliche Tendenz zu entnehmen.
Im Gegenteil, auf der Basis jener hohen Auffassung stehend,
scheint er einen sehr hohen Begriff von der Bedeutung und der

Macht der Kunst und ihren bildlichen Darstellungen des Göttlichen, wie sie nun einmal gegeben waren, gehabt zu haben.
Er nimmt zwar nie Gelegenheit, sich direkt über die Kunst
auszulassen, aber sein vertrautes und inniges Verhältnis zu ihr
leuchtet hervor aus einer auffallend grossen Menge von Vergleichen in der Art jenes, den wir schon bei David von Augsburg fanden, die er in seine Betrachtungen einfügt und die er
der Welt des Künstlerischen, ja der Künstlerwerkstatt selbst
entlehnt. So sagt er einmal, dass die Menschheit Gott lobe
«alse ein bilde sînen meister, der im în gedrücket hât alle die
kunst, die er in sîme herzen hât und iz ime sô gar gelîch ge-
machet hât». Man beachte hier übrigens seine Anwendung
des Wortes «Kunst». Er kann damit nur den erworbenen
Schatz mystisch-religiöser Erkenntnis meinen. Ein Ausdruck
dieser ist also nach seiner Ueberzeugung das Kunstwerk.

Ein anderes sehr interessantes und schönes Beispiel ist
folgendes :

«Als dâ ein mâlaere ein guot bilde entworfen hiete, unde
daz dannoch niht gevüllet ist mit varwe daz man ez wol gesehen muge, alsô was diu menscheit entworfen in der gotheit
si was aber niht gevüllet mit dem vleische, daz man sî wol
gesehen und erkennen mohte.» Also er vergleicht die der
Gottheit innewohnende Idee der Menschheit dem die künstlerische
Conception wiedergebenden ersten Entwurf eines Malers; wir
dürfen in unserer Sprache vielleicht erweiternd sagen mit der
Conception selbst.

Eckhart's Schüler nähern sich nun wieder mehr dem volkstümlichen Gedankenkreis, wenigstens bemühen sie sich, auf
dessen Vorstellungen und Anschauungsweise einzugehen, um
desto eindringlicher auf ungebildetere Geister wirken zu können,
ohne aber die geistigen Errungenschaften der hohen Erkenntnis
ihres Meisters für sich preis zu geben.

Auch bei ihnen, besonders bei Tauler finden sich manche
Stellen, welche beweisen, dass sie den bildlichen Vorstellungen
gegenüber jene freie hohe Auffassung Eckharts beibehalten, wie
denn Tauler einmal, um ein Beispiel für viele anzuführen, von
den Engeln sagt, dass sie weder Hände noch Füsse noch Form
noch Materie hätten. Jedoch giebt es daneben genug andere

Stellen, wo selbst Tauler sich innerhalb der naiven, ganz sinnlich sich alles denkenden Vorstellungen des Volkes bewegt, wo
er z. B. mit beredten Worten schildert, wie die Sünder in der
schrecklichen Glut der Hölle gebraten und gebacken und auf
alle Arten gepeinigt werden. Als erfahrener Redner wusste er
eben ganz genau, wie hoch er, im Verhältnis zu dem Bildungsstandpunkt seiner verschiedenen jeweiligen Hörerkreise seinen
Gedankenflug nehmen durfte. Auch den Visionen gegenüber
ist das Verhalten der Schüler weniger zurückhaltend und über-
legen wie das ihres Meisters; sie berichten nicht nur sehr gerne
und oft von Visionen, sondern sie geben sich selbst solchen
Zuständen unbedenklich hin, wie denn der ekstatisch schwärmerische Suso sogar zu den eifrigsten Visionären gehört hat, die
es überhaupt gab.

Auch bei Tauler finden sich manchmal solche merkwürdige
Vergleiche, die der Welt des Künstlerischen entnommen sind;
einer mag hier wiedergegeben werden : «Ein Maler kann nim-
mermehr in seinem Sinne und seinen Gedanken so wohl verstehen, wie er einen jeglichen Strich an dem Bilde, so er
machen will, führen muss, lang, kurz oder breit, und kann
gleichwohl solches nicht anders sein, soll anders das Bild eine
rechte Form gewinnen, und alle Farben, roth, weiss oder blau
daran erscheinen, wie sichs gebührt: nun ist aber Gott tausend-
mal mehr geflissen, wie er den Menschen durch viele Striche
und unterschiedene Farben des Kreuzes und Leidens dahin
bringe, dass er ein recht Form und Gestalt kriege, die ihm
gefällig ist.» — Uebrigens spricht sich Tauler in seinen Betrachtungen manchmal direkt über die Kunst aus, die er nachdrücklich empfiehlt. Als echtem Mystiker steht ihm zwar der Spruch
des Evangelisten über alles: «Gott ist Geist, und die ihn anbeten, die müssen ihn im Geist und in der Wahrheit anbeten».
«Nicht von aussen, noch in den Sinnen, noch durch Bildnisse
und Gleichnisse!» ruft er im Anschluss daran aus. «Doch,» so
fährt er fort, «soll niemand wähnen, als wenn ich alle Bildnisse
insgemein verdamme und verbiete. Ja, ich begehre vielmehr
jetzunder, wenn ich nur kann, euch allen ein Bildnis einzudrücken,
darnach ihr euch stets richten sollt.» «Man ordiniere und stelle
auch nach solchem Bilde nochmals sein ganzes Leben treulich

an, sowohl äusserlich als auch innerlich und folge in diesem
Teil nach einem fleissigen Maler, welcher, wenn er für sich selbst
ein hübsch Bild malen will, so beschauet er zuvor ein ander
wohlgemaltes Bild gar eben und zeichnet alle Punkte und
Linien desselben auf seine Tafel, und alsdann formieret er sein
Bild darnach so treulich er kann.» Und ein andermal spricht
er, nachdem er vom Leiden Christi und seiner Bedeutung ge-
redet hat: «Damit wir nun solches nicht etwa vergessen,
sondern Ursache hätten, stets in unserem Herzen daran zu
gedenken, so reizet und locket uns die heilige Kirche nicht allein
mit Schriften und dem täglichen Opfer auf dem Altar, nämlich
mit der heiligen Messe, sondern auch durch die heiligen Bilder,
welche durch ihre Anschauung uns schwache und vergessliche
Leute gleichsam mit der Hand dahin führen, dass wir des Leidens Christi allezeit gedenken müssen und Gott loben und
danken um diese seine unbegreifliche und unaussprechliche
Liebe, die er uns sonderlich in dem sehr bitteren und schmäh-
lichen Tod unseres treuen Heilands erzeigt hat: Welche Liebe
dann so gross und herrlich ist, dass wir uns wohl darüber
entsetzen und erstarren müssen. Denn die Bilder und Gemälde der Heiligen werden darum von der Kirche erlaubt
und zugelassen, dass wir durch ihre Anschauung sollen an-
gereizt werden, dem christlichen Leben und Wandel der
Heiligen nachzufolgen, auf dass wir auch für Gottes Namen
und Ehre tapfer streiten, und, wenn es sein will, gern etwas
leiden: Item, dass wir unsere Herzen, welche ohne das zum
Guten gar träge und vergessen sind, mögen erwecken zum
wahren Glauben an Christum, und zur brünstigen Liebe und
Danksagung gegen Gott den himmlischen Vater. Hierzu ist
unter allen Bildern am meisten nutz und dienlich das
Crucifix des Herrn, wenn es stets angeschauet und betrachtet wird.»

So tritt er für die kirchliche Kunst immer mit grösstem
Eifer ein, und ermahnt oft «die schöne Bild anzuschauen» und
«in Gottes Tempel zu gehen» und anzusehen «allda auch nur
ein Crucifixbild, das an der Wand mag gemalet sein». Von einer
profanen Kunst will er jedoch nicht viel wissen, wenigstens
sagt er einmal in einer Predigt in Köln von dortigen reichen

aber gottvergessenen Leuten: «Sie bauen grosse und stattliche Häuser, lassen allerlei Affenwerk und Leichtfertigkeit daran malen, zieren sie sonst innwendig und ausswendig vom Dach an bis auf den Boden auf mancherlei und unnötige Weise: dass man sich nicht genugsam verwundern kann, wie sie doch allenthalben nur ihrer Sinne Lust und Ergetzlichkeit suchen.» Auch warnt er mit Ernst davor, dass man die Pflege der Kunst nur als ein Mittel zur Befriedigung niedriger Eitelkeit und Selbstsucht ausübe; einmal sagt er: «Willst du erkennen, wie viel Leute ihr eigen Lob und Ehr' in den Almosen suchen, so bedenke doch, was sie thun: sie machen Fenster, Chorröcke und Altäre in die Kirchen und zeichnen sie mit ihren Wappen und Namen, nämlich, dass ihre Freigebigkeit von allen Menschen erkannt werde. Aber also haben sie ihren Lohn dahin!»

Fast wie ein heiliger Wächter über die Reinheit und Würde der Kunst erscheint so Tauler. Ein bescheidenes Denkmal hat ihm dafür die Kunst gesetzt, schlicht und einfach von unbekannter Künstlerhand. Wir besitzen nämlich seinen Grabstein. Derselbe stammt aus dem Kreuzgang des Strassburger Dominikanerklosters, wo man die Leiche des grossen Predigers beigesetzt hatte. Bei der Beschiessung Strassburg's im letzten deutsch-französischen Krieg ist bekanntlich diese hervorragende ehemalige Pflegestätte der deutschen Mystik der Zerstörung anheimgefallen; die bedeutende Bibliothek, die im Chor der Kirche untergebracht war, wurde ein Raub der Flammen, was namentlich im Interesse der Geschichte der Mystik sehr zu bedauern ist, da sie viele höchstwichtige darauf bezügliche Dokumente enthielt.

Jener Grabstein blieb jedoch unversehrt; jetzt hat man ihn in der, jüngst auf der Stelle des ehemaligen Klosters erbauten protestantischen Neukirche aufgestellt. Er zeigt die lebensgrosse Figur Taulers in Umrissen in den flachen Stein eingehauen, nach der beliebten Art gothischer Grabsteine.

Es sind bloss schlichte aber sehr charakteristische Linien, in denen uns eine geschickte Künstlerhand das Aussehen des ernsten Denkers überliefert hat. Er steht aufrecht da, in seine schlichte Mönchskutte gehüllt, eine hohe, schmale, hagere Gestalt. So primitiv die Zeichnung des Kopfes auch ist, so giebt sie doch einen ganz guten Begriff von seinem Aussehen, da die

Wiedergabe entschieden eine porträtmässige ist; ja sogar von seinem Wesen liegt manches in den Zügen, so dass der Beschauer einen fesselnden bleibenden Eindruck erhält. Sein Antlitz ist fein und schmal mit eingefallenen Wangen und etwas vorspringendem Kinn; es wird beherrscht von einer auffallend breiten grossen Stirn. Der Blick der Augen verliert sich gerade aus ins Weite, um den kleinen schmalen Mund scheint etwas wie Schwermut zu liegen. In der linken Hand hält er ein Buch, auf dem das die Fahne haltende Lamm Gottes liegt, mit dem Zeigefinger der Rechten weist er auf jenes hin, ein Darstellungsmotiv, dessen man sonst bekanntlich nur Johannes den Täufer würdigte. Auf seine Brust ist das Monogramm Jesu mit einer Krone darüber gezeichnet, ausserdem aber der Buchstaben T, welch' Letzterer wohl wahrscheinlich im Hinblick auf die Stelle der Offenbarung Johannis angebracht ist, nach welcher die Gerechten, die bei den Schrecknissen der letzten Dinge verschont bleiben sollen, als Kennzeichen den Buchstaben T an sich tragen werden, eine Vorstellung, die auch bei vielen Mystikern im Anschluss an die Apokalypse öfters wiederkehrt, wie denn in manchen mystischen Kreisen, namentlich auch bei gewissen mystischen Sekten der Glaube an das nahe bevorstehende Ende der Welt ein sehr verbreiteter war. Die Inschrift am Rande des Steines besagt, dass der Frater Johannes Tauler am 16. Juni des Jahres 1361 verschieden ist.

Von ihm wenden wir uns zu Heinrich Suso. Wer dessen Schriften kennt, wird uns wohl Recht geben, wenn wir ihn von vornherein einen durchaus künstlerisch fühlenden Menschen nennen; einige Beweise, die wir nun aus seinen Werken und seinem Leben herbeibringen wollen, werden uns dies deutlich bestätigen. Wir sind ja überhaupt geneigt, in der ganzen Mystik ein künstlerisches Element zu erblicken, in jener Philosophie, der das logische Verstandesdenken nicht genügt, die über jenes hinaus die Kraft seelischen Gefühls zu Hilfe nimmt, um sich mit Ueberzeugungsgewissheit zu erfüllen. Wenn dies durch irgend ein Beispiel erwiesen werden kann, so ist es dasjenige Suso's; er seinerseits besass wenigstens ein Künstlerwesen.

Er hatte eine Dichterseele. Wie Dichtungen liest sich

manches in seinen Werken. Wie versteht er es, alles mit Poesie zu umgeben! Mit welch' kindlich entzücktem Auge sieht er in die Welt! Wie mächtig seine Empfindung, wie begeistert seine Rede! Und wie weiss er allem Ausdruck zu verleihen, welch' herrliche Sprache redet er! Leicht fliesst sie dahin, hier schwungvoll, dort innig, hier kräftig, dort zart, voll treffender Vergleiche, schöner Bilder und anmutender Einfälle, fast dramatisch belebt im Vortrag, unterbrochen von köstlichen Ausrufen. Wirklich, es kann nicht überraschen, wenn wir in ihm einen Künstler vermuten. Sehen wir zu, was uns da in seinen Schriften und in seinem Leben diesbezügliches auffällt!

Zunächst: was hält denn er von bildlichen Vorstellungen? Er meint: «Wiewohl die Wahrheit an sich selbst bloss und ledig sei, dennoch so ist uns von unserer natürlichen Eigenschaft angeboren, dass wir sie in bildlichem Gleichnis nehmen müssen, bis dass der niedersinkende Leib abgelegt und das geläuterte Auge der Seelenvernünftigkeit in der ewigen Sonne Rad blösslich gesenkt wird.» —

Nach diesem schönen Wort, das wohl auch den Schlüssel zu seiner Auffassung der visionären Phantasiegebilde enthält, erscheint es sehr begreiflich, dass er jenes bildliche Gleichnis der Wahrheit, wie es die Kunst bietet, leidenschaftlich liebte, dass er sich mit Kunstwerken umgab und sich von solchen anregen liess, wofür wir denn manchen Beweis finden, besonders in der von seiner «geistlichen Tochter» Elsbeth Stagel, einer Nonne aus dem Kloster Töss verfassten und von ihm selbst durchgesehenen Beschreibung seines Lebens. —

Aus dieser Lebensbeschreibung entnehmen wir, dass er seine Andachten mit Vorliebe vor Kunstwerken verrichtete. Als junger Mönch hatte er sich auf ein Pergament die «ewige Weisheit» malen lassen, «die Himmel und Erde in ihrer Gewalt hat und in wonnesamer Schönheit und lieblicher Gestalt aller Kreatur Schönheit übertrifft», jener «ewigen Weisheit», die er während seines ganzen Lebens auf das Innigste verehrt hat, die der Gegenstand seines beständigen Sinnens und Sehnens war, deren Gespräch mit seiner Seele den Inhalt seiner Hauptschrift ausmacht, und die er sich «in bildlichem Gleichnis» als das Jesuskind auf den Armen seiner jungfräulichen

Mutter dachte, als ein Madonnenbild. Dies «minnigliche Bild» nahm er immer mit sich, auf allen seinen Wegen und in die Schule, und in seiner Zelle stellte er es an das Fenster, «und blickte es lieblich an mit herzlicher Begierde». Ein anderes Mal wird uns erzählt «wie er beging das eingehende Jahr», d. h. das Frühjahr. In Schwaben nämlich, seiner Heimat, war es Sitte, dass die Jünglinge im Maien des Nachts an die Häuser der Geliebten gingen, wo «sie Lieder singen und schöne Gedichte sprechen», damit die Liebsten ihnen einen Kranz reichten. Als nun Suso dies vernahm, «da fiel seinem jungen minnereichen Herzen sogleich ein, dass er auch zu derselbigen Nacht vor sein ewiges Lieb ging und bat auch des Gemalten. Er ging vor Tag vor das Bild, da die reine Mutter ihr zartes Kind, die schöne ewige Weisheit, auf ihrem Schoosse an ihr Herz drückt, und kniete nieder und fing an zu singen in stillem süssem Getöne seiner Seele eine Sequenz der Mutter voran, dass sie ihm erlaubte, einen Kranz zu erwerben von ihrem Kinde». Nach einem schwungvollen Gebet, in dem er die Jungfrau und das Kind feiert, glaubt er dann in visionärer Verzückung von den Beiden einen Kranz zu erhalten. —

Aus diesen und manchen anderen Erzählungen geht hervor, dass er mit Bildern fast einen Kultus trieb, doch nicht in der Weise einer abergläubigen Bilderanbetung, sondern anscheinend mit einem hohen Sinne für das künstlerisch Schöne und Anmutige, von dem er sich erfüllen und erheben liess, um dann überdies mit seiner reichen dichterischen Phantasie und seinem mystisch-religiösen Gefühl in das Erschaute eine tiefe Bedeutung hineinzulegen.

Dem Zuge seiner Zeit folgend hatte er sich die strengsten Andachtsübungen, Selbstpeinigungen und Geisselungen auferlegt, die er mit der glühenden Leidenschaftlichkeit seines Gemüts auf das Aeusserste trieb. Auch diese verrichtete er immer vor Bildern, meist vor dem Crucifix und bildete sich in seiner Ekstase oft ein, dass der Erlöser selbst bei ihm zugegen sei. — Einmal war er bei einer göttlichen Vision ermahnt worden, das Leiden Christi mehr zu betrachten, da dieses das Thor sei zur rechten Seligkeit. Daraufhin «fing er an, dass er alle Nacht nach der Metten an seiner gewöhnlichen Statt (die war in dem

Kapitel), sich erbrach in ein christförmiges Mitleiden alles dessen, das sein Herr und Gott, Christus, vor hatte erlitten. Er stand auf und ging von Winkel zu Winkel, auf dass ihm alle Trägheit entfiele und dass er munter und wacker in des Leidens Empfindlichkeit verbliebe. Er fing es an mit ihm an dem jüngsten Nachtmahl, und leitete sich mit ihm von Statt zu Statt, bis dass er ihn brachte vor Pilatum. Zujüngst nahm er ihn vor Gericht also verurteilt, und ging mit ihm auf den elenden Kreuzgang, den er that von dem Richthaus bis unter den Galgen. Und den Kreuzgang beging er also : so er kam an das Geschwell des Kapitels, so kniete er nieder und küsste die ersten Fussstapfen, die der Herr that, da er also verurteilt sich umkehrte und in den Tod wollte gehn ; und fing dann an den Psalm von unseres Herrn Marter : Deus, deus meus respice etc. und ging damit zur Thür aus in den Kreuzgang. Nun wurden der Gassen vier, durch die er mit ihm ging». Und auf diesen vier Gassen, unter denen natürlich die vier Gänge des Klosterkreuzganges, die er durchschritt, gemeint sind, betrachtet er das weitere Leiden Christi in seinen verschiedenen Phasen, ab und zu nieder knieend. Schliesslich heisst es «kniete er nochmals nieder gen der zarten Mutter Maria, der Himmelskönigin, die man in grundlosem Herzenleid vor ihm dahin führte, und nahm wahr, wie kläglich sie sich gehub und der heissen Zähren und der elenden Seufzer und ihrer traurigen Geberde, und mahnte sie mit einem Salve Regina ! und küsste ihre Fussstapfen». «Zuletzt nahm er die Epistel hervor, die man in der Charwoche liest aus den Weissagungen Isaiae, die so eigentlich des Herrn Ausführen bis in den Tod begreifet, und mit der ging er zu des Chores Thüre ein, und ging die Stiegen auf, auf die Kanzel, bis er kam unter das Kreuz, und da bat er ihn (den Herrn), dass seinen Diener weder Leben noch Tod, weder Lieb noch Leid nimmer von ihm scheiden möchte.» —

Aehnliche Beschreibungen derartiger Andachtsübungen, bei welchen er sich umhergehend in das Leiden Christi versenkt, die einzelnen Passionsscenen wie leibhaftig vor sich zu sehen glaubt, finden wir mehrere Male in seiner «Vita». Wir haben soeben eine solcher Stellen ziemlich ganz im Wortlaut wiedergegeben, da es uns wichtig erscheint. Wir wollen nämlich die

Frage aufwerfen, wie man sich diese Uebungen zu denken hat, diese Gänge von einem Winkel des Kapitelsaals zum andern und hinaus in den Kreuzgang, durch dessen vier Gänge bis in den Kirchenchor, wo er unter dem dort an der Kanzel befindlichen Crucifix Halt macht. Geht er dort gesenkten Hauptes in Andacht versunken einher und beschwört sich die einzelnen Passionsscenen vor sein inneres Auge? Oder aber ist es eine lange Reihe von Bildern, an denen er vorüberpilgert, bei jedem einzelnen Betrachtungen anstellend und Venien machend? Ist es vielleicht ein Freskencyklus, der, wie angedeutet wird, im Kapitelsaal die Geschichte des Herrn vom Abendmahl bis zu seinem Gericht zur Darstellung bringt, im Kreuzgang aber die weiteren Scenen bis zur Kreuzigung, wo er «wahrnahm, wie Maria kläglich sich gehub» mit «traurigen Geberden», «heissen Zähren» und «elenden Seufzern»? Die Frage ist insofern wichtig, als wir ja in letzterem Falle eine Art von Stationsweg mit bildlichen Darstellungen vor uns hätten, wie er dann in späteren Zeiten bis auf unsere Tage so vielfach hergerichtet und zu Andachts- und Bussübungen benutzt wurde, und wie er für die spätere Kunst von grosser Bedeutung geworden ist; oder, besser gesagt, Suso hätte sich in diesem Falle aus einer vorhandenen Reihe bildlicher Darstellungen durch die Erfindung dieses Vorbeipilgerns unter bestimmten Betrachtungen, Gebeten und Venien einen solchen Stationsweg gemacht. Die Thatsache, dass diese berichteten andächtigen Spaziergänge bei Nacht von ihm unternommen wurden, beweist nichts gegen die Annahme, dass wir uns Bilder zu denken haben, da er sich solche ja ebensogut wie es heute noch geschieht durch Lichter hat erleuchten können. Der ganze Text jener Berichte ist ziemlich unklar und allgemein gehalten, so dass man immerhin zu einer solchen Vermutung berechtigt wäre, ohne dass dort direkt von Bildern gesprochen wird. Auch scheint die Thatsache dafür zu sprechen, dass die letzte «Station» auf seinem beschriebenen Andachtsweg das Crucifix an der Kanzel, also sicher ein künstlerisches Werk ist, sei es ein in Holz geschnitztes oder ein in Stein gehauenes. Auch fällt ja seine sonstige Gewohnheit, die Andachten und Gebetsübungen vor Bildern zu machen, hier ins Gewicht. Also durchaus nicht unwahrscheinlich ist diese Annahme, die dann nun aber so viel heissen würde, als dass wir in Suso den Erfinder der «Stationswege» zu erblicken hätten; denn die ganze Art dieses und anderer Berichte lässt nicht daran zweifeln, dass Suso diese ganze Andachtsübung sich selbst ausgesonnen hat. Aber auch wenn wir diese Annahme als nicht begründet genug zurückzuweisen hätten, so müsste immerhin zugegeben werden, dass wir hier bei Suso wenigstens die Idee solcher Stationswege vorgebildet sehen, denn, ob wir uns nun wirkliche Bilder zu denken haben oder nicht, die Absicht bei dieser von ihm ersonnenen Andachtsübung ist ganz dieselbe, die den später so beliebten Stationswegen zu Grunde liegt, nämlich ein «etappenmässiges» Anschauen des Leidens Christi auf einem zu Andachts- oder Busszwecken unternommenen Gang, der den Leidensweg des Heilands selbst sozusagen nachahmen soll, wie auch bei Suso ausdrücklich betont wird, unter Gebeten, Betrachtungen und Venien.

Wie immer es sich nun also auch verhalten mag, wir haben in Suso den Ersinner dieser Stationswege zu erblicken, dessen Anregung wohl die spätere für die Kunstgeschichte wichtige Verbreitung derselben zu danken ist.

So müssen wir denn die bisherige Vermutung, dass die Stationswege erst im 15. Jahrhundert entstanden seien, in diesem Sinne berichtigen. Fr. X. Kraus sagt in seiner «Geschichte der christlichen Kunst» bei seiner Besprechung der Stationswege: «Das ausgehende Mittelalter hat durch Verbindung dieser biblischen Passionsscenen mit einigen auf der Ueberlieferung beruhenden oder durch die mystische Contemplation gegebenen Vorwürfen die sogenannten Stationen oder den Kreuzweg geschaffen», und fügt in einer Anmerkung hinzu: «Die erste Erwähnung scheint die des Dominikaners Alvarus († 1420) zu sein, welcher sich in seinem Kloster einen Kreuzweg mit Kapellen einrichtete; ein Franziskaner Filippo von Aquila, that ein gleiches um 1456.»

Also den Einfluss der mystischen Contemplation lässt auch er hier massgebend sein; nur die Zeit der Entstehung setzt er zu spät an, denn wir haben gesehen, dass mindestens die Idee schon bei einem der grössten deutschen Mystiker der ersten Hälfte des 14. Jahrhunderts auftaucht.

7

Die Zeit von Suso's ganz strenger asketischer Lebens-
weise fällt in seine Jünglingsjahre, von 1313—1323, verbracht
im Dominikanerkloster zu Konstanz, in das er 1308 als drei-
zehnjähriger Novize eingetreten war. Diese zehn Jahre werden
in der Lebensbeschreibung besonders hervorgehoben als eine
Periode strengster Selbstzucht und Selbstpeinigung, während
deren er sich einem ganz abgeschiedenen Leben ergab und
jeden Verkehr mit der Aussenwelt mied. Jedoch, wenn irgend
ein Mal, so trat gerade während dieser sonst so düstern Zeit
seines Lebens seine Liebe zur Kunst an den Tag, nach der
ihn da plötzlich ein mächtiges Sehnen überkommen zu sein
scheint, so dass er sich seine Einsamkeit mit Kunstwerken
umgab. So sehr er sich auch abmühte und plagte, zum finste-
ren Asketen konnte er seiner ganzen Veranlagung nach nun
einmal nicht taugen, — im Grunde seines Herzens atmete
doch die Künstlerseele. Da liess er sich denn eines Tages
einen Maler herkommen, und der musste ihm nach seinen Angaben seine kleine Kapelle ausschmücken. Wir wollen die
anziehenden Worte der Lebensbeschreibung, deren Verfasserin
dabei Gelegenheit nimmt, ein kleines Wunder zur Verherrlichung ihres Gefeierten einzuflechten, hier wiedergeben: «Damit ihm sein Gefängnis desto leichter würde, als er sich
selber die zehn Jahre ohne Eisen eingeschlossen hatte, zu
bleiben in der Kapelle, so frummte (bestellte) er von einem
Maler, dass er ihm entwürfe die heiligen Altväter und ihre
Sprüche und etliche andere andächtige Materien, die einen
leidenden Menschen reizen zur Gedult in Widerwärtigkeit.
Dasselbe aber wollte Gott ihm nicht zu lieb werden lassen,
denn da der Maler in der Kapelle die Altväter mit Kohlen
entworfen hatte, da ward er siech an den Augen, dass er nicht
mehr sah auszustreichen. Also nahm er Urlaub und sprach,
das Werk müsse also bleiben, bis er genäse. Er kehrte sich
zu dem Maler und fragte: wie lange das währte, dass er
genäse? Der sprach: auf zwölf Wochen. Der Diener (sc. Gottes,
Suso selbst) hiess ihn die niedergeworfene Leiter wieder auf
zu den entworfenen Altvätern richten, und ging die Leiter
auf und strich seine Hände an die Bilde und bestrich dem
Maler seine wehthuenden Augen und sprach: In der Kraft

Gottes, um der Heiligkeit dieser Altväter, gebiete ich euch, Meister, dass ihr morgen des Tages herwieder einkommet und an euern Augen gänzlich genesen seiet. Da es Morgens früh ward, da kam er fröhlich und gesund, und dankte Gott und ihm, dass er genesen war. Aber der Diener gab es nicht sich, sondern den Altvätern zu, an deren Bilde er die Hände gestrichen hatte.» An einer anderen Stelle kommt die Lebensbeschreibung wieder auf diese Kapelle zu sprechen, die er sich «zu einer heimlichen Statt auserwählt hatte, darin er seiner Andacht nach bildreicher Weise möchte genug sein».

Ebenda wird dann von jenem «Bilde der ewigen Weisheit» erzählt, das er sich hatte anfertigen lassen, und das wir schon erwähnten; und im Anschluss daran wird darüber berichtet, «was noch für andere Sinnbilder da waren nach innerem Gegenwurf». Da wird uns denn eine lange Reihe von «Altvätern» aufgezählt, die er sich hatte malen lassen: jeder derselben wird mit dem Namen genannt und mit dem kurzen belehrenden oder erbaulichen Spruch versehen, den er unter jeder Darstellung hatte anbringen lassen.

Es ist eine bunte Versammlung von Heiligen und kirchlichen Lehrern. Dieselbe Serie scheint er noch einmal als Miniaturen haben malen lassen, wenigstens wird dann weiter behauptet, dass er «diese Bilder und Lehren» seiner «geistlichen Tochter» zuschickte, eben der Verfasserin, Elsbeth Stagel. Uebrigens hatte jene behauptet, dass er ausser den Altvätern auch noch andere «Materien» hatte malen lassen: an einem weiteren Orte giebt sie uns nun auch Andeutungen hierüber: «Den minniglichen Namen Jesus schuf (liess) der Diener der ewigen Weisheit in seiner Kapelle entwerfen, wohlgefloriret und mit guten Sprüchen geziert, zu einer getreuen Reizung aller Herzen zu Gott. Und dass den leidenden Menschen Leiden desto leidlicher werde, da hiess er den tröstlichen Rosenbaum zeitlichen Leidens auch in der Kapelle entwerfen, und noch einen anderen Baum des Unterschiedes zeitlicher und göttlicher Minne.» Unter dem ersteren «tröstlichen Rosenbaum» wird wohl zweifellos jene Darstellung des Christus am Kreuzesstamm, aus welch' Letzterem Rosenzweige spriessen, gemeint sein, wie sie in der deutschen Kunst häufig vorkommt. Wir werden im nächsten Kapitel noch von diesem Motiv zu reden haben. Wie er sich aber den anderen Baum, den «des Unterschiedes zeitlicher und göttlicher Minne» gedacht hat, vermögen wir nicht zu sagen.

Leider ist uns von dieser Kapelle und ihren Bildern nichts mehr erhalten; wohl aber von dem Kloster und von anderen sehr umfangreichen und wichtigen Malereien in demselben, welche unseres Wissens und nach unserer Meinung noch gar nicht die gebührende Beachtung gefunden haben. Ihre Entstehungszeit fällt ohne Zweifel in die erste Hälfte oder in die Mitte des 14. Jahrhunderts, also in die Zeit Suso's, der die längste Zeit seines Lebens eben dort in Konstanz verbracht hat. So berechtigt uns schon allein der Umstand, dass seine Augen auf diesen Werken geruht haben, etwas bei ihnen zu verweilen; überdies sind sie ein bedeutender Beweis für die Kunstpflege in jenem für die Geschichte der deutschen Mystik so wichtigen Kloster, aus einer Zeit, wo das mystische Leben und die mystische Philosophie in ihrer höchsten Blüte standen. — Nach mannigfachen Schicksalen und baulichen Veränderungen ist das, dicht am Ufer des Bodensees herrlich gelegene Kloster in unseren Tagen in ein Hotel umgewandelt worden. Der hübsche Kreuzgang besteht noch und die ehemalige, sehr grosse Kirche ist jetzt zum weiten Speisesaal der Hotelgäste umgewandelt worden.

Dort, in der früheren Kirche befinden sich die Ueberreste von ausgedehnten Fresken an den Wänden, wo sie unter aufklappbaren Tapeten gezeigt werden. Sie sind an einigen Stellen sehr zerstört, an anderen etwas übermalt und an den Umrissen überzeichnet, lassen aber ihre Kompositionen und ihren Styl, der von vorzüglichen Künstlerhänden zeugt, deutlich erkennen. Die ganze sehr grosse Längswand gegenüber den Fenstern ist von aufgemalten sehr schönen gothischen Ornamentmustern tapetenartig überzogen; die Ornamente umschlingen eine grosse Anzahl (über Hundert) breiter Felder in Form von Vierpässen, und in diese sind die bildlichen Darstellungen hineingemalt. Es sind alles Marterscenen der verschiedensten Heiligen, in sehr guter Komposition vorzüglich ausgeführt. Daneben ist an einer Seite der Wand die riesen-

grosse, fast die ganze Höhe einnehmende Gestalt des heiligen
Christoph erhalten. Weiterhin ist an einer Seitenwand ein
grosses jetzt stark restaurirtes Fresko aus etwas späterer Zeit
sichtbar, welches Johannes den Täufer, der eine Hostie in der
einen Hand hält und mit der anderen darauf hinweist, und
ihm zu Seiten sechs Dominikanerheilige zeigt; darunter liest
man die gereimte Inschrift:

«En. Docet Exemplum
Quam Sit Venerabile Templum
In Quo Cuique Datur
Votum Si Rite Petatur.»

Wer waren die trefflichen Künstler dieser Arbeiten; von
wem stammen die Entwürfe, die Ideen, die Anregungen des
Ganzen? Nähere Auskunft wird uns hier wohl nicht mehr ge-
gegeben werden können, aber unwillkürlich schweift der fra-
gende Blick zu Suso hinüber, zu ihm, von dem wir wissen,
dass auf seine Anregung hin und in seinem Auftrag schon eine
Kapelle des Klosters mit grösserem Freskenschmuck versehen
wurde, zu ihm, dessen Kunstsinn und Kunstliebe uns bekannt
ist, und der der geistig bedeutendste unter den damaligen Klosterinsassen war. Hatte er einen Anteil an der Entstehung auch
dieser Werke? Je mehr wir uns in die Möglichkeit dieser Annahme hineindenken, um so mehr werden wir geneigt, eine
Wahrscheinlichkeit darin zu sehen. Ja, fast sehen wir im Geiste
den eifrigen Mönch mitbeschäftigt an der künstlerischen Arbeit,
Zeichenstift, Pinsel und Palette führend, seine Genossen, vielleicht auch begabte Klosterbrüder anweisend und anregend; wie
es denn ja im Mittelalter, wenigstens im frühen, Brauch war,
dass die Klosterinsassen selbst für die künstlerische Ausschmückung ihrer Räume sorgten? Wäre es undenkbar?

Wir geben uns vielleicht etwas zu gewagten Vermutungen
hin, indem wir das gerne glauben möchten, was wir zu sehen
wünschten: hiesse die Bestätigung doch so viel, als dass einer
unserer bedeutendsten Mystiker zugleich ein bedeutender deutscher Künstler wäre.

Und doch! Es wäre sehr gut möglich, denn — und nun
bringen wir noch eine wichtige Notiz, die wir absichtlich bis

jetzt aufbewahrt haben — Suso scheint in der That den Zeichenstift geführt zu haben: wir besitzen noch ein anderes Zeugnis,
das darauf hinweist. In den letzten Jahren seines Lebens, die
er im Predigerkloster zu Ulm verbrachte, hat nämlich Suso
seine sämmtlichen Schriften noch einmal gesammelt, redigiert
und in einem handschriftlichen Exemplar bei seinem Tode hinterlassen, das uns im Original nicht mehr erhalten ist, das dann
aber später, im Jahre 1482 dem von Antonius Sorg in Augsburg herausgegebenen ersten Druck zu Grunde gelegen hat.
Dieser Druck nun giebt auch die Vorrede wieder, die Suso
jenen seinen «gesammelten Schriften aus letzter Hand» selbst
vorausschickte, und in dieser Vorrede findet sich folgende
wichtige, auch übrigens für seine Kunstauffassung wieder bedeutende Stelle: «und die himmlischen Bilde, die hievor und
nach stehen, sind dazu nütz, dass ein göttlicher Mensch in
seinem Ausgang der Sinne und Eingange des Gemüts allzeit
etwas finde, das ihn von dieser falschen niederziehenden Welt
wieder auf zu dem erbarmenden Gott reizlich ziehe».

Also jenes Exemplar war mit Bildern, wahrscheinlich wohl
mit Zeichnungen versehen, mit Bildern, die Suso selbst nach
den obigen Worten für eine sehr bedeutende Zugabe zu seinen
Schriften hielt. Wieder müssen wir mit einer Vermutung kommen, diesmal aber, wie uns dünkt, mit einer nicht so sehr
gewagten. Ist es nicht sehr wahrscheinlich, dass Suso diese
Zeichnungen verfertigte und in seinen eigenen Text, des
letzten «rechten Exemplares», wie er es selbst nennt, seiner
Werke eingefügt hat? Diese Zeichnungen, welche direkte Illustrationen zum Text sind, zu dem sie innige Beziehung haben,
aus welchem sie meistens überhaupt nur zu erklären sind, und
dessen wichtigste Punkte sie uns in sehr anmutiger Weise vor
Augen führen! Wir kennen sie nämlich. Sie sind uns erhalten,
nicht im Original, wohl aber in anscheinend vollständig getreuen Copieen, die jener, sich auf das Originalexemplar stützende erste Druck von 1482 in vorzüglichen Holzschnitten bringt.
Den einleuchtenden Beweis, dass Text und Holzschnitte dieses
Druckes auf das von Suso hinterlassene Exemplar zurückgehen,
hat schon Preger in der Einleitung zu seiner Herausgabe der
Briefe Suso's erbracht; auf ihn verweisen wir, da wir uns ihm

durchaus anschliessen. (cf. «Die Briefe Heinrich Suso's», hersg.
von Wilhelm Preger. Leipzig 1867.)

Der Behauptung Preger's, dass der Charakter dieser Holzschnitte nicht dem allgemeinen Styl ihrer Entstehungszeit ent-
spräche, sondern auf mehr als ein Jahrhundert früher zurück-
weise, so dass ihr Verfertiger anscheinend die Originalzeich-
nungen von Suso's Exemplar ganz getreu in jeder Linie wiederholt zu haben schien, können wir uns so im Grossen und
Ganzen zwar nicht anschliessen; nur einige Einzelheiten dürften
auf eine, über ein Jahrhundert ältere Vorlage hindeuten, so
namentlich gewisse ornamentale Dinge. Im Ganzen hat sich der
Verfertiger der Holzschnitte doch die ihm vorliegenden alten
Kompositionen in die Kunstsprache seiner Zeit übersetzt, ohne
aber wohl in den einzelnen Motiven das Geringste zu ändern.
Noch mehr ist das der Fall bei dem zweiten Druck von Suso's
Werken, der seinerseits auf den ersten zurückgeht und auch
wieder sämmtliche Bilder bringt; er ist im Jahre 1512 bei Hans
Othmar in Augsburg verlegt worden. Die Bilder selbst sind von
höchst origineller Erfindung; einige Einzelheiten daraus werden
uns bei den ikonographischen Besprechungen des nächsten
Kapitels noch interessieren, wo es uns von Wichtigkeit sein
muss, zu sehen, dass verschiedene Motive, die wir für die
mystischen Gedankenkreise in Anspruch nehmen werden, sich
eng an den Text Suso's anschliessen und bei seinen Illustrationen mit Vorliebe, bei manchen vielleicht zum ersten Male benutzt werden.

Da wir schon von den Totentanzdarstellungen gesprochen
haben und von ihrem Zusammenhang mit der Mystik, mag hier
eines der Motive als Beispiel herausgegriffen werden, welches
uns in ganz ähnlicher Weise veranschaulichen soll, wie das
menschliche Leben dem Tod verfallen ist: ein Liebespaar sehen
wir, dem sich von hinten heimtückisch zwei grässliche Gesellen
nahen, ein Teufel und der Tod als bekleidetes Gerippe, im Begriffe, jene Beiden, im Augenblick des Frohsinns und des Ge-
nusses niederzumähen. Also ein Motiv, das den grossen Totentanzdarstellungen eng verwandt ist und in späteren Zeiten für
die Tafelmalerei in Anspruch genommen worden ist; wir erinnern an die bekannten ähnlichen Darstellungen Hans Holbein

des Jüngeren, Hans Baldung Grien's und anderer. Ob Suso's Gedanke hier die Anregung gegeben hat? Es lässt sich nicht beweisen, doch als wahrscheinlich es zu vermuten, wäre auch hier gar so kühn nicht. Bisweilen, wenn es galt ziemlich abstrakte oder sehr phantastisch übersinnliche Dinge des Textes darzustellen, sind die Kompositionen der Illustrationen etwas schwer verständlich, und musste Suso sich dann dadurch helfen, dass er überall erklärende Inschriften beisetzte. Die meisten Bilder aber sind künstlerisch recht anziehend und wirklich geschickt entworfen.

Auf mehreren derselben ist Suso selbst dargestellt; er ist in sein Mönchsgewand gekleidet und um sein Haupt schwebt ein Blumenkranz, der ihn wie ein Heiligenschein umgiebt. Gewiss ist unter dieser anmutigen, aber merkwürdigen Zierde der Kranz gemeint, den er von seiner auserwählten Geliebten, der ewigen Weisheit, in jener Vision zu erhalten glaubte, als er sie in der Maiennacht darum bat. Dieses Erlebnis, von dem wir oben schon berichtet haben, scheint allgemein bekannt geworden zu sein, besonders in den weiten Kreisen der «Gottesfreunde», wie sich in jenen Tagen alle die Anhänger der mystischen Denkungsart die sich zwar nicht durch irgend eine Organisation, aber umso stärker, durch die gemeinsame, mehr oder minder geheim zu haltende Gesinnung zu einem grossen Bund vereinigt fühlten, nannten. Ja, fast scheint sich die poetische Phantasie dieser seiner Zeitgenossen die Gestalt des verehrungswürdigen Mönchs nur mehr mit jenem Schmuck versehen gedacht zu haben, als wenn er in ihrem Bewusstsein schon ein Heiligentypus mit bestimmtem Attribut geworden wäre.

Elsbeth Stagel berichtet wenigstens in der Lebensbeschreibung, dass einmal eine Gottesfreundin in visionärer Verzückung «ein innerliches Treiben» bekam, Suso zu sehen und kennen zu lernen, worauf sie sich plötzlich unter eine grosse Menge von Klosterbrüdern versetzt glaubte, von denen sie aber keinen kannte; als sie nun fragte, welcher denn Suso sei, antwortete ihr eine innere Stimme: «Er ist gut zu erkennen unter den andern: er hat einen grünen Ring um sein Haupt, der ist um und um mit roten und weissen Rosen durchflochten, wie ein Rosenkranz; und bedeuten die weissen Rosen seine Lauterkeit, und die roten Rosen seine Geduld in mannigfaltigem Leiden, das er erleiden muss; und wie der güldene runde Ring, den man den Heiligen pflegt um das Haupt zu malen, bezeichnet ihre ewige Seligkeit, die sie jetzt besitzen in Gott, also bezeichnet der rosigte Ring Mannigfaltigkeit des Leidens, das die lieben Gottesfreunde tragen müssen, dieweil sie noch in der Zeit mit ritterlicher Uebung Gott dienen. Darnach führte sie der Engel in dem Gesicht hin, da er war, und sie erkannte ihn bald bei dem rosigten Ringe, den er um sein Haupt hatte».

Leider ist uns nicht, wie bei Tauler auf dessen Grabstein, das Aussehen Suso's irgendwie überliefert, denn die Darstellungen auf jenen Holzschnitten können nicht als Porträts gelten. Seine Gestalt lebt aber allgemein in der deutschen Kunst fort. Auf den häufig vorkommenden sogenannten Dominikanerstammbäumen ist seine Figur meistens mitangebracht. In dem Handbuch der Holzschnitte und Stiche des 15. Jahrhunderts von Schreiber finden wir eine, uns in einigen Holzschnitten erhaltene Komposition verzeichnet, welche Suso vorführt mit dem Kranz von Rosen um sein Haupt und dem Monogramm Christi auf der Brust; über ihm in der Höhe erscheinen ihm in Vision Maria und das Jesuskind. Vor ihm sieht man einen Hund, wahrscheinlich eine Anspielung auf jene Erzählung aus seinem Leben, nach der er in der Zeit seiner asketischen Selbstpeinigung einmal einen Hund gesehen hat, der mit einem Tuche spielte, dieses zerrend und zerreissend, wonach er beschloss, dieses Tuch als ein symbolisches Vorbild stets im Gedächtnis zu behalten, denn so wie dieses sich widerstandslos vom Hunde behandeln liess, so wollte er mit Demut, Geduld und Selbstgelassenheit alles ertragen, was ihm vom Schicksal und von seinen Mitmenschen Widriges angethan werden sollte in seinem Leben. Ausserdem zeigt der Schnitt das Wappen von Ulm, wohl dem Entstehungsort, und unten folgende Inschrift in deutscher, bei einer Wiederholung in lateinischer Sprache:

«Der selig Hainrich sus ze Costenz geborn am bodensee
Nam die ewig wysshait zŭm gmahel gaistlicher ee
Sein gespons tet im den namen verwannden
Amandus hiess sy in nennen in allen lannden
Sein leben wz er in irem dienst vertzeren
Des frödt sich ulm die sein grab und hailtŭ hallt in erē.»

Den alten Beinamen Amandus führt ja Suso in der That heute noch. Der angeführte Geburtsort Konstanz stimmt jedoch nicht; er gehörte dem dortigen Dominikanerkonvent an, war aber, wie die neuere Forschung gefunden hat, als Sohn einer adeligen Familie zu Ueberlingen am Bodensee geboren. In der modernen, sich mit Suso beschäftigenden Litteratur fanden wir die Notiz, dass sich dort in seinem Heimatort zwei Porträts von ihm befinden. Wir sahen dieselben und können mitteilen, dass es sich · um ziemlich wertlose Bilder handelt; das eine, im Museum, dürfte dem Anfange unseres Jahrhunderts entstammen, das andere, im Pfarrhause beim Münster etwa dem Anfang des vorigen oder dem 17. Jahrhundert angehören. Beide zeigen Suso in Dominikanertracht, auch wieder mit dem Kranz von Rosen auf seinem Haupt und dem Monogramm Christi auf der Brust. Das Spätere dürfte vom Früheren abhängig sein; das Letztere seinerseits mag auf eine ältere Darstellung, sei es ein Tafelbild, einen Holzschnitt oder einen Kupferstich zurückgehen, und hat insofern vielleicht einiges Interesse.

Auf den oben erwähnten Dominikanerstammbäumen, die namentlich im 15. Jahrhundert in Deutschland sehr beliebt waren und welche bekanntlich den Darstellungen des Stammbaums Christi nachgeahmt sind, indem man an die Stelle der Vorfahren der Maria die Figuren berühmter Ordensmitglieder auf die Aeste setzte, findet sich von deutschen Mystikern nur Suso dargestellt, wenn wir von Albertus Magnus absehen, der ja seiner Hauptrichtung nach durchaus Scholastiker genannt werden muss.

Die geistig noch bedeutenderen Dominikaner Meister Eckhart und Tauler hat man der Ehre nicht würdig befunden. Die Erklärung für diese, anfangs vielleicht befremdende Thatsache ist ganz einfach. Die uns erhaltenen Stammbäume sind in einer Zeit angefertigt worden, in welcher der Dominikanerorden in Deutschland eine durchaus andere Richtung eingeschlagen hatte, wie in seiner ersten Zeit bis zur Mitte des 14. Jahrhunderts. Damals, in jener frühen Zeit war er, soweit es seinen deutschen Teil betrifft, ein Hauptförderer der Mystik; alle die bedeutendsten mystischen Philosophen gehörten ihm

an, ebenso die meisten jener Frauenklöster, in denen das
mystisch-visionäre Leben seine Hauptpflege fand. Später aber
entfremdete er sich immer mehr dem volkstümlichen Fühlen
und deutschen Denken und wurde auch im Norden der Diener
der päpstlichen Gewalt und der eifrige fanatische Vorkämpfer
für die strenge kirchliche Lehre. Schon im Jahre 1233 hatte
Papst Gregor IX. ausschliesslich dem Orden des Dominikus die
Gewalt über die Ketzer, die Inquisition, übertragen. In welchem Sinne aber hatte der deutsche Teil des Ordens diese in
den ersten Zeiten gehandhabt? Das beste Beispiel hierfür bietet uns Meister Eckhart. War dieser doch wegen seiner
mystischen Lehre vom streng römisch gesinnten Erzbischof von
Köln, Heinrich von Virneburg der Ketzerei beschuldigt und in
Folge dessen vor das Inquisitionsgericht zur Verantwortung
gezogen worden, und zwar durchaus mit Recht, wie die streng
scholastische kirchliche Beurteilung behaupten muss. Was aber
thaten seine verständnissvolleren Ordensgenossen? Sie sprachen ihn frei, trotz der Autorität eines der ersten Kleriker.
Auch das Verhalten der deutschen Dominikaner im Streite
zwischen Ludwig dem Bayer und dem Papst ist recht bezeichnend. Die meisten stellten sich kühn auf die Seite
ihres Kaisers und viele liessen sich, als der Papst in sinn-
loser Verblendung das Interdikt über weite deutsche Land-
striche verhängte, durchaus nicht abhalten, ihr Priesteramt in
gewohnter Weise zu verwalten; ja einige liessen sich sogar
ganz öffentlich gegen die Anmassung und blinde Ungerechtig-
keit des Papstes vernehmen, wie z. B. der mystische Prediger
Giseler von Slatheim. Diese freie selbständige und selbstbewusste
Gesinnung und dieses edle Eintreten für ureigenes deutsches
Denken und Fühlen liess aber wie gesagt der spätere Dominikanerorden fahren, um es gerade in sein Gegenteil zu verwandeln. Da
kann es denn nicht überraschen, dass er nun jene Grössen
früherer Zeit verleugnete. Nur Suso allein war es eben, der
noch Gnade fand. In seinem Leben und seinen Schriften fand
man nichts direkt Unbequemes; er war zu wenig ein spekula-
tiver Philosoph und dabei zu weich veranlagt, als dass er sich
zu der Kühnheit etwa seines Lehrers emporgeschwungen hätte, der
es wagte, direkt ketzerische Meinungen zu äussern. So kommt

es denn, dass wir auf den Darstellungen des Dominikaner-
stammbaumes in Deutschland in der Gesellschaft der Scholastiker als einzigen Mystiker nur Suso finden.

Als eines der bedeutendsten Beispiele solcher Stammbäume
in der deutschen Kunst sei derjenige auf dem grossen Altarwerke genannt, welches Hans Holbein der ältere für das Dominikanerkloster zu Frankfurt a/M. malte und das jetzt in dem
dortigen städtischen Museum im ehemaligen Leinwandhause zu
sehen ist. Auf den Aussenseiten der Flügel dieses Schreines
ist der Stammbaum der Dominikaner neben denjenigen Christi
gestellt, fast wie als gleichberechtigt; auf seinem obersten
Aste befindet sich auch bei ihm die Maria mit dem Kinde.
Diese ganze Zusammenstellung kann nur der Auffassung ent-
springen, nach welcher der Orden des Dominikus dazu
bestimmt ist, einmal das Reich Gottes auf Erden zu gründen
und einzurichten, eine Auffassung, die innerhalb des Ordens
natürlich sehr beliebt war und ein Traum, den auch viele
der deutschen Mystiker und Mystikerinnen gerne geträumt
haben, dem sie sich aber gewiss nicht hingegeben, wenn sie
geahnt hätten, was für eine Richtung der Orden später nahm.

Da nun aber der Dominikanerorden im 13. und 14. Jahrhundert der wichtigste Sitz der deutschen Mystik war, so ist uns
die Frage interessant: wie ist sein Verhältnis zur Kunst? Es
ist bekannt, dass ihm die italienische Kunst manches verdankt;
wir brauchen ja nur an die reiche Ausschmückung von St.
Maria Novella und die spanische Kapelle zu Florenz zu erinnern. Etwas ähnliches finden wir nun in Deutschland nicht.
Jedoch wir müssen bedenken, dass der ganze deutsche Kunstcharakter solchen monumentalen Schöpfungen namentlich in der
Malerei überhaupt nicht so günstig war; und was von bescheide-
neren Werken in Deutschland aus dem 13. und 14. Jahrhundert
dem Predigerorden sein Dasein verdankt, kann ja im Einzelnen
kaum mehr ermittelt werden. Ueberdies gilt es in Betracht
zu ziehen, dass die Bettelmönche — in Deutschland wohl noch
mehr wie in Italien — nicht gerade über grosse Mittel ver-
fügten und schon aus dem Grunde nicht so sehr der Kunstpflege sich widmen konnten, wie es etwa die Benedictiner gethan hatten. Um so bemerkenswerter dünkt uns deshalb der

Umstand, dass unsere grossen Mystiker, wie wir sahen, für ihre eigene Person ein inniges Verhältnis zur Kunst hatten. Auch haben wir ja trotz allem versucht, nachzuweisen, dass man in den bedeutendsten mystischen Klöstern, besonders jenen Frauenklöstern am Oberrhein und in der nördlichen Schweiz die Kunst eifrig pflegte, und dabei sogar mehrere Male eine ins Monumentale gehende Kunstbethätigung namentlich durch umfangreichen Freskenschmuck gefunden. Zwar waren manche der bei jener Gelegenheit angeführten Werke aus der späteren Zeit des Ordens, aus dem 15. Jahrhundert; jedoch massen wir auch jenen, wie oben schon betont, eine Bedeutung für unsere Untersuchung zu in dem Vertrauen auf eine gewisse Ueberlieferung in diesen bestimmten, so spezifisch mystischen Klöstern auch in spätere Zeiten hinein.

Eine Komposition müssen wir hier erwähnen, die, wie wir im nächsten Kapitel, wo wir uns auch noch mit ihr zu beschäftigen haben werden, zeigen müssen, zwar wohl nicht von den Dominikanern erfunden, aber häufig von ihnen benutzt wurde, wie z. B. zwei Tafelbilder in der Galerie zu Darmstadt beweisen. Wir meinen jene Apotheosen von einzelnen Dominikanermönchen oder Dominikanerheiligen, wo man die Gestalten der Betreffenden hoch in der Luft schwebend oder in den Wolken auf einem Thron sitzend erschaut, wie sie von Engeln emporgetragen werden zur Lichtglorie des geöffneten Himmels, erwartet von Christus und Maria, um mit der Krone der ewigen Seligkeit gekrönt zu werden. Es ist ersichtlich, wie auch auf diese Darstellungen die mystisch-visionäre Anschauungsweise beeinflussend gewirkt hat, und es ist auch hier wieder recht lehrreich, von diesem Gesichtspunkt aus einen Vergleich mit einer Komposition der italienischen Kunst anzustellen, welche einen ähnlichen Zweck hatte: man denke an die spanische Kapelle in Florenz.

Im nächsten Kapitel werden wir noch zeigen, dass sich auch für jene Darstellungen, ganz wie sie uns etwa auf den Darmstädter Bildern gezeigt werden, analoge, uns berichtete Visionen anführen lassen.

5. Die Mystik als Wesensausdruck des Bürgertums und die bürgerliche Kunst.

Im Vorausgehenden haben wir im Allgemeinen das Verhältnis von Mystik und einzelnen Mystikern zur Kunst durch wichtige Beispiele erhellt; jetzt wird es unsere Aufgabe sein, Umschau zu halten, wie sich denn das deutsche Volk und mit ihm sodann das Künstlertum und die einzelnen Künstler ihrerseits zur Mystik stellen. Es gilt nachzuforschen, ob wir Thatsachen und Notizen zusammenstellen können, die zu beweisen vermögen, dass die Künstler sich nicht nur unbewusst, wie im Allgemeinen etwa bei ihren Conceptionen durch die volkstümlichen Anschauungen und durch die Visionen, sondern auch ganz bewusst von der Mystik beeinflussen liessen, dass Einzelne mit den Gedankenkreisen und der Weltanschauung der Mystik, ja vielleicht gar mit mystischen Sekten Fühlung hatten. Bei dem Wenigen, das wir überhaupt von dem Leben oder gar der Sinnesart der meisten deutschen Künstler, besonders derjenigen früherer Zeiten, der Zeiten der Blüte der Mystik, wissen, darf es da nun natürlich nicht verwundern, wenn wir nicht allzu viel sichere diesbezügliche Thatsachen bringen können; diejenigen, die wir aber fanden, dürften deshalb umso grössere Beweiskraft haben und wohl mit Recht in ihrer Bedeutung sehr verallgemeinert werden. Das Letztere kann uns kaum verdacht werden, denn immer wieder müssen wir auf die Macht und die ausserordentliche Verbreitung der Mystik in den Herzen des deutschen Volkes hinweisen und auf die Ausdehnung mystischer Sekten in deutschen Landen. Unbedenklich darf man sagen, dass die Welt der Mystik in Deutschland ungleich tiefere und weitere Wurzeln geschlagen hatte als diejenige der Scholastik. So gross und mächtig auch die Herrschaft der römischen Kirche und ihres Klerus war, bis tief in die deutschen Herzen hinein erstreckte sie sich im Allgemeinen nicht: da glühte ein ganz besonderes Seelenleben. Wenn wir nun aber wissen, dass das deutsche Volk, besonders das deutsche Bürgertum, der Mystik innig nahe stand, wie könnten wir anders denken, als dass die aus ihm hervorgegangene deutsche Künstlerschaft ein enges Verhältnis zu ihr hatte. Es würde uns viel zu weit führen, hier alles das zu wiederholen, was die Forschung über den grossen Einfluss der mystischen Philosophen und Prediger, über die Stellung deutscher Kaiser und deutschen Volkes zu Papst und Klerus, über die Verbreitung der mystischen sogenannten «Gottesfreunde», über die Ausdehnung des Waldensertums, des Beghinen- und Beghardenwesens, überhaupt der verschiedenen mehr oder minder mystischen Sekten, wie der der Brüder des freien Geistes, um nur eine mit Namen zu nennen und mancher ähnlicher historischer Erscheinungen zu berichten weiss. Einige besonders interessante Thatsachen wollen wir jedoch vorführen und wollen wir uns bemühen, möglichst solche zu wählen, die auch mit der Kunstgeschichte irgend eine Beziehung haben.

Vor allem muss es uns wichtig sein, zu sehen, dass auch andere, der Kunst verwandte Kulturerscheinungen der Mystik nicht fern stehen. Blicken wir hinüber zur Litteratur! Die Geschichte der deutschen Dichtung weiss uns da ja genug zu erzählen. Ganz abgesehen von den mannigfaltigen Gedichten, welche von Mystikern selbst verfasst sind und die durchaus mystische Gesinnung zum Ausdruck bringen, ja hohe Fragen der mystischen Philosophie behandeln, finden wir auch in der übrigen Poesie manches, was sich nur aus mystischen Anschauungen erklären lässt. Giebt es doch eine ganze, sehr verbreitete und zu ihren Zeiten ausserordentlich beliebte Gattung von Gedichten, wo weltlicher Minnesang sich mit mystisch-religiöser Gefühlserhebung vereinigt hat. Wie sind anders die vielen Mariendichtungen zu verstehen? Wie jene Gedichte, Hymnen und Lieder, wo irdische und himmlische Liebe in einem Atemzug verherrlicht werden, wo beide ineinander zu fliessen scheinen, so dass man oft gar nicht weiss, wo im Bewusstsein des begeisterten Dichters die eine aufhört und die andere beginnt? Die höchste mystische Gefühlserkenntnis ist oft in Bildern ausgedrückt, die dem allerweltlichsten und allermenschlichsten Liebesleben abgesehen sind. Wie oft wird die irdische Geliebte verehrt und gefeiert mit einer Inbrunst, wie sie nur der Maria gebührt, mit der sie das, in mystische Weiten der Unendlichkeit sich auflösende Gefühl des Sängers am Liebsten identifizieren möchte. Wie oft finden sich dicht neben solchen Stellen höchster Erhebung solche mit ganz sinnlich-konkreten Vorstellungen, als ob dem Dichter in allumfassender Empfindung das gesammte Sein in Eins zusammenflösse. Und andererseits dringt die Sprache, die Art der Empfindung, die Bilder und Gleichnisse der Minnedichtung ein in die Schriften der Mystiker. Man lese nur Suso! —

Wir brauchen hier nicht weiter auf diese Frage einzugehen; im nächsten Kapitel behandeln wir sie noch zur Genüge.

Giebt es doch Sänger, die von der Litteraturgeschichte ebensosehr für die weltliche Dichtkunst wie für die geistliche Poesie in Anspruch genommen werden. Ein solcher ist bekanntlich Konrad von Würzburg, der sich nach einem freien Leben in der Welt schliesslich in das Kloster zurückzog, sich mystischem Denken ergab und dieselbe Leier, die er früher zum Preise der Welt hatte ertönen lassen, nun zu mystischen Lobgesängen auf seine himmlische Geliebte, die heilige Jungfrau, rührte. Seine in Stein gehauene Gestalt zeigt man heute noch am hochaufstrebenden Münster zu Freiburg. Und auch in dem berühmten Manesse-Codex ist er vertreten in Bild und Lied; dort zwar noch in weltliche Tracht reich gekleidet, gerade einem Schreiber ein Lied diktierend. In derselben Handschrift sieht man im Bilde — zwischen den vielen ritterlichen Sängern in ritterlicher Beschäftigung dargestellt sonderbar sich ausnehmend — einen Predigermönch, der in einer gothischen Kapelle unter der ewigen Lampe vor einem Altar kniet, während er gerade in ekstatischer Verzückung die Vision der Maria mit dem Kinde hat. Es ist Bruder Eberhard von Sax, von dem der danebenstehende Text ein Mariengedicht bringt. Einem Minnesänger übrigens verdankt das uns schon bekannte mystische Frauenkloster Klingenthal zu Basel seine Stiftung (1256): dem Walther von Klingen, dem Freunde Rudolf's von Habsburg.

Wie die Litteraturgeschichte, so bringt uns auch die allgemeine Geschichte gar vieles, das zu unseren besonderen Betrachtungen einen bedeutsamen Hintergrund bildet. Das Selbst-

bewusstsein der Hohenstaufen, Papst und Kirche gegenüber ist
wie ein stolz leuchtendes Vorzeichen für eine tiefgehende Bewegung, die lange Zeiten noch durch ihre Heimatlande ging.
Besonders früh und besonders kühn verbreitet sich in Schwaben
das Sektentum, besonders empfänglich erweisen sich hier die
Herzen der Mystik. Das ganze hohenstaufische Wesen scheint
sich durch die Zeiten hindurch fortzuerben und namentlich in
dem Drang des städtischen Bürgertums nach politischer und
religiöser Freiheit fortzuleben. Und nun betrachte man den
Charakter der Kunst, die diesem Wesen entsprang! Wir wollen
für uns einen unserer bedeutendsten Kunstschriftsteller reden
lassen, nämlich Hotho, der in seiner «Geschichte der deutschen
und niederländischen Malerei» bei einem Vergleich mit der flan-
drischen Kunst von der schwäbischen folgende verständnisvolle
Worte äussert:

«Die schwäbischen Maler haben nun zwar den ähnlichen
Gottesdienst vor Augen, und ihren Gestalten fehlt es nicht an
der nötigen Demut und Ehrfurcht. Die sacramentale Kirchlich-
keit aber, jener Ausdruck geheimnisvollen Zwanges gleichsam
verschwinden aus ihren Bildern. Es ist, als wären die Charak-
tere im Guten wie im Schlimmen selbstgewisser und empfänden
sich teils in aufsässiger Bosheit froher, teils in Sittigkeit und
Liebe mit Gott vertrauter. Sie lassen zwischen der katholischen
Gegenwart und protestantischen Zukunft keine unübersteigliche
Kluft wahrnehmen.»

Ein merkwürdiges Urteil in diesen Worten, das, sehen wir
auf den Grund seiner Meinung, eigentlich nichts anderes sagen
will als wir, wenn wir schlechthin behaupten: es ist der Geist
der Mystik, der in dieser Kunst lebt. Weiterhin will denn auch
Hotho diese Erscheinung in Beziehung gesetzt wissen mit der
frühen Verbreitung des Sektentums in Schwaben. An einer
anderen Stelle macht der geistvolle Forscher mit Recht darauf
aufmerksam, dass es im Allgemeinen nicht die Mittelpunkte
kirchlichen Lebens, nicht die Bischofsstädte sind, wo sich die
Hauptschulen oberdeutscher Malerei entfalten, sondern jene
Orte, wo ein freies Bürgertum sich, mehr entfernt von der Berührung mit den höchsten Vertretern des Klerus, in deren Umgebung man doch eigentlich das regste geistige und kulturelle Leben

8

auf allen Gebieten erwarten sollte, selbständig entfaltet. Wir erblicken hier in Deutschland denselben Vorgang, der in seiner Bedeutung für die italienische Kultur- und Kunstentwicklung von Henry Thode in seinem «Franz von Assisi» auf das Hellste beleuchtet worden ist: ein aufstrebendes jugendfrisches Bürgertum ringt sich zu äusserer und innerer Selbständigkeit durch, zu Freiheit im Handeln und Denken. Noch nicht eingezwängt in Convention, noch unverfälscht und kräftig giebt es dem innersten angestammten Wesen des Volkes wieder Gelegenheit, sich ungehindert zu äussern; so wird es ein Pfleger neuer und reiner religiöser Glaubensideale und in Folge davon einer neuen nationalen Kunst. Wie in Italien Franz von Assisi die hehrste, die im weitesten und reingeistigen Sinne bahnbrechende Erscheinung des aufblühenden bürgerlichen Lebens ist, so hat man in Deutschland die Mystik und ihre verschiedenartigen Vertreter anzusehen als den höchsten Ausdruck des geistigen Lebens und des religiösen Glaubens des Bürgertums, des Standes, der in jener Zeit am unmittelbarsten die deutsche Volksseele wiederspiegelt. Die aus demselben Bürgertum nunmehr erblühende und von ihm bis zur höchsten Entfaltung gepflegte Kunst wird man aber nur dann vollauf würdigen können, wenn man sie in Beziehung und in Vergleich setzt mit jener anderen Schöpfung desselben Volkswesens, eben der Mystik. —

In der That: nicht Strassburg spielt in der Malerei eine Hauptrolle, nein Colmar ist es, und Ulm und Nördlingen; nicht Würzburg und Bamberg wohl aber Nürnberg. Wie bezeichnend ist die Stellungnahme des grössten Teils der deutschen Städte im Kampfe zwischen Ludwig dem Baier und dem Papste! Und wie dankt dieser Kaiser der Treue seines Volkes? Er ist ein eifriger Begünstiger aller der Dinge, die dem Herzen jenes am nächsten lagen, der häretischen Bestrebungen und der Mystik und auch der Kunst. Das sagt genug.

Auf ihn aber folgt der papstfreundliche und streng kirchlich gesinnte Karl IV. Wie lehrreich ist uns sein Beispiel! Er gilt als ein Beschützer und Förderer der Kunst und die deutsche Kunstgeschichte liebt es ihn als Solchen zu feiern. In der That, für seine Person war er ein Kunstfreund, er gehört mit zu jenen Fürsten, die ihren Hof durch Kunst und Künstler glänzend machten. Aber merkt man ihm und seiner Kuns'-pflege nicht an, dass er eigentlich ein Fremdling war auf deutschem Gebiet, dass seine Ueberzeugung sich nach Rom, sein Wesen nach Frankreich, an dessen ihm nahe verwandten Hof er erzogen war, richtete? Die blühende Buchmalerei an seinem Hofe steht ganz unter dem Einfluss italienischer und französischer Vorbilder. Von italienischen Meistern wie Thomas von Mutina lässt er sich Tafel- und Altarbilder malen, und auch italienische Freskomaler scheint er auf seiner Burg Karlstein beschäftigt zu haben. Die Mosaiken, die in seinem Auftrag am Prager Dom ausgeführt worden sind, waren, wie uns ein alter Bericht sagt «more gracco», also vielleicht von byzanthisierenden Künstlern aus Venedig verfertigt. Und die Kunst der nach Prag von ihm berufenen und dem Einfluss seines Hofes sich unterwerfenden deutschen Künstler? Ja, ist sie nicht fremdartig, fast undeutsch geworden? Steht diese sogenannte böhmische Schule, die ja auch keine lange Lebensfähigkeit hatte, nicht abseits von der übrigen deutschen Kunst und ihrem inneren Wesen, ist nicht ihr Styl ein anderer, die Empfindung eine fremde?

Doch schauen wir uns weiter um in deutschen Landen. Schwaben nannten wir schon als einen Hauptsitz der Mystik und der häretischen Bestrebungen, die sich alle mehr oder minder jener nähern oder gar direkt mystischer Natur sind; dazu kommen als weitere wichtige Pflegestätten besonders die oberen Rheinlande und die unteren mit den Niederlanden, sodann Franken.

Wir sehen, es sind wieder dieselben Gegenden, wo, um noch einmal mit dem schon erwähnten Lamprecht von Regensburg zu reden, die «Kunst» des visionären Schauens geblüht und die germanische Kunst in unserem Sinne ihre herrlichsten Blüten und Früchte hervorbrachte. Man weiss, dass die einzelnen Angehörigen der Sekten in den verschiedensten und weit entfernt liegendsten Gauen in regstem Verkehr untereinander standen; sogar von der überaus zahlreichen Gemeinde der mystischen ‹Gottesfreunde›, über die wir schon kurz Auskunft gaben, ist uns dies beglaubigt, obschon diese nicht durch irgend

eine Organisation oder durch ganz bestimmt formulierte Glaubenssätze verknüpft waren.

Briefe gingen hin und her, von den Niederlanden bis an
den Oberrhein, und nach Schwaben und Franken ; doch nicht
nur Briefe schrieb man sich, es ist bezeugt, dass man sich
unter anderen Geschenken sogar Bilder schickte und verehrte,
ein für uns natürlich wieder besonders beachtenswerter
Umstand. Namentlich die uns erhaltenen vertraulichen Briefe
des Mystikers und Gottesfreundes Heinrich von Nördlingen
berichten uns einige Fälle dieser Art. Mag nicht manches Rätsel der Kunstgeschichte, das uns von merkwürdiger
Beeinflussung eines Künstlers durch andere räumlich weit
entfernte Kunstrichtungen spricht, hier seinen Ursprung haben?

Alle Schichten des Bürgertums nahmen an diesen Beweg·
ungen teil. Reiche und Arme sassen dichtgedrängt unter den
Kanzeln der predigenden Mystiker, und unter den Angehörigen
der Sekten, von denen sich hie und da Namen erhalten haben,
besonders in Anklageschriften ihrer kirchlichen Gegner, finden
sich einfache Handwerker und vornehme Patrizier. Ein günsti-
ges Geschick hat uns für Nürnberg z. B. einiges sehr interessantes Beweismaterial überliefert. Da wissen wir mit Bestimmtheit, dass gerade unter den dortigen vornehmen Geschlechtern
die Mystik williges Gehör fand und dass manche Patrizier zu
Sekten gehalten haben. Ja, auf den Anklageschriften finden
sich dort Personen als schlimme Ketzer verzeichnet, deren
Namen in der Kunstgeschichte einen sehr guten Klang haben
und die jedem Freunde alter deutscher Kunst als Stifter und
bürgerliche Kunstmäcene durchaus verehrungswürdig sind. Wie
innig sind die Namen der Familien Ebner, Tucher, Plauen u.
a. in die Nürnberger Kunstgeschichte verflochten! Wie häufig
begegnen wir ihren Wappen auf den Kunstdenkmälern Nürnbergs! Und gerade sie scheinen stets die engtse Fühlung mit
der Mystik gehabt zu haben.

Von den beiden Visionärinnen aus dem Geschlecht der
Ebner, Christina und Margaretha, hörten wir schon; ausser
ihnen gab es zu ihrer Zeit noch drei weitere Dominikerinnen
nen aus dieser Familie, eine Elisabeth, die Schwester der

Christina und wie diese im Kloster Engelthal, sodann Agnes
und Kunigunde, welche in dem, 1280 von Friedrich Ebner gestifteten Kloster S. Clara zu Nürnberg lebten. Noch heute befindet sich in der Klarenkirche ein Altarbild mit einer Gedächt-
nisinschrift auf den Tod jenes Friedrich als Stiftung seiner
Vettern im Jahre 1333. Uebrigens fanden wir in den 1766 erschienenen «Historischen, genealogischen und diplomatischen
Nachrichten zur Erläuterung der Nürnbergischen Stadt- und
Adels-Geschichte» von Andreas Würffel die Angabe, dass Friedrich Ebner im Jahre 1280 ein Beghinenhaus gestiftet habe.
Es wird zweifellos hiermit seine Richtigkeit haben und dieselbe
Stiftung gemeint sein; denn die Fälle sind nicht selten, dass
Beghinen- oder Beghardenhäuser sich dem mystischen Prediger-
orden anschlossen und mit der Zeit dessen Regeln annahmen;
so wurde oft der argwöhnischen Kirche gegenüber, die häufig
Schritte gegen die Ausbreitung des Beghinenwesens unternahm,
der äussere Schein bewahrt. Ein Nachkomme des Friedrich,
Albrecht Ebner, so weiss Würffel noch zu berichten, stiftete
im Jahre 1409 ein anderes Beghinenhaus.

Ueberhaupt ist Würffel über das Beghinen- und Begharden-
wesen in Nürnberg genauer unterrichtet. So erfahren wir von
ihm, dass 1388 von Conrad Mendel, Heinrich Mendel «und
der Margaretha Grossin Sohn, ein Bruder des Marquard Mendel» ein Beghardenhaus erbaut worden war; 1352 wurde
das «Tucherische Seelhaus» vom Senator Berthold Tucher gestiftet; 1423 ein Mendel'sches Beghinenhaus von Konrad und
Peter Mendel; 1457 ein Beghinenhaus von Berthold Nüzel und
seiner Frau; aus unbekannter Zeit bestand noch ein anderes
«Nüzlisches Seelhaus», über welches später «die Herren Holz-
schuher die Aufsicht trugen»; weiter wird noch ein «Mufli-
sches Seelhaus» genannt aus unbekannter Zeit und verschiedene andere Beghinen- und Beghardenhäuser ohne Angabe der
Gründer.

Sämmtliche hier angeführte Stifternamen sind der Nürnbergischen Kunstgeschichte wohlbekannt! Am wichtigsten für
dieselbe aber wurde ein in späterer Zeit begründetes Beghardenhaus: das 1501 von Doctor Schildkrot und von dem
Rot- und Bildgiesser Matthäus Landauer gestiftete sogenannte

«Zwölfbrüder-Haus» oder «Landauer Brüderkloster». Malte doch Dürer für die noch bestehende hübsche Kapelle desselben sein Allerheiligenbild! Ein Andenken an das Mendel'sche Beghardenhaus ist uns in einem kultur- und kunstgeschichtlich recht interessanten Codex erhalten, der auf der Stadtbibliothek zu Nürnberg aufbewahrt wird.

Er enthält ein Verzeichnis der Brüder des Hauses aus dem 15. und 16. Jahrhundert und ist bis zum Jahre 1549 geführt; jeder der Brüder wird uns im Bilde vorgeführt und zwar in seiner handwerklichen Beschäftigung, der er in seinem Leben und auch nach seinem Eintritt in das Haus obgelegen hat. Es sind grosse recht gute aquarellierte Federzeichnungen, die uns in höchst anziehender und kulturgeschichtlich ausserordentlich belehrender Weise in hubschen genrehaften Darstellungen die verschiedenen Handwerkerthätigkeiten zeigen, denen die einzelnen Insassen ihre Kräfte widmeten; denn ein klostermässiges Abschliessen der eigenen Person von der übrigen Welt kannte das mystische Beghardën- und Beghinenwesen nicht; man wollte nach wie vor mit den Mitmenschen in Berührung sein und ein nützliches Glied in ihrer Gemeinschaft bleiben. Unter den dargestellten so verschiedenartig beschäftigten Brüdern sieht man auch einen Maler: Niclas Kerner, der im Jahre 1505 starb. Die Zeichnung zeigt ihn vor seiner Staffelei sitzend und das Bild der Maria mit ihrem Kinde auf eine Altartafel malend. Verschiedene der Darstellungen sind Gedächtnisbilder auf den Tod von Mitgliedern der Stifterfamilie Mendel und zeigen die Betreffenden vor Altären, die mit Kunstwerken geziert sind, knieend.

Aus der, für die Kunstgeschichte ebenfalls wichtigen Familie Plauen, weiss man, dass in der ersten Hälfte des 15. Jahrhunderts Hans von Plauen einer mystisch-waldensischen Sekte angehörte.

Am weitesten scheint die Familie Tucher gegangen zu sein, welcher die Kunstgeschichte so überaus dankbar ist. Im Jahre 1332 fand in Nürnberg ein erstes Einschreiten gegen das Sektenwesen statt, indem der Bischof von Bamberg den Pfarrer von S. Sebald beauftragte, einmal energisch vorzuschreiten. Dieser vermochte ohne die Beihilfe des Rates der Stadt an-

fangs nicht viel und erst nach längerem Zögern sahen sich
die Ratsherren veranlasst, ihrerseits vorzugehen. Die uns erhaltene Liste der überführten Ketzer enthält über 90 Namen
von Leuten aller Stände, auch solcher aus den vornehmsten
Geschlechtern, darunter allein drei Tucher. Die Angeklagten
wurden verurteilt und verbannt; jedoch soll der Rat einigen
derselben später die Rückkehr gestattet haben; die Ratsherrn
mochten wohl selbst jener Gesinnung nicht so fremd gegenüber
gestanden haben, um hier im Ernst an eine Schuld zu glauben.
Durch Generationen hindurch scheint sich diese Sinnesart im
Hause der Tucher vererbt zu haben; Anton Tucher, der bekannteste unter ihnen, stand ihr sehr nahe; wie er sich denn
auch für das Mendel'sche Brüderhaus interessierte, was uns
eine Schenkung von Lebensmittel an dasselbe beweist, die er
selbst in seinem uns erhaltenen «Haushaltungsbuch» verzeichnet.
Er war befreundet mit dem aus der Reformationsgeschichte so
rühmlichst bekannten Dr. Johann von Staupitz, der überhaupt
in dem Geistesleben des damaligen Nürnberg eine wichtige
Rolle gespielt hat. Nachdem dieser väterliche Freund und Be-
rater Luthers, der selbst entschieden zur Mystik neigte und
der den suchenden Geist des jungen Luther direkt auf die Schriften
der deutschen Mystiker hingewiesen hat, seine Professur in
Wittenberg niedergelegt hatte, liess er sich längere Zeit in
Nürnberg nieder, wo er sich ganz der Beschäftigung mit
seinen wissenschaftlichen Studien und seinen religiösen und
philosophischen Idealen hingab. Um ihn sammelte sich ein
ernster Kreis gebildeter Nürnberger, die ihrerseits mit den
alten Traditionen des einheimischen mystischen Sektenwesens
innige Fühlung hatten und sich in ihrer Gemeinschaft schon
vor der Verbreitung des Luthertums der Verfolgung evange-
lisch-reformatorischer Tendenzen widmeten. Durch handschriftliche Zeugnisse, besonders durch Briefe sind wir über die
Vereinigung dieser Männer ziemlich gut unterrichtet. Sie
nannte sich die «Sodalitas Staupitiana» und scheint ihre regelmässigen Zusammenkünfte gehabt zu haben; von den Mitgliedern werden in einem Briefe des dazu gehörenden Gelehrten
Dr. Christoph Scheurl genannt: «Pater patriae Anthonius Tucher; Heronimus Ebner; Caspar Nuzel, homo gravissimus;

Andreas et Martin Tucher; Lazarus Spengler; Wolfgangus Hoffmann; Albertus Durer germanus Apelles. Also alles Namen, die dem Freunde der Nürnberger Kunstgeschichte, besonders der Lebensgeschichte unseres Dürers nicht fremd lauten.

Dafür, dass auch in den unteren, ungebildeteren Schichten des Bürgertums der Mystik ein liebevolles Verständnis entgegengebracht wurde, gelang es uns, ein hübsches Beispiel zu finden. Es ist nur ein schlichtes, fast rührendes Zeugnis, doch dünkt es uns recht bemerkenswert, besonders, da es zu gleicher Zeit beweist, wie sehr die Mystik imstande war, eine empfängliche Seele künstlerisch anzuregen und zu künstlerischer Bethätigung zu veranlassen. Auf der Bibliothek des ehemals so bedeutenden Städtchens Schlettstadt im Elsass wird nämlich ein Handschriftenkodex aufbewahrt, welcher das Werk des Mystikers Otto von Passau: «Die 24 Alten oder der goldene Thron» mit den zu diesem Text üblichen Illustrationen enthält.

Die Schrift war eins der im 14. und 15. Jahrhundert weitverbreitetsten und im Volke beliebtesten Bücher; ihren Inhalt machen Unterweisungen und mystische Lehren aus, welche die personifizierte «minnende Seele» von den, der Apokalypse entnommenen «24 Alten» erhält. In unzähligen Abschriften und in mehreren späteren Druckauflagen ist uns dasselbe erhalten. Das erwähnte Exemplar ist aber besonders interessant. Es enthält an seinem Schluss folgende Notiz: «Dis bůch wart volbraht un us geschribe von mir Jacob Leistenmacher ein schůmacher zu Sletzstat uf sonnedag frůge zwischent der stunde sechs und siebenen allernehst nach Bartholomei in dem ior do man zalt von der geburtz Christi tusent vier hundert un XXX ior. chedencket ach min durch got». Also ein biederer Schuhmacher hat seine Mussestunden dazu benützt, dieses Buch für sich zu «vollbringen», damit er und seine Hausgenossen und Freunde sich an dem mystischen Text stets erbauen könnten. Die Bilder, die er wohl nach dem Codex, aus dem er abschrieb, kopierte, sind die üblichen, bei fast allen der vielen, in die Bibliotheken heute zerstreuten Abschriften des Otto von Passau wiederkehrenden Darstellungen an den 24 Kapitelanfängen; sie zeigen den jedesmaligen «Alten» in ein langes Gewand gekleidet mit ehrwür-

digem Bart und mit einer hohen Krone auf dem Haupte; er
belehrt die «minnende Seele», die vor ihm auf dem grünen
Boden als holde Jungfrau in rotem oder blauem Gewande kniet
und ihm mit über der Brust gekreuzten Armen oder betend gefalteten Händen andächtig zuhört». Dieses einfache Motiv ist bei
jeder der vielen Wiederholungen abwechslungsvoll variiert und
in Bewegung und Geberden recht lebendig aufgefasst; die Bildchen sind mit der Feder gezeichnet und mit Wasserfarben la-
viert. Am anziehendsten ist jedoch eine grosse Darstellung zu
Beginn des Buches: eine Kreuzigungsscene. Sie zeigt den Heiland am Kreuze mit schmerzlich gesenktem Haupt und mit einem Leib voller Blutstropfen; neben ihm sind die beiden
Schächer an niederen Kreuzen gebunden; dem guten von ihnen
zieht ein Engel die Seele in Gestalt eines kleinen menschlichen
Körpers aus dem Munde, bei dem bösen thut es ein Teufel. Zu
Füssen des Kreuzes stehen auf dem abschüssigen Wiesengrunde
Maria, von Maria Magdalena gestützt und Johannes, der mit ge-
rungenen Händen entsetzt zu Jesus aufschaut. Hinter ihm steht
noch ein bärtiger Heiliger mit einem Buch; vor dem Kreuze
liegen Schädel und Knochen am Boden. Also eine Komposition,
wie sie in der Tafelmalerei gang und gäbe ist: von einem
Altarbild wird sie auch Meister Leistenmacher abgesehen haben.
Man sieht, dass die ausführende Hand die eines Dilettanten ist;
wenn man aber bedenkt, dass sie sonst gewohnt war den Pfriem
zu handhaben, so kann man dem wackeren Schuhmacher seine
Bewunderung nicht versagen. Ist die Zeichnung auch etwas ungeschickt und sind die Proportionen der Körper auch bisweilen
bedenklich, so wird man versöhnt durch das manchmal recht
erfolgreiche Streben nach guter Charakterisierung der Bewegung und nach starkem seelischem Ausdruck, welches deutlich
zeigt, wie ernst es der Meister nahm und wie sehr er erfüllt
war von seinen mystischen Anschauungen, die ihn zu solchem
Unternehmen gedrängt haben. Unwillkürlich wird man erinnert
an zwei bedeutendere Kollegen in der ehrbaren Schuhmacherzunft:
an unseren evangelisch gesinnten grossen Volksdichter Hans
Sachs und an den grössten Vertreter der späteren Mystik, Jakob
Böhme.

Ein anderes Büchlein wollen wir noch erwähnen, das uns

einen ähnlichen intimen Einblick thun lässt in das Geistesleben
ernst strebender und mystisch gesinnter deutscher Männer. Wir
fanden es zufällig auf der kgl. öffentlichen Bibliothek zu Stuttgart (Cod. Brev. 81). Es gehört den ersten Jahrzehnten des 16.
Jahrhunderts an; seinen wertvollen Hauptinhalt macht eine vollständige, sehr schön kolorierte kleine Holzschnitt-Passionsfolge
Dürer's aus in vorzüglichen, tadellos erhaltenen Exemplaren.
Diese ist zwischen die übrigen Blätter des Buches eingefügt,
auf welche der unbekannte Besitzer allerhand Gedichte, Bruch-
stücke von Predigten und religiöse Betrachtungen, alles mehr
oder minder mystischer Art und bezugnehmend auf die einzelnen Darstellungen der Passion, eingetragen hat, oder hat ein-
schreiben lassen, — denn es sind mehrere Hände bemerkbar,
— in deutscher und lateinischer Sprache. Dazwischen eingestreut
sind einzelne Citate aus Luther, Erasmus von Rotterdam u. a.,
sodann verschiedene Bemerkungen, die in begeisterter Weise
den grossen Meister der Holzschnitte, Dürer, feiern und andere,
die in inniger Weise überhaupt von dem herzlichen Verhältnis
des Schreibers zur Kunst, der er eine grosse und wichtige
Macht auf die menschliche Seele zuschreibt, Rechenschaft ablegen. Alles scheint aus innerstem Herzen und echt mystischem
Fühlen heraus gedacht und niedergeschrieben zu sein und
spricht deshalb auch in ganz rührender Weise zum Herzen.
Besonders fesselt darunter eine anziehende, fast legendenhafte
Betrachtung über den Ursprung der Musik und der Kunst in
lateinischer Sprache, deren Anfang wenigstens wir unseren
Lesern nicht vorenthalten wollen: «Nemo ignorat, quanta volup-
tate dulces harmoniae aures nostras afficiant. Vult Deus, aliqua
esse humanae naturae gaudia: imò ipse Deus est perpetua
et aeterna laetitia. Non vult nostra corda perpetuo in errore
corrodi: Concedit naturae humanae aliquas recreationes. Eo
consilio finxit artem musicam: monstravit instrumenta, quibus
dulces harmoniae effingi queant. Eodem modo picturae notitiam
nobis concessit, et aliquibus in hac arte, prae aliis, maiorem
industriam, ut illius bonitatem et dona admiremur et grato
pectore agnoscamus etc.»
Um sich einen Begriff zu machen von der Verbreitung mystischer Anschauungen und mystischer Bücher, braucht man

sich überhaupt bloss ein wenig in den Bibliotheken umzuschauen, welche das, was uns aus dem Bücherreichtum der in Betracht kommenden Jahrhunderte gerettet ist, getreulich aufbewahren. Man erstaunt über die Menge von mystischen Schriften und Traktaten, mystischen Gedichten und aufgezeichneten mystischen Predigten, die uns von fleissigen Schreiberhänden in meist unzähligen Wiederholungen und Exemplaren überliefert sind. Und mit Freude können wir bemerken, dass ein grosser Teil derartiger Codices mit Illustrationen versehen ist. Von sorgfältig ausgeführten Miniaturen bis herab zu flüchtigen, leicht hingeworfenen Zeichnungen, alles diente dem einen Zweck, im Verein mit dem geschriebenen Worte dem Leser den mystischen, oft so schwer auszudrückenden Sinn möglichst eindringlich und unter Konzessionen an den, sinnlich-konkrete Vorstellungen erheischenden Geist des Volkes, zu Gemüte zu führen. Zu verschiedenen solcher Texte entstanden mit der Zeit ganz bestimmte Illustrationsfolgen, die immer wiederholt und von einem Codex auf den anderen überliefert wurden. Die oben erwähnte Schrift des Otto von Passau, deren Bilder wir beschrieben, gehört z. B. hierher. Damit im Zusammenhang entstanden dann jene Bilderfolgen, welche in der Art der «Biblia pauperum» grössere geistige Zusammenhänge dem Beschauer in einer Reihe von Darstellungen ohne Text, höchstens mit erklärenden Inschriften oder einigen schlichten Versen und kurzen Betrachtungen, vor Augen führten, und die namentlich den des Lesens Unkundigen dienen sollten.

Alle diese lassen sich nur aus den Bestrebungen und den Anschauungskreisen des Mystikertums erklären; es leistete hier die Kunst denselben Dienst zu Gunsten einer hohen Geistesaufgabe wie die mystisch gelehrte Philosophie, wenn sie ihre Anhänger als schlichte Prediger unter das Volk sandte. Man vergleiche nur volkstümliche Predigten von Mystikern mit jenen verbreiteten und beliebten Bilderfolgen, von denen wir besonders alle jene «Specula humanae salvationis» und manche ähnliche «Spiegel», namentlich sodann die «Ars bene moriendi» namhaft machen wollen! Alle diese Darstellungen sind dem Freunde altdeutscher Kunst wohlbekannt, wenn nicht aus solchen gemalten oder gezeichneten Illustrationen, wie sie sich zu

Hunderten auf den Bibliotheken finden, so doch aus Holzschnitten oder Kupferstichen. Denn nach der Erfindung dieser Künste nahmen dieselben jene Kompositionen sofort auf, und alles das, was früher eifrig aber mühsam von einem Codex in den anderen kopiert worden war, wurde nun auf einmal auf mechanische Weise in ungezählten Exemplaren hergestellt und verbreitet. Für die Geschichte des Kupferstiches und des Holzschnittes sind diese Blockbücher, unter welchem Namem ein grosser Teil solcher Illustrationsfolgen begriffen wird, ja von grosser Wichtigkeit, und ist die glänzende Entwicklung dieser Künste in Deutschland kaum ohne sie zu denken. Haben sich doch die meisten Vertreter dieser Künste, bedeutende und unbedeutende, mit der Herstellung solcher «mystischen Bilderpredigten», wie man sie fast nennen möchte, befasst.

Sind doch die Passionen, die Marienleben, die Apokalypsen Dürers und anderer grosser Meister der Blütezeit die höchste Entwicklungsstufe derselben. Und hat Hans Holbein der Jüngere, indem er die Motive des für unsere Betrachtungen schon so wichtig gewordenen Totentanzes zur Vollendung brachte, doch dazu die Form einer solchen Holzschnittfolge gewählt. Kurz, — auch in diesem Teile deutscher Kunstentwicklung erkennen wir wieder als das beeinflussende und Leben spendende Element die mystische Denkrichtung, die in ihrem Drange nach Mitteilung unter Umgehung des ganzen kirchlich-dogmatischen Apparates einerseits in der eindringlichen Rede andererseits in der unmittelbar zu Herzen gehenden Sprache der Kunst ihre besten Ausdrucksmittel sah.

Wie bekannt gingen Kupferstich- und Holzschneidekunst in ihren ersten Zeiten meist Hand in Hand mit dem verschwisterten Druckergewerbe. Die Offizinen der ersten Verleger waren die besten Auftraggeber, ja Anreger für die Stecher und Holzschneider. Da muss es uns hochbedeutend sein, uns den Charakter des frühen deutschen Buchdruckerstandes und der Produkte seiner Verlage in die Erinnerung zu rufen. Aus der Mitte deutschen Bürgertums geboren stand die grosse Erfindung durch Jahrzehnte hindurch im Dienste des Geisteslebens eben dieses Bürgertums. Es ist ja schon oft von verschiedenen Seiten darauf hingewiesen worden, dass die Druckerkunst in

Deutschland das kirchlich-scholastische Gelehrtentum bei weitem weniger unterstützte wie die volkstümlich-religiösen, die mystischen, ja häretischen Bewegungen. Man geht sogar so weit dem ganzen deutschen Buchdruckerstand des 15. Jahrhunderts und seiner Thätigkeit eine ganz zielbewusste antikirchliche Tendenz zuzuschreiben in innigem Zusammenhang mit dem uralten mystischen und waldensischen Sektenwesen. (Dies thut z. B. Ludwig Keller in seinem Buch: «Die Reformation und die älteren Reformparteien», welches übrigens manche Ergänzungen zu dem in unserem laufenden Abschnitt Behandelten enthält). Der Frage, wie weit sich dies im Einzelnen beweisen lässt, können wir uns hier nicht länger widmen; uns kann es genügen zu wissen, dass es im Grossen und Ganzen damit seine Richtigkeit hat. Die Auswahl der Schriften, welche die ersten deutschen Verleger trafen, spricht ja da schon genug. Was sagt allein die Thatsache der vielen Bibelausgaben in deutscher Sprache vor Luther's Uebersetzung, welche sich auf ältere vielverbreitete handschriftliche deutsche Bibelversionen stützen? Entschieden sehr viel, wenn man bedenkt, wie eifrig der Klerus fortwährend die Lektüre und Verbreitung der Bibel in den Volkssprachen bei den Laien zu hintertreiben sich bemühte, wie er immer neue Verbote dieserhalb erliess und sich auch gegen die gedruckten volkstümlichen Bibeln, ja selbst sonstigen Erbauungsbücher in der Landessprache energisch aber nicht gerade mit sehr grossem Erfolge wandte. Geffcken in seinem Werk: «Der Bilderkatechismus des 15. Jahrhunderts» weiss die bezeichnende fast scherzhafte Thatsache zu berichten, dass ein im Jahre 1506 zu Basel erschienenes Handbuch für Priester, die Geistlichen ausdrücklich zur Vorsicht bei der Anführung von Bibelstellen ermahnt, die ihre Zuhörer zu Hause nachschlagen möchten. Wie kamen überhaupt die deutschen Künstler zu ihrer oft so überraschend genauen Bibelkenntnis? Von den Priestern werden sie sich wohl kaum bei ihren Kompositionen Rats geholt haben, auf ältere Traditionen gehen sie auch nicht immer zurück, Latein verstanden sie nicht; — was bleibt übrig, als dass wir ein inniges Vertrautsein mit solchen, eigentlich verbotenen deutschen Bibelübersetzungen und anderer volkstümlicher religiöser Bücher annehmen. Kaum brauchen wir noch den Leser daran zu erinnern, wie viele dieser Bibeln mit Holzschnitten geziert wurden. Nur an die Quentel'schen und Koberger'schen Drucke brauchen wir ja zu mahnen. Der Kobergersche Druck von 1483 geht übrigens erwiesenermassen auf eine verbotene waldensische Version des 14. Jahrhunderts zurück und wurde selbst dann auch kurz nach seinem Erscheinen angegriffen, denn das, 1485 vom Erzbischof Berthold von Mainz erlassene Pressmandat musste sich auch gegen ihn richten, nachdem er gerade von der Frankfurter Messe aus eine grosse Verbreitung gefunden hatte. Erst recht brauchen wir nicht noch auf die Illustrationen bedeutender Künstler zu Luthers Bibel hinzuweisen, wie denn überhaupt auf die begeisterte Aufnahme, welche die Reformation in den deutschen Künstlerkreisen fand. Auch die vielen Beispiele von illustrierten Büchern anderer Art, die in der zweiten Hälfte des 15. Jahrhunderts erschienen — das wichtigste dürfte der Kobergische «Schatzbehalter» sein, der in Text und Bild durchaus mystischer Art ist — brauchen wir hier nicht im Einzelnen aufzuzählen. Jeder Kenner altdeutscher Holzschneide- und Kupferstichkunst weiss, welch' wichtiges Feld deutscher Kunstthätigkeit wir bei unseren Andeutungen überflogen haben, ein Gebiet, das wir also unbedenklich zu Gunsten des Zieles unserer Untersuchung als vielbeweisend in Anspruch nehmen dürfen. —

Noch ein anderes grosses wichtiges Gebiet deutscher Kunstthätigkeit des Mittelalters giebt es, welches schon vor uns viele ganz ohne Zögern nur von unserem Gesichtspunkt aus angeschaut haben; ein Gebiet, auf welchem man sich jedoch einerseits grosser Uebertreibung hinzugeben liebte, während sich von anderer Seite Manche dort einer allzu kühlen Skepsis und Ungläubigkeit befleissigen zu müssen glaubten, besonders in neueren Tagen. Wir meinen die gothische Baukunst. Dass der Eindruck, den Werke dieses Styles, besonders die deutschen, machen, Empfindungen wachruft, die durchaus an jene, auf religiöse Gefühlserhebung hinzielende Denkrichtung erinnern, wie sie in Deutschland durch die Mystiker verbreitet wurde, wird wohl niemand leugnen, der überhaupt ein innerliches Verhältnis zu Werken der Kunst fassen kann. Dieses zugeben, heisst nun aber noch nicht übereinstimmen mit jener von

schwärmerischer Begeisterung eingegebenen Auffassung, wie sie
etwa die Romantiker zu Beginn unseres Jahrhunderts brachten,
welche geneigt waren, die ganze Erfindung dieses Styles eben jener
Denkrichtung auf deutschem Boden zuzuschreiben, fast als wenn
man sich ganz bewusst für seine Ideen einen symbolisch zu
nehmenden Ausdruck in der Sprache der Steine, von denen
jeder seine Bedeutung erhielt, konstruiert hätte. Beinahe möchten
wir behaupten, dass diese veraltete Auffassung, so weitgehend
in unserer eigenen Richtung sie auch zu sein scheint, den Zie-
len unserer Untersuchung doch eher schaden als nützen würde:
denn der Umstand, dass wir eine ganz unbewusst entstandene
Uebereinstimmung unleugbar zu konstatieren haben, erscheint
uns weit beweiskräftiger für die beeinflussende Macht der
Mystik als sie. Dass wir übrigens deshalb die Anschauungen
der Romantiker durchaus nicht als müssige Phantasien anzusehen haben, sondern als ihrerseits auch vollberechtigt, betonten wir schon im vorigen Kapitel, wo wir auch ihre Bestrebungen als neue Erscheinungen uralten deutsch-mystischen Denkens und Empfindens begrüssten. An diese einmütigen aber
durchaus kritiklosen Anschauungen schlossen sich dann manche
Gelehrte an, von denen einige bis an unsere Zeiten heranreich-
ten; diese bemühten sich, jene Auffassung durch ein mehr
wissenschaftlich aussehendes System zu stützen. Man versuchte
nachzuweisen, welche symbolische Bedeutung den einzelnen
Teilen gothischer Bauwerke zu Grunde gelegen habe. Besonders
in der Zahlensymbolik ging man ausserordentlich weit und
bildete sich ein, dass alle geometrischen Zahlen und Verhältnisse der gothischen Architektur ihre sinnbildliche Bedeutung
haben. Auch diese Annahme weisen wir, schon allein im Interesse unserer Absichten, zurück; denn dass die Architekten
jener Zeiten ganz unwillkürlich durch die Verhältnisse ihrer
Kirchenbauten einen solchen mystisch-religiösen Gefühlseindruck
erzielten, beweist uns viel mehr für die Macht der Mystik auf
ihren Geist als wenn wir ein absichtliches verstandesmässiges
Ausklügeln bei ihnen vorauszusetzen hätten. Keineswegs sind
wir nun aber gewillt, die Zahlensymbolik überhaupt fortzuleug-
nen. Seit uralten Zeiten gab es eine Solche, und namentlich
jene Philosophieen, welche zu mystischem Denken irgend eine

Beziehung haben, bedienten sich ihrer gerne; wir erinnern bloss an Pythagoras. Auch in den Schriften unserer Mystiker spielt sie in der That eine grosse Rolle; so sehr, dass der heutige Leser bisweilen ermüdet wird 'durch das Bestreben, vieles, selbst solches ganz abstrakten Denkens zu Zahlenverhältnissen in Beziehung zu setzen, und durch die häufigen Vergleiche zwischen irgend welchen philosophischen oder ethischen Gedanken mit Dingen materieller Art zur Erläuterung der ersteren, wo dann als Glieder der Vermittlung nur äussere, oft recht zufällige Zahlenverhältnisse in Rubriken und Kategorieen figurieren. Jedoch, — eine Spielerei war dieses auch nicht; im letzten Grunde werden wir hier nur, wie schon bei Pythagoras ein bewusstes oder unbewusstes, recht eigentlich mystisches Bestreben zu sehen haben, aus der Vielheit heraus sich auf die endlose Einheit zu besinnen. Ein solches Bestreben der Philosophen nun aber in die Kunst zu übertragen, heisst ja beinahe, sich an der Letzteren versündigen, und hiesse in unserem Falle, das, in der That in seinem geheimnisvollen Urquell mystische Wesen gothischer Künstler verkennen, um an seine Stelle ein, fast möchte man sagen mystifizierendes Ausklügeln des Verstandes zu setzen, das weder mystisch noch künstlerisch wäre. In der Litteratur also eine weitgehende Verbreitung der Zahlensymbolik anzunehmen, kann durch Hunderte von Beispielen gerechtfertigt werden, auch ist es nicht unschwer in Betreff derselben uralte Ueberlieferungen von Pythagoras zu den Neuplatonikern, Neupythagoräern, Gnostikern und weiter den mittelalterlichen Mystikern nachzuweisen. Dieselben Ueberlieferungen aber als geheimnisvollen und stets geheimgehaltenen Besitz der Architekten, der Bauhütten seit urältesten Kulturperioden bis zurück in die Zeiten der Pyramidenbauten der Pharaonen anzusehen, wie man es wohl gethan hat, als einen geistigen Besitz, der als Schlüssel zu 'der Kunst architektonischen Schaffens gelten kann, ist durchaus nicht begründet.

Wenn wir nun aber auch die künstlerischen Conceptionen und die Entwürfe der gothischen Baumeister von solchem bewusstem Symbolisieren frei gehalten sehen möchten, so geben wir jedoch auf der anderen Seite gerne zu und betonen es aus-

drücklich, dass die damalige Welt, besonders die gelehrte, sich
vor den fertigen Werken wohl zweifellos unbedenklich dem
Hange nach mystischer Ausdeuterei hingegeben hat, dass sie
sich bemüht haben wird, den durch die ganz besondere Macht
dieses Künstlerischen erhaltenen mystisch-religiösen Gefühlseindruck zu bestimmen und ihn mit dem Philosophischen, das
ihr Geistesleben ausmachte zu vereinbaren. Dies ist uns thatsächlich beglaubigt durch manche Aussprüche; wie man es denn
ja überhaupt schon seit dem Altertum geliebt hat, in gewisse
geometrische Figuren bestimmte Bedeutungen hineinzulegen.
Auch beweisen es eben manche Stellen in den Schriften der
Mystiker, und zuletzt auch geheimnisvolle Gebräuche der Bauhütten und manche Steinmetzzeichen.

Die neuere wissenschaftliche Forschung hat sich bemüht,
über das wahre Wesen der Entstehung der Gothik Auskunft
zu geben. Ganz abgeschlossen dürften die Untersuchungen noch
nicht sein; so viel steht aber fest, dass die mit der Gothik neu
aufgekommenen Stylelemente zunächst aus technischen Rück-
sichten ihre Erklärungen finden, diese jedoch durch neue praktische Forderungen, die an den Kirchenbau herantraten; jene
dann allerdings in den Bedürfnissen eines neuen Geisteslebens
wurzelten. In Deutschland gingen diese Aenderungen aber nicht
zum ersten Male vor; mit Bestimmtheit weiss man heute, dass
dies in Frankreich geschah. Der Lieblingsgedanke der Romantiker, welche diesen Styl durchaus den spezifisch deutschen
nennen wollten, ist also zerstört. Die Art aber, wie dann der
Charakter dieser Kunst auf deutschem Boden umgewandelt
wurde, wie hier diese Stylgesetze bis zur letzten kühnsten Con-
sequenz getrieben wurden, wie dem Gedanken- und Empfindungs-
inhalt, der in ihnen unbewusst schlummerte, hier freiestes
Walten eingeräumt wurde, findet in der That nur in dem
deutsch-mystischen Wesen, welches die Geister erfüllte, seine
tiefste Begründung. Bloss davon überzeugt zu sein, genügt uns
vollkommen.

Merkwürdigerweise hat derjenige unter den Kunsthistorikern,
der sonst noch am meisten der Mystik einen Einfluss auf die
deutsche Kunstentwicklung zuschreibt, hat Schnaase — obwohl
natürlich auch er die innere geistige Verwandtschaft zwischen

9

Gothik und Mystik erkennt — behauptet, dass die einzelnen Vertreter dieser Philosophie, die Mystiker selbst «der Architektur nicht sehr günstig sind». Wir verstehen nicht recht, wie er zu dieser Annahme gekommen ist und können nicht umhin, hier dem verehrten Forscher zu widersprechen, da uns gar keine Beweise für seine Ansicht vorliegen.

Er meint, dass die Architektur jenen Philosophen nur als eitle Pracht erscheinen musste. Nun, wir haben gesehen, dass sich die Mystiker der Entfaltung eitler Pracht entgegensetzten, wie es jene, auf die profane, dem Luxus dienende Kunst der vornehmen Kölner zielende Stelle bei Tauler bewies; aber auch haben wir zur Genüge gesehen, dass sich sonst alle Mystiker der wahren Kunst auf das Freundlichste und Verständnisvollste, wie kaum anders zu erwarten, gegenüber verhielten. Wie sollte es kommen, dass sie gerade die Architektur als einen über-flüssigen Luxus angesehen hätten, die Architektur, die ihnen sogar, in ihrer Eigenschaft als Prediger, von praktischem Wert, ja unentbehrlich war?

Als einzigen Beleg für seine Behauptung verweist Schnaase nur auf eine Stelle in einem Briefe, welchen der «Gottesfreund vom Oberland», jene geheimnisvolle, interessante und in den Kreisen der Mystiker so ausserordentlich einflussreiche Persönlichkeit einst an den gewissen Kreis von Gottesfreunden in Strassburg, der sich auf dem «grünen Wörth», einer von der Ill gebildeten Insel zu gemeinsamem Leben niedergelassen hatte, schrieb, und wo er jene ermahnt, die Kirche, die sie auf ihrer Besitzung zu bauen beabsichtigten, nicht zu prächtig zu wölben und auszustatten. Ausser dieser Stelle führt Schnaase keine weitere an, und wir fanden in der That keine andere, die sonst irgendwie eine ablehnende Stellungnahme der Mystiker der Baukunst gegenüber bewiese. Denn, dass einmal in einer inquisitorischen Anklageschrift gegen die mystische Sekte der «Brüder des freien Geistes» unter den, die einzelnen ketzerischen Ansichten derselben aufzählenden Sätze von ihnen auch gesagt wird: «Dicere quod melius est hominem unum ad talem perfectionem pervenire quam centum claustra constituere, fatuum est et Pelagianum», das wird wohl niemand als einen solchen Beleg ansehen wollen; erst recht nicht eine Stelle in einer Predigt Tauler's, wo er sagt: «Wenn einer etlich tausend Dukaten stiftete zur Erbauung einer Kirche oder Klosters, der thäte fürwahr ein grosses Werk: aber der thäte fürwahr noch ein grösseres Werk, der so viel Tausend für nichts zu schätzen wüsste».

Uebrigens muss gesagt werden, dass Schnaase von der Litteratur der Mystiker noch manches Wichtige nicht kannte; vieles ist erst durch die Arbeiten der späteren Philologie wieder zugänglich gemacht worden.

Von jener Brüderschaft der Gottesfreunde auf dem «grünen Wörth» können wir heute sogar im Gegenteil sagen, dass sie sich eine gediegene Bauthätigkeit durchaus angelegen sein liess. Der Gründer der kleinen Gesellschaft war der frühere Strassburger Kaufmann und eifrige Mystiker Ruolman Merswin, der sich ihr mit seiner ganzen Person und seinem reichen Vermögen widmete. Er kaufte jene Insel an, auf der sich die Ruinen eines ehemaligen Klosters befanden. Bei diesen und unter teilweiser Benützung derselben liess er die Wohnräume für sich und seine Genossen erbauen; der Wiederherstellung und Ausstattung der alten Klosterkirche liess er aber ganz besondere Sorgfalt angedeihen: sie wurde mit einem neuen Dach versehen, eine besondere Kapelle wurde noch angebaut und ausserdem bekam sie den Schmuck eines Turmes; am 25. November 1367 wurde sie, wie wir wissen, eingeweiht. Vom Jahre 1323 erfahren wir, dass die Strassburger Gottesfreunde beträchtliche Beiträge stifteten zur Erbauung des, sich dann der Mystik zuwendenden Franziskanerinnenklosters Wittichen bei Schiltach im Schwarzwalde, dessen Gründung durch die Visionen einer Beghine Luitgard veranlasst worden war. Eben jener «Gottesfreund vom Oberland», über dessen Name und Person übrigens trotz verschiedener Versuche noch immer nichts Genaues festgestellt ist, berichtet ein anderes Mal, in seiner Schrift «Vom gefangenen Ritter», dass dieser Ritter, als er sich in seinem Alter ganz zur Mystik wandte und ein eifriger «Gottesfreund» wurde, sich in einen ihm gehörigen Garten, der in der Nähe eines Dominikanerklosters gelegen war, zurückzog zu einsamem Leben fern von der Welt, und sich dort eine «schöne Kapelle» baute, die er unsrer lieben Frau weihte.

Die Mystiker selbst also können wir auf keinen Fall als der Baukunst feindlich gelten lassen. Wenn man überhaupt ein solches Hindernis in jenen Zeiten, in der ersten Hälfte des 14. Jahrhunderts finden will, so könnte man es, was Deutschland betrifft, allerhöchstens in der Stellung des Papsttums und des streng kirchlich gesinnten Klerus zum Kaiser Ludwig dem Bayer und seinem getreuen Volke vermuten : waren doch lange Zeiten hindurch weite Gegenden unseres Vaterlandes vom Papste in blindem politischem, nichts weniger als religiösem Eifer mit dem Interdikt belegt und so also in der Ausübung des offiziellen kirchlichen Gottesdienstes sehr beeinträchtigt worden. Wir wissen schon, wie sich das deutsche Volk, besonders die deutschen Städte benahmen, und wie unsere Mystiker ihre eigene Ueberzeugung von Wahrheit und Recht hochhielten und nach wie vor ihre gottesdienstliche und seelsorgerische Thätigkeit unbekümmert im ganzen Umfange ausübten ; auch sagt uns die reiche Entwicklungsgeschichte der deutschen Baukunst, dass man sich in seinem freien Schaffen und Streben nicht hat stören lassen. Hochbedeutsam und vielsagend scheint uns dazu die Thatsache, dass so viele unserer herrlichen gothischen Baudenkmäler, manche unserer himmelanstrebenden Münster und Dome nicht auf die Anregung und mit Unterstützung des Klerus entstanden sind, sondern aus der eigensten Initiative und mit den, in hochherziger Begeisterung freudig dargebrachten Mitteln des deutschen Bürgertums in allen seinen Ständen! «Tretet hin und erkennet das tiefste Gefühl von Wahrheit und Schönheit der Verhältnisse, wirkend aus starker, rauher, deutscher Seele, auf dem eingeschränkten, düsteren Pfaffenschauplatz des medii aevi», so rief Goethe vor dem Münster zu Strassburg aus !

Ehrenvoll und einflussreich war deshalb mit Recht auch die Stellung, welche das deutsche Bürgertum den Vertretern dieser Kunst einräumte. Die Zunft der Steinmetzen und Bauleute war eine der angesehendsten ; Kaiser und Fürsten haben nicht Anstand genommen, sie mit weitgehenden Privilegien auszustatten, ja mit ihr in engen Verkehr zu treten, wie denn z. B. der Herzog Rudolph IV. von Oesterreich sich sogar wahrscheinlich als ein Mitglied in sie hat aufnehmen lassen.

In ähnlicher Weise sagt die Tradition von Kaiser Maximilian I., dass er ein solcher «Aggregirter» des Bundes der deutschen Bauhütten gewesen sei, zu dem er auf jeden Fall in nähere Beziehung getreten ist. Der «Theuerdank» weiss zu erzählen, welches Interesse er am Bauwesen nahm. Hat ihn doch auch Dürer unter seine Ehrenpforte inmitten der Bauleute und deren Anordner gestellt.

Während wir sonst für die speziellen Absichten unserer Arbeit wenig Vorarbeiten früherer Untersuchungen haben, liegt uns nun aber in Betreff der Bauhütten eine ausserordentlich umfangreiche Litteratur vor, deren Zweck es zum Teil ist, den Zusammenhang dieser Zunft mit den mystischen und häretischen Bestrebungen des Mittelalters nachzuweisen. Wir können nicht anders als gestehen, dass man sich auch hier bisweilen grossen Uebertreibungen, mindestens aber vielen nicht genügend wissenschaftlich gestützten Vermutungen hingegeben hat, besonders von Seiten der mit der modernen Freimaurerei in Beziehung stehenden Autoren. Mit Recht führt das Freimaurertum seinen Ursprung auf die alten Bauhütten zurück, und es besteht auch kein Zweifel, dass sich innerhalb der modernen Brüderschaften mehr oder minder geheime Bräuche überliefert haben, welche direkt auf die alten Steinmetzzünfte zurückzuführen sind, die sich ihrerseits stets, durch alle Zeiten hindurch mit einem gewissen Geheimnis umgeben hatten. In wieweit nun diese Geheimbräuche wirklich als ein Zeichen geheim gepflegter, besonderer Denkrichtung, die sich durch schulmässige Ueberlieferung innerhalb des Bundes Jahrhunderte lang erhielt, und die mit den mystisch-häretischen Bestrebungen und Anschauungen Verwandtschaft haben sollen, anzusehen sind, lässt sich heute mit voller Bestimmtheit nicht mehr erkennen.

Es sind uns keine sicheren und greifbaren Zeugnisse für geistige Bestrebungen solcher Art erhalten; die Urkunden und sonstigen Aufzeichnungen und Berichte, welche sich auf die Bauhütten beziehen, und uns heute noch vorliegen, geben leider nur Auskunft über ihre Organisation, ihre Verbreitung, die ihnen verliehenen Privilegien, kurz nur über ihre Stellung nach aussen und ihre innere Einrichtung. Auf Dokumente

also können wir uns nicht stützen, weshalb es auch nicht
nötig ist, auf die vielen vor uns gebrachten Vermutungen hier
einzugehen. Aber dennoch wird es uns kaum jemand ver-
wehren wollen, wenn wir auch die deutschen Bauhütten als
Zeugen für uns und unsere Ansicht anrufen. Wir können es
unbedenklich, ohne uns auf irgendwelche grundlose Hypothesen
einzulassen. Erkannten wir doch in der gothischen Baukunst
einen der deutschen Mystik verwandten Geist! Wie käme der
dorthinein, wenn er nicht in Herz und Sinn der Künstler ge-
webt und gelebt hätte! Bewusst oder unbewusst? Aber hier
müssen wir uns eben bescheiden; inwieweit die Mystik als
Philosophie innerhalb jenes Bundes gepflegt oder gar gelehrt
wurde, können wir nicht erkennen. Die Vorbedingungen —
das ist gewiss — für eine Pflege der mystischen Philosophie
waren gegeben: war doch diese Zunft entschieden eine der
geistig hochstehendsten und gebildetsten innerhalb des deutschen Bürgertums und zugleich eine auf hoher sittlicher Stufe,
die sorgfältig bewacht und innegehalten wurde, stehende! Waren
die Hütten doch durch verschiedene Privilegien von kirchlicher
und staatlicher Seite zu einer gewissen, für das Mittelalter fast
überraschenden Freiheit gelangt, die eine selbständige geistige
Entwicklung ausserordentlich begünstigen musste! Dazu ist
der Umstand zu beachten, dass es gerade die zu einem Bunde
vereinigten deutschen Steinmetzen waren, die das Bauhüt-
tenwesen zu seiner höchsten Blüte brachten. Sie fühlten sich
über alle deutschen Gaue auf das Innigste vereint zu einer
Gemeinsamkeit, die sich in ihrem festen Bestand aus rein
praktischen, handwerklichen Gründen nicht allein erklären
lässt, sondern nur aus einer Verwandtschaft des Denkens und
Fühlens. Die uns erhaltenen Begrüssungs- und Erkennungs-
formeln, welche die Hüttenbrüder unter sich anwandten und
die symbolische Bedeutung einiger uns bekannten Bräuche und
Zeichen lässt auf eine Ethik schliessen, die aus den Anschauungen, Lehren und Dogmen der Kirche allein nicht Erklärung
findet, sondern ihrem ganzen Charakter nach in einer eigen-
artig entwickelten Denkrichtung wurzeln muss. Dies ist kaum
anzuzweifeln und spricht sehr für uns. Schliesslich auch hat
man den durch das Freimaurerwesen überkommenen Tradi-

tionen Beweiskraft zuzusprechen. Wenn uns von dieser Seite
her der überlieferte Glaube an frühere Beziehungen des Hütten-
bundes zu Mystik, ja Häresie versichert wird, so kann man
das nicht als willkürlich erfundene Hirngespinste späterer
Zeiten von der Hand weisen. Und wenn auch heutzutage die
Bedeutung des Freimaurerwesens vielleicht im Abnehmen begriffen ist, so darf der Betrachter der deutschen Kulturge-
schichte nicht vergessen, dass dasselbe mit dem national deutschen Geistesleben doch auch noch in späteren Zeiten bisweilen, als der Glanz der Bauhütten längst verblichen war,
enge Fühlung hatte. Standen doch verschiedene der grössten
Gestalten der deutschen Litteraturgeschichte des vorigen Jahrhunderts mit ihm in Beziehung.

Fast für symbolisch bedeutungsvoll, ja für mehr möchten
wir es halten, dass — nebenbei sei es erwähnt — auf Herder's
1773 erschienenes Sammelwerkchen «Von deutscher Art und
Kunst», in das auch Goethes begeisterter Aufsatz «Von deutscher Baukunst D. M. Ervini a Steinbach» aufgenommen war,
als Vignette das Freimaurerzeichen des Verlegers aufgedruckt
war. —

6. Der Künstler und die Mystik.

Haben wir im Vorangehenden uns klar gemacht, dass es
populäre Bestrebungen der Mystik waren, die der deutschen
Holzschneide- und Kupferstich-Kunst ihr Gepräge verliehen,
dass es der Geist der Mystik ist, der in der gothischen Baukunst lebt, und werden wir im nächsten Kapitel noch sehen,
dass die deutsche Malerei und Skulptur sich in vielfachen Dar-
stellungsmotiven mit den mystischen Anschauungskreisen eng
berühren, ebenso, wie wir schon wissen, dass ihre Kompositionen von den Visionen beeinflusst wurden, so schliessen
diese Beobachtungen eigentlich schon in sich die gewisse Annahme ein, dass die einzelnen Künstler in ihrem Denken und
Fühlen sich mit der Mystik berührten, sei es bewusst oder
unbewusst. So kann es nicht als ein sehr grosser Mangel
empfunden werden, wenn wir über das direkte Verhältnis

einzelner Meister zur Mystik, zum Sektenwesen und zu häretischen Bestrebungen nicht gerade sehr viel dokumentarisch be-
glaubigte Notizen bringen können. Wir wissen ja aus dem
Privatleben der meisten deutschen Künstler so wenig, dass
uns dieser Mangel überhaupt nicht verwundern darf. Ziehen
wir jedoch diese geringen Kenntnisse im Allgemeinen in Betracht, so dürften die paar Thatsachen, die wir im Folgen·
den bringen wollen, besonders schwerwiegend erscheinen und
vielleicht als typisch für viele ähnliche, uns aber fehlende,
gelten. —

Der Meister Gerard, Steinmetz und Vorsteher der Bauhütte
des Doms zu Köln, dessen Genie wir vermutlich den Entwurf
dieses Riesenwerkes zu danken haben, stand in Beziehung
zum Beghinenwesen. Er war Wohlthäter eines im Jahre 1230
gestifteten Beghinenhauses, des in der Nähe des Predigerklos-
ters gelegenen «Ver Selen Convents». In einer Urkunde des
14. Jahrhunderts heisst es, dass dieses Haus eine Rente bezog,
die «Meister Gerart der werkmeister vanme Doyme» gestiftet hatte.

In die erste Hälfte des 15. Jahrhunderts bringt uns eine
Notiz, die sich in einer Urkunde des ehemaligen Klosters auf
dem Agnetenberg bei Zwolle in Holland befindet, demselben
Kloster, in welchem der berühmte Mystiker Thomas a Kempis
lebte und starb. Wir erfahren da, dass sich im Jahre 1440 in
diesem Kloster befand: «quidam devotissimus iuvenis, 'dictus
Johannes de Colonia, qui dum esset in seculo pictor fuit opti-
mus et aurifaber.» Dieses Kloster soll in Beziehung gestanden
haben zu der Sekte der «Brüder vom gemeinsamen Leben»,
in ihm wohnte zu eben jener Zeit der junge Johann Wessel
genannt Gansfort der spätere hervorragende Theologe, Vorläufer
der Reformation und eifrige Gegner der Scholastik, aus dessen
Leben es als Thatsache bekannt ist, dass er mit eben jenem
jungen Maler Johann in inniger Freundschaft verbunden · war
und von dessen mystischer Denkweise entschiedene · Einflüsse
auf seine eigene geistige Entwicklung erfahren hat. Wer dieser
Maler Johann von Köln war, ist noch nicht festgestellt; früher
hat man ihn, aber wohl mit Unrecht, mit einem holländischen
Kupferstecher, dem «Meister mit dem Schabeisen» identifizieren
wollen.

In Ulm gab es eine Familie Reiser, die im 14. und 15.
Jahrhundert zur waldensischen Brüdersekte gehörte; aus ihr
gingen hervor ein hervorragender waldensischer Prediger und
«Bischof», Friedrich Reiser, und wahrscheinlich der Maler Bas-
tian Reiser.

Wie sehr in Nürnberg das Sektenwesen verbreitet war,
vernahmen wir schon. Wir hörten, dass unter vielen anderen vornehmen Familien auch die der Plauen mit jenem
Fühlung hatte; dieses Geschlecht war aus dem Voigtlande
eingewandert und hatte früher die Goldschmiedekunst betrieben.

Interessanter und wichtiger sind uns nun aber drei Nürnberger Künstler im Anfang des 16. Jahrhunderts, die drei
Dürer-Schüler Georg Penz, Hans Sebald und Barthel Beheim.
Dieselben wurden nämlich im Jahre 1524 wegen Angehörigkeit
zu den seit alters her in Nürnberg bestehenden Brüdersekten
vor ein Ketzergericht gestellt. Die Protokollakten der Verhand-
lungen sind uns erhalten und geben einen trefflichen Begriff
von den mystischen Anschauungen der sich auf uralte Ueberlieferungen stützenden Sekten und von der Kühnheit, mit der
drei ehrliche deutsche Künstlerherzen für diese ihre Ueberzeugungen eintraten. Von Luthers Bewegung sind die drei damals
nach ihrer eigenen Aussage noch nicht beeinflusst gewesen.
Aus dem Protokoll geht hervor, dass die drei «ganz gottlosen
und heidnischen Maler», wie sie genannt werden, nichts anderes
angestrebt hatten, als sich in recht mystischer Weise und nach
altem Sektirerbrauch ihren Weg zum Göttlichen selbst durch
die eigene Seele hindurch zu suchen, ohne alle äussere und
fremde Vermittlung. Georg Penz antwortet auf alle die vielen
Fragen seiner Inquisitoren, ob er an Christus, an die Bibel,
die Sakramente, an weltliche und geistliche Obrigkeit u. s. f.
glaube, nur immer mit grösster Gelassenheit: «Konn nit glauben» oder «Halt nichts davon». Aber auf die Frage, ob er
glaube, dass ein Gott sei, erwidert er als rechter Mystiker:
«Ja, ich empfinds zum teil». Die beiden anderen äussern
und verhalten sich ebenso. Alle waren drei Tage nach ihrer
Vorladung ins Gefängnis geworfen worden. Der Nürnberger
Rat aber wusste wieder nicht recht, was er mit diesen von der

Kirche Angeschuldigten und ihrem sogenannten Verbrechen an-
fangen sollte; 14 Tage lang wurde der Prozess verzettelt; dann
beschloss man Gutachten einzuholen. Man wandte sich dieserhalb an drei rechtskundige Doktoren und an drei gelehrte
Predigermönche. Die Rechtskonsulenten rieten, die Künstler
bloss mit einer Verwarnung wieder laufen zu lassen; die
kirchlich gesinnten Theologen bestanden jedoch auf sofortiger
strenger Verbannung; und in der That mussten die armen
Maler die Stadt am selben Tage noch verlassen und in die
Fremde ziehen, wo es ihnen in der Folgezeit recht schlecht
erging.

Im Jahre 1526 fanden in Nürnberg abermals Ausweisungen
wegen Sektirerei statt; diesmal befand sich unter den Ver-
bannten ein Maler Hans Greifenberger.

Einer der hervorragendsten und tüchtigsten Formschneider
in Nürnberg, Hieronymus Andree, der u. a. Dürer's Triumph-
wagen und Ehrenpforte Kaiser Maximilian's schnitt, war
beständig in religiöse und politische Wirren verwickelt und
musste deswegen auch zeitweise Gefängnis und Verbannung
erleiden.

In Augsburg gehörten der Brüdersekte an ein Bildschnitzer
Christ und ein Maler Peter Scheppach, welch' Letzterer 1527
genannt ist als Teilnehmer einer allgemeinen Zusammenkunft
von Angehörigen der Sekte. —

Unter allen deutschen Künstlern ist es der Grösste, über
dessen Geistesleben wir verhältnismässig am besten unterrichtet
sind. Hat uns doch Dürer eigene schriftliche Aufzeichnungen
hinterlassen, Briefe, Tagebuchblätter und kunsttheoretische
Schriften. Doch auch diese Quelle fliesst für uns spärlicher
als man hoffen könnte. — Wir vernahmen schon, dass Dürer
zu den Mitgliedern der sogenannten «Sodalitas Staupitiana»gehörte, jenem freireligiösen Kreise, der mit anderen ähnlichen
Erscheinungen wie eine Vermittlung zwischen altem Mystikertum und Protestantismus angesehen werden darf, kurz vor der
Ausbreitung des Luthertums und noch zu Zeit desselben. Zum
neuen Glauben offiziell übergetreten ist ja Dürer mit manchen
seiner Gesinnungsgenossen nicht. Man könnte fast glauben,
dass diese Männer zu fest in den alten deutsch-mystischen und

alt-evangelischen sektenhaften Ueberlieferungen wurzelten, um irgend einen derartigen offiziellen Akt für nötig zu erachten: konnten sie doch mit Fug und Recht diesen neuen Geist ansehen wie einen mächtig heranbrausenden Wasserstrom in schon lange bestehendem Flussbett, auf dessen Fluten man schon seit alten Zeiten gewartet. Einen «mit dem heiligen Geist erleuchteten Mann» nennt Dürer den kühnen Reformator, «der do war ein Nachfolger Christi und des wahren christlichen Glaubens». Die letztere Bezeichnung als Nachfolger Christi ist ein Ausdruck, wie er sich zu unzähligen Malen in den Schriften der Mystiker findet für alle die «Gottesfreunde», die sich einem Leben und Streben in mystischem Sinne ergaben unter alleinigem Hinschauen auf das Vorbild des göttlichen Meisters, unabhängig von allem kirchlichen Dogma. Es kann nicht zweifelhaft sein, dass dem Meister dieses Wort, als er es auf Luther anwandte, durch die Schriften der Mystiker bekannt und geläufig war. Noch heute ist ja in deutschen Landen eins der verbreitetsten Bücher dasjenige des späteren Mystikers Thomas von Kempen, der in demselben Jahre starb, in dem Dürer das Licht der Welt erblickte: das Buch «Von der Nachfolge Christi», welches übrigens nicht das erste mit einem solchen Titel ist, denn schon vorher gab es eine mystische Schrift «Von der Nachfolge des armen Lebens Jesu», die man früher dem Tauler zugeschrieben hat. Dass Dürer mit Luther vollständig übereinstimmte, ihn auf das Höchste verehrte und in seinem Thun und in seinen Worten den willkommenen Ausdruck ureigensten Fühlens und Denkens erkannte, kann im Ernste nicht bezweifelt werden. Jener bekannte, so überaus herrliche Ausbruch der Besorgnis und der Begeisterung zugleich, den wir in einer langen Stelle des Tagebuches seiner niederländischen Reise finden, wo er seinen Gedanken Ausdruck verleiht, die ihn bestürmen, als er die Kunde von der vermeintlichen Gefangennahme Luthers durch seine Widersacher nach dem Reichstag zu Worms vernimmt, beweist es zur Genüge. Ebendort findet sich jene Bezeichnung des Reformators als wahrer «Nachfolger Christi». Leider giebt uns der Künstler nirgendwo ausführlichere Auskunft über seine Beschäftigung mit der gleichzeitigen und vorangegangenen Litteratur, nirgendwo legt er einmal Rechenschaft ab über seine privaten Studien, denen er seine so hohe Bildung verdankte und die er gewiss in seinem Wissensdrang sehr eifrig und ernst betrieben hat. Dass er sich aber mit den Werken der Mystiker vertraut gemacht hat, nehmen wir unbedenklich an; die Verbreitung und Bedeutung der mystischen Litteratur und die Anklänge an die bildlichen Vorstellungen derselben, von denen wir im nächsten Kapitel noch einige Beispiele vernehmen werden, berechtigen uns dazu. Nur ganz vereinzelten Hinweisen auf seine Lektüre und seine litterarischen Kenntnisse begegnen wir. Mit Luther's Werken beschäftigte er sich bekanntlich sehr viel. Auf einem in London aufbewahrten Manuscript seiner Hand finden wir ein Verzeichnis von sechzehn Schriften desselben; ein Brief von ihm an Georg Spalatin sagt uns, dass er vom Kurfürsten Friedrich dem Weisen einige «Büchlein Luteri» hat als Geschenk zugeschickt bekommen, und dass er Spalatin bittet, er möge «wo Doctor Martinus etwas Neus macht, das tewtzsch ist» ihm dies um sein eigen Geld zusenden. Eifrig verfolgt er die Entwicklung der reformatorischen Bewegung, wie uns die Ankäufe mehrerer diesbezüglicher Traktate und Flugschriften, die er im niederländischen Reisetagebuch verzeichnet, beweist. Sehr interessant ist uns ein anderer Hinweis dort in eben jener längeren Betrachtung über Luther; er sagt nämlich da: «Und so wir diesen Mann verlieren, der do klärer geschrieben hat dann nie keiner in 140 Jahrn gelebt, den du ein solchen evangelischen Geist geben hast, bitten wir dich, o himmlischer Vater, dass du deinen heiligen Geist wiederum gebest einem andern, der do dein heilige christliche kirch allenthalben wieder versammel, auf dass wir all rein und christlich wieder leben werden.» Die Herausgeber von «Dürers schriftlichem Nachlass» bemerken dazu wohl mit Recht, dass er mit jenem früheren evangelischen Mann John Wiclef gemeint haben kann. Wenn er diesen, seine Schriften und seine Bedeutung gekannt hat, wie viel eher ist noch anzunehmen, dass er dessen deutsche Geistesverwandten, die Mystiker, einen Meister Eckhart, einen Tauler, einen Suso gelesen hat, die ihm sogar zum Teil schon in mehrfachen Druckausgaben zugänglich waren! Anklänge an die Denkart und die Ausdrucksweise der Mystiker lassen sich dem aufmerksamen Ohre aus seinen Schriften heraus entschieden vernehmen, und zwar bemerkenswerter Weise besonders an einigen Stellen, wo er über die Kunst sich auslässt. —

Ein Gedanke, den er sehr liebt und der mehrere Male in seinen theoretischen Werken wiederkehrt, erinnerte uns an einen gewissen Vergleich Meister Eckhart's, welcher dessen Lehre illustrieren soll, dass die Idee von Welt und Menschheit, die Möglichkeit ihres Daseins, noch unabhängig vom materiellen Bestehen stets in der Gottheit ruhe: «Wir waren in Gott nicht in der Grobheit, wie wir nun sind: wir waren in Gott ewiglich als die Kunst in dem Meister».

Die zweite Seite dieses Vergleiches kann im Sinne des Zusammenhanges bei Eckhart nur so verstanden werden: das Können, die künstlerische Kraft irgend eines Meisters, sei es nun eines gelehrten Schriftstellers oder eines Dichters oder eines bildenden Künstlers liegt als unendliche, alles umfassende, überblickende und durchdringende Begabung in seinem göttlich begnadeten und von der Gottheit erfüllten Geiste, aus dem heraus dann die einzelnen Werke fast wie als Emanationen in die sichtbare materielle Erscheinung treten, «genaturet werden», um einen verwandten Ausdruck Meister Eckhart's und der Mystiker zu gebrauchen. Dieselbe Auffassung des Wesens künstlerischer Begabung liegt nun jenen Stellen in Dürer's theoretischen Schriften zu Grunde, von denen wir eine im Wortlaut wiedergeben wollen: «Es ist auch kein Wunder, dass ein künstlicher Meister mancherlei Unterschieden der Gestalt betracht, die er all künnt machen, so er Zeit gnug darzu hätt, derhalb er Solches stehn muss lassen. Dann solch Zufäll sind bei den Künstnern unzählig viel und ihr Gemüt voller Bildnuss, das ihn möglich zu machen wär. Derhalb so eim Menschen viel hundert Jahr zu leben verliehen wirdet, der sich solcher Kunst schickerlich brauchte, und darzu genaturt, der wirdet durch die Kraft, die Gott dem Menschen geben hat, alle Tag viel neuer Gestalt der Menschen und andrer Creaturen auszugiessen und zu machen haben, das man vor nit gesehen noch ein Ander gedacht hatt. Darum gibt Gott den künstreichen Menschen in Solchem und Andern viel Gewalts.» Eine stolze Auffassung der Kunst und der künstlerischen Begabung ist es, die der Meister uns hier selbst bringt! Eine unbegrenzt schöpferische, göttliche Kraft schreibt er dem Genie, und damit sich selbst zu. Die Kunstwerke selbst sind nur die äusserlich sichtbar gewordenen, in die materielle Erscheinung getretenen Zeichen für die, der Künstlerseele innewohnende, Unendliches verstehende Kraft, — gleichwie die materielle Welt nur die «Genaturung» dessen ist, das die Gottheit als Idee und als unendlich mannigfaltige Möglichkeit erfüllt; denn so darf man im Sinne Dürer's mit dem umgekehrten Vergleiche Eckhart's fortfahren. Unbedenklich hätten wir demnach den Schriftsteller Dürer mit unter die deutschen Litteraten, deren Kunstauffassung in mystischem Sinne wir in unserem einleitenden Kapitel belegten, anführen können. Auffallend ist übrigens, dass sich auch Dürer bei dieser Gelegenheit jener, der originellen Sprache der Mystiker eigenen Wortbildung «genaturet» bedient; zwar in etwas erweiterter Bedeutung, indem er darunter überhaupt die Fähigkeit, das Talent zum «genaturen» versteht.

Ein fast noch sicherer Beleg für die mystische Kunstauffassung ist der kleine unvollendete Traktat von seiner Hand, dem er die Ueberschrift «Ein Unterricht der Malerei» giebt, und der mit den Worten beginnt: «Welicher Mensch Nutzbarkeit darvan empfahen woll, der untersteh viel zu lernen. Dann wir werden durch Kunst der gottlichen Gebildnuss destmehr vergleicht.» (d. h. werden der Gottheit ähnlicher, kommen ihr näher.) Fast wie eine notwendige Ergänzung der philosophischen Betrachtungen der Mystiker möchte uns dieser Ausspruch des Künstlers anmuten; denn geht deren ganzes Streben dahin, die Möglichkeit einer Annäherung, einer Vereinigung der menschlichen Seele mit dem Göttlichen, zu dem sie eigentlich gehört, nachzuweisen, so wird uns hier als ein neuer Weg zu diesem Ziel die Kunst gewiesen.

Ein anderes Mal fühlt sich der Meister gedrungen, diese seine Kunstauffassung zu stützen durch Heranziehung eines Begriffes der Philosophen, und er wählt da bezeichnender Weise Plato und seine Ideenlehre, dieselbe Lehre, welche auch die Mystiker zur Erläuterung ihrer Absichten gern benutzten, und in welcher sie in der That manche Verwandtschaften und innere Beziehungen finden konnten, namentlich in der Ausbildung derselben durch die Neuplatoniker. Bei Dürer nämlich heisst es ein anderes Mal: «Dann ein guter Maler ist inwendig voller Figur, und obs müglich wär, dass er ewiglich lebte, so hätt er aus den inneren Ideen, dovon Plato schreibt, allweg etwas Neus durch die Werk auszugiessen.» Es ist möglich, dass er zu diesem Gedanken durch ähnliche, sich auf Plato stützende Stellen in den Schriften der Mystiker angeregt worden ist. Aus eigenen Studien kannte er den grossen Hellenen gewiss nicht; jedoch müssen wir die Möglichkeit zugeben, dass er durch seine humanistisch gebildeten Freunde und durch manches, was er in Italien gehört, von ihm und seiner Lehre unterrichtet gewesen sein kann.

Wir haben Grund anzunehmen, dass Dürer schon als Knabe und Jüngling von den mystischen und sektenhaften Anschauungen in seiner geistigen Entwicklung beeinflusst worden ist. War doch der Buchdrucker Anton Koberger sein Pathe, der gewiss nicht ohne Einfluss auf seine Erziehung verblieb. Und nach welcher Seite dessen religiöse Ueberzeugungen neigten, deutete uns oben schon eine Thatsache aus seiner Verlegerthätigkeit an. Dass der Meister in späteren Zeiten seines Lebens für das Sekten-, besonders das Beghinenwesen Interesse hatte, beweist wieder das Tagebuch, wo er verzeichnet, dass die Beghinen in Antwerpen seine Aufmerksamkeit erregten und wo er deren eigentümliche Tracht sich mit einigen Strichen skizziert.

7. Schlussbetrachtung.

Unter den Mitgliedern der «Sodalitas Staupitiana» wird uns nicht genannt derjenige, der im damaligen Nürnberg wohl der wissenschaftlich Gebildetste war, nicht Willibald Pirkheimer. Derselbe hatte sich mit Eifer und reichen Geistesgaben jenen neuen Bildungskreisen zugewandt, die im Italien des 15. Jahrhunderts zuerst sich ausgebreitet und dann auch mit ihrem Wellenschlag Deutschland berührt hatten. Die glänzenden Fluten der humanistischen Renaissancebewegung waren es, die ihn in Anspruch nahmen. Auch Dürer waren diese nicht unbekannt; im Gegenteil, wir wissen aus seinem Schaffen, mit welcher Freude er sich daran gelabt, wie er sie für seine Kunst benutzt und sie im Sinne seiner Kunst gefärbt und gelenkt hat. Enge Freundschaft verbanden den grossen, vornehmen Gelehrten und den bescheidenen, grossen Künstler. So scheint der Letztere in seinem privaten Verkehr in zwei Kreisen gelebt zu haben, in zwei Kreisen, die beide verschiedene Bildungsinteressen und geistige Bestrebungen vertreten, deren beiderseitige Bedeutung sein Genie aber durchaus erkannte. Hier Mystik, dort Humanismus! Beide Elemente erkennen wir in seiner Kunst! Von einem Zwiespalt aber in dieser Kunst sieht man nichts. Die Mystik, die in der deutschen Künstlerseele glüht, schliesst eben alles ein, nichts aus. An den kunstglänzenden Papsthöfen der italienischen Blütezeit wurde ein tiefreligiöses Fühlen, so wie es die italienische Kunst eigentlich ins Leben gerufen und geleitet hatte, nur geduldet, gewiss nicht mehr als das Lebenspendende anerkannt.

Doch auch in Deutschland drang mit der Zeit die Herrschaft des Humanismus nach italienischem Muster immer mehr ein, und zwar in einem Masse, wie es der Entwicklung der ureigenen einheimischen Kulturrichtung — wir müssen es gestehen — nicht förderlich war. Die italienische Kunst war derart veranlagt, dass sie sich in stolzer Höhe durch lange Zeiten hindurch frei und sicher neben dem Humanismus bewegen konnte. In die deutsche Kunst hatte der Letztere ziemlich spät Einlass gefunden; die Kraft einer genialen Blütezeit hatte ihn mit Freuden aufgenommen und ihn sich dienstbar gemacht. Dann aber kam die Schwäche, der Verfall, und das fremde eingedrungene Element errang die Oberherrschaft auf Kosten des immer mehr sich verlierenden einheimischen. Schon bei jenen deutschen Kunstgrössen und Schulen der Blütezeit, die sich mehr wie die anderen zur Welt des Humanismus neigen, kann man nicht umhin, eine gewisse Entfremdung von dem mystischen Kunstcharakter der vorhergehenden Zeit zu bemerken, eine gewisse Erkaltung in Betreff der alten deut-

schen Gefühlsinnigkeit und des leidenschaftlichen Seelenaus-
drucks. Man betrachte von diesem Gesichtspunkte aus Holbein
den Jüngeren! Und zu ihm setze man übrigens in Vergleich
seine Umgebung: den Hauptsitz des Humanismus in Deutschland, Basel, dessen gelehrte Vertreter, wie z. B. Holbein's
Freund Bonifacius Amerbach sich dem Luthertum gegenüber
kühl, ja ablehnend verhielten.

Es ist unsere Aufgabe nicht, diese nun entstehenden Con-
flikte und die Entwicklung der deutschen bildenden Kunst in
den Jahrhunderten nach ihrem Höhepunkt zu betrachten. Jeder
weiss, wie sich die deutschen Künstler immer mehr von dem
Fühlen ihres Volkes entfernten, sich selbst untreu wurden und
sich ihrer Selbständigkeit begaben. Man weiss, wie wenig, im
Vergleich zur früheren Kunst wenigstens, Spätrenaissance, Ba-
rock, Rokoko und alles Folgende in Deutschland für einen pas-
senden Ausdruck des eigentlichen inneren Wesens der deutschen
Volksseele gelten können. Das deutsche mystische Fühlen und
Denken hatte jedenfalls keinen Anteil mehr daran. Wo blieb es?
Wo suchte es seine Heimstätte? seinen Ausdruck, nach dem es
sich so sehnt? —

Der holländische Künstlerbiograph Arnold Houbraken weiss
in seiner «Groote Schouburgh der nederlantsche Konstschilders»
von zwei Künstlern zu erzählen, welche eifrige Leser der Schriften des letzten grossen deutschen Mystikers, des Jakob Böhme
gewesen und «desselben Glaubens» waren wie er. Diese schlichte
Bemerkung erscheint uns nicht bedeutungslos. Müssen wir doch,
wenn wir gefragt werden, wo sich seit der zweiten Hälfte des
16. Jahrhunderts etwa der germanische Kunstgeist am reinsten
äusserte, auf die Malerei des kleinen Hollands hinweisen, desselben Landes, von welchem aus das uralte mystische Sektenwesen in der ersten Hälfte des 16. Jahrhunderts zwar in einer
Verirrung in der Form des Wiedertäufertums sich von neuem
in die Oeffentlichkeit drängte, wo ein kleiner Rest dieses Sektenwesens noch heute in den Gemeinden der Mennoniten ziemlich verbreitet ist, und wo vor allem aber, der deutsche Protestantismus seine sicherste Heimstätte fand. Auch hier
verschafft wieder ein Vergleich mit der Kunst des Nachbar-
landes helleres Licht. Man blicke auf die gleichzeitige Kunst

der Flamländer, die zur katholischen Kirche hielten und der Vermischung mit romanischem Blut stets ausgesetzt waren. Grosses ist auch dort geleistet; aber der Charakter ist ein völlig anderer.

Nicht mit Unrecht feiert man den grössten holländischen Maler als den Vollender der germanischen Malerei überhaupt. Ist nun aber nicht in der That in dem Kunstcharakter Rembrandt's das urdeutsche mystische Element ganz wieder in die Erscheinung getreten? Nur gelöst von dem naiven Glauben der mittelalterlichen Welt, welcher der frühen deutschen Kunst ihr äusserliches Gepräge und jenen so unschuldsvollen Reiz verlieh; dafür aber nun frei und selbstbewusst sich seine eigenen künstlerischen Motive und seine Formen schaffend! Ist nun nicht für eben dieses mystische Element hier erst das vollendetste malerische Ausdrucksmittel gefunden in der Kunst der Lichtwiedergabe, welche die äussere Erscheinungswelt so darzustellen befähigt ist, dass man sie als Einheit zu empfinden vermag und welche am meisten imstande ist, seelischen Ausdruck bis in seine feinsten Regungen zu schildern und seelische Stimmung zu erwecken, soweit diese Dinge überhaupt der bildenden Kunst möglich sind? Die Beleuchtungskunst Rembrandt's, die «mystisch-geheimnisvolle», wie man sie so oft nennt, war kein willkürlicher Zufall, sie musste kommen, um die Entwicklung der christlichen Malerei überhaupt und die der deutsch-mystischen insbesondere zu ihrem Abschluss, zu ihrer Vollendung zu bringen.

Den mittelalterlichen deutschen Künstlern, welche in ihrem Schaffen, wie wir sahen, von dem mystischen Visionentum beeinflusst wurden, fehlte nur eines, um ihre Kompositionen ganz in die geheimnisvolle Sphäre des Visionären zu erheben, um einen ähnlichen Eindruck zu erzielen wie jenen, den die ekstatischen Mystiker von ihren überirdischen Erscheinungen hatten, ein Zaubermittel: die Kunst des Lichtes. Sie halfen sich mit buntleuchtenden Glorien, mit Goldglanz und Goldstrahlen. Aber die verzückten Augen der Visionäre glaubten alles, das ihnen erschien, vom Licht umgeben, von Licht durchleuchtet, erstrahlt, und wie von dem Licht aus überirdischen Sphären zu ihnen herabgetragen zu sehen. Das Licht war ihnen wie eine Verbindung jener sonst unsichtbaren unbekannten Welt mit der ihrigen, irdischen; nur durch das Licht schien ihnen ein sinnliches Erfassen der Einheit des gesammten Seins, des diesseitigen und des jenseitigen, des materiellen und des geistigen, möglich. Fast alle die unzähligen uns berichteten Visionen sind von Lichterscheinungen begleitet, so das dem gesammten Visionentum gerade dadurch ein ganz bestimmtes Gepräge verliehen wird.

Sagte doch schon die erste uns bekannte deutsche Visionärin, Hildegard von Bingen, von sich selbst aus, dass sie sich wie von innerem Lichte erfüllt glaubte, sobald sie ihre Offenbarungen empfing. Bei den späteren, welche die Erscheinungen im Zustande der Ekstase mit leiblichen Augen zu sehen vermeinten, hiess es dann immer, dass sie sich plötzlich und so lange die Vision dauerte von blendendem, strahlendem Licht umgeben glaubten, während von oben herab in Strahlenglanz die himmlischen Gestalten erschienen. Hinter diesen von einer ekstatisch erregten Phantasie erschauten Bildern blieb nun, wie gesagt, die deutsche Malerei des Mittelalters und der Renaissance noch zurück; nur einen Meister gab es, der ihnen in seinen Schöpfungen nahe kam, ja sie fast erreichte: Matthias Grünewald. Wir nahmen oben schon einmal Gelegenheit, eine von diesem mit überwältigender Kunst gemalte Vision zu beschreiben und deuteten dort schon an, wie dieses Bild voll wunderbarer strahlender Lichtwirkungen ist. Der Meister ist ja bekanntlich der erste in Deutschland, den man recht eigentlich einen Lichtmaler nennen kann. Er erkannte als Erster in vollem Umfang die Bedeutung dieses malerischen Mittels für seine Kunst, und brachte aus eigener Kraft und Erfindung Wirkungen hervor, die geradezu in Erstaunen setzen.

Zu wenig ist er eigentlich bekannt und verehrt; was wohl nur darin seine Ursache hat, dass von seinem Leben und seinen Werken leider so gar wenig auf uns gekommen ist. Als blosser Maler thut er entschieden einen Schritt über Dürer hinaus, wenn er auch im Allgemeinen als Künstler ihm nachsteht. Wer aber nach Colmar kommt und dort vor die grossen Gemälde seines Isenheimer Altars tritt, mit jenen lichtdurch-

strahlten Visionen, mit ihrer so überaus grossartigen Natur-
auffassung und mit ihrer fast an das Unertragbare grenzenden
gewaltigen Leidenschaft des seelischen Ausdrucks, der wird
wohl dieses Erlebnis mit zu den grössten Kunsteindrücken
zählen, die ihm je geworden. Und wer dort unter diesen Bildern
sich die Darstellung der Auferstehung Christi betrachtet, mit ihrer
wunderbaren Beleuchtung mit dem, in eine Lichtsphäre hinein-
schwebenden, ja sich fast in Licht aufzulösen scheinenden Leib
des Heilands, der wird sich kaum enthalten können, unwillkürlich den Namen Rembrandt leise auszusprechen. Denn in der
That, an nichts in der ganzen Kunstentwicklung erinnert dieses
Bild mehr als an das Schaffen des, ein Jahrhundert späteren
grossen Meisters.

Und wenn man sich dann an die Kunstgeschichte erinnert,
so erscheint es einem ganz natürlich, wenn man nachweisen
kann, wie es schon geschehen, dass es zwischen Grünewald und
Rembrandt eine direkte Verbindung und somit eine sichtbare
Leitung von der mystisch-visionären deutschen Kunst des Mittelalters zu der späteren, das germanische Wesen zum Ausdruck
bringenden holländischen giebt. Bekanntlich war ja Grünewald's Schüler Hans Grimmer, dessen Zögling Philipp Uffen-
bach; dieser der Lehrer Adam Elsheimer's, des Meisters Pieter
Lastmann's, bei dem dann seinerseits Rembrandt in die Schule
ging.

Für die Kunst Rembrandt's und seiner holländischen Zeitgenossen war natürlich der naive Kirchenglaube des Mittelalters nicht mehr massgebend. Ging schon die frühe deutsche
Kunst auf eine möglichst rein-menschliche Auffassung der heiligen Gestalten und der biblischen und legendarischen Vorgänge
aus, so richtete die holländische Kunst nun ganz ihr Augen-
merk auf die einfache Natur, die belebte und unbelebte, um
sich zu ihr in ein inniges Gefühlsverhältnis zu setzen. Vollständig frei von allem Kirchlich-dogmatischen konnte die
Kunst nun ungehindert die Vermittlerin zwischen der äusseren Welt der Erscheinung und der menschlichen Seele, deren
mystischer Drang darnach ging, sich überall wiederzufinden,
und in sich und in dem «Ueberall» das Eine, das Göttliche zu
fühlen.

Aber noch weiter drängt die Mystik deutscher Seelen; sie schwingt sich auf auch über diese Welt der Erscheinungen und löst sich in den unendlichen Sphären des «ungenaturten» Seins. Findet sie auch jetzt noch künstlerischen Ausdruck, um sich dem Menschenherzen in ihrem Ueberschwang mitzuteilen, um es mit sich zu erheben? Wo ist die Kunst, die nur Gefühlsausdruck ist; nichts ist als dies? Dort wird die Mystik ihre letzte Heimstätte finden!

Jene Sphären erklingen in Harmonieen — die deutsche Musik, die eigentlich deutsche Kunst wird geboren! — Aus der deutschen bildenden Kunst war der Geist der Mystik entflohen. Jene verfiel. In den Klängen der Musik atmete er wieder auf. Der Phönix erstand in neuer noch schönerer Gestalt.

Das Leiden Christi war — im nächsten Kapitel werden wir noch manches davon zu sagen haben — das hehrste, das bedeutungsvollste und das immer von Neuem behandelte Motiv von deutscher Mystik und deutscher bildender Kunst gewesen. Schon drohte dieses mitsammt dem ganzen mystischen Wesen der bildenden Kunst in Vergessenheit zu geraten. Doch nein: deutsche Herzen hatten stets das Heiligtum deutscher Volksseele behütet; immer wieder drängte das uralte Wesen in irgend einer neuen Form zum herrlichen Ausdruck. Das Erbe Dürer's fand wieder einen würdigen Verwalter, der nunmehr die Schätze von Edelmetall zerschmolz und sie in jene Formen goss, die dem Gehalt noch entsprechender waren wie die früheren.

Es ertönten die Passionsmusiken Johann Sebastian Bach's!

Und die ganze deutsche Musik nach Bach in ihrer herrlichen Entwicklung ertönte, breitete sich aus in unendlichem Reichtum, alles umfassend, alles begreifend.

Doch damit noch nicht genug. Nachdem er das Bett der bildenden Kunst verlassen, ergeht sich der unversiegbare Strom deutsch-mystischen Kunstwesens in zwei getrennten Läufen: hier die Musik, dort die Dichtkunst. Beide sollten wieder vereinigt werden in unserem Jahrhundert! Welche Zeugungskraft deutschen Kunsttriebes! Neben den grössten Musikern erstehen zu gleicher Zeit ebenbürtig die grössten Dichter! Wir

nähern uns hier dem Punkte, auf dem wir in unserem einleitenden Kapitel gestanden, und das Band, das wir dort geflochten, können wir jetzt knüpfen, wenn auch nur durch
wenige Andeutungen, da uns eingehendere Betrachtungen
über, die Dinge, auf die wir jetzt anspielen, über den
engeren Rahmen unserer eigentlichen Absichten hinausführen
würden.

Die romantische Schule hatte der alten deutschen bildenden Kunst nicht zu einer Wiedergeburt verhelfen können, trotz
der Anstrengung der Maler unter ihr. Aber ein anderes Ver-
dienst können wir ihr nachrühmen : sie hat der letzten höchsten Erscheinung deutscher Kunst, welche dem Drange der
deutschen künstlerischen und mystischen Gefühlswelt den vol-
lendetsten Ausdruck verschafft, vorangeleuchtet. «Die Tonkunst ist gewiss das letzte Geheimnis des Glaubens, die Mystik, die durchaus geoffenbarte Religion», so schrieben schon
1799 Tieck und Wackenroder in ihren «Phantasieen über die
Kunst». Und prophetisch geht der Wortlaut weiter : «Mir ist
es oft, als wäre sie immer noch im Entstehen, und als dürften
sich ihre Meister mit keinem andern messen.» Beethoven's
Schöpfungen waren den beiden Freunden noch unbekannt. — Bei
den meisten Romantikern finden sich wiederholte Aeusserungen jenes bedeutenden Sinnes. Sie erkannte das mystische
Wesen der deutschen Tonkunst, — Schopenhauer vorahnend.
Und aus der Romantiker Geiste wurde der Musik jenes neue
Element zugeführt, welches die Vollendung der deutschen Kunst
hervorrief : das dichterische ; oder umgekehrt : das dichterische
Element fand sich, nach ihrer Auffassung, im Reich der Töne
ruhend. Die Zeit war gekommen. . . . . . Die Geburt der
Tragödie aus dem Geiste der Musik ging vor sich !. . . Richard
Wagner wurde geboren !. . . In dem Festspielhause auf
dem Hügel zu Bayreuth inmitten der deutschen Lande erleben
wir das mystischste aller Kunstwerke, das Weihefestspiel des
Parsifal !

III.

Ikonographisches.

1. Mystik, Religion und Kunst.

Jede mystische Philosophie liebt Symbole, bildliche Vorstellungen und äussere, oft geheime, oft aber auch jedem Sehenden und Empfänglichen offenbare Zeichen und Bilder. Sehr begreiflich. Alle übrigen Philosophieen sind ja Ergebnisse des Verstandes und der Vernunft allein und können sich begriffsmässig durch Worte mitteilen. Der Mystik ist dies nicht ebenso sehr möglich, da sie sich nicht bloss auf die Verstandesthätigkeit und auf Begriffe der Vernunft gründet, sondern auch, und zwar oft in noch höherem Masse, auf das Gefühl, das empfindende Gemüt, und von da aus ihre Anregungen, ihre Eingebungen empfängt. Was man tiefinnerlich erlebt und durch Gefühlserhebung als wahr erkennt, das auszudrücken durch Worte ist schwer, manchmal unmöglich; so sieht sich denn also die Mystik genötigt, will sie sich verständlich machen, zu Symbolen, zu Bildern zu greifen, welche durch Einwirkung auf die Sinne das Gemüt empfänglich machen. Es liegt deshalb entschieden ein künstlerisches Element in jeder Mystik; sie drängt zur Kunst, mindestens nähert sich ihre Sprache der Poesie. Die, sich nur in Bildern bewegende, tief mystische Brahmanenweisheit des alten Indiens, die religiösen Symbole der Aegypter, die Mysterienspiele Eleusis', die Zeichen des Pythagoras und seiner Schule, die Anschauungen der Neupythagoräer und der Neuplatoniker beweisen es uns deutlich und geheimnisvoll zugleich.

Von der antiken Mystik ging manches in das frühe Christentum über, wie dieses sich ja auch eng an die Logoslehre der griechischen Philosophie anschloss. Auch die mittelalterliche Mystik knüpfte in Manchem an die antike an; kann ja doch der sogenannte Dionysius Areopagita in dieser Beziehung als ein direkter Vermittler bezeichnet werden.

In den Geschichten der christlichen Kunst wird stets mit Recht ausdrücklich darauf hingewiesen, dass das frühe Christentum eigentlich der Kunst abhold war, und, da es genötigt war, sich in Gegensatz zu den Gewohnheiten des kunstfreudigen Heidentums zu setzen, auch ganz naturgemäss abhold sein musste. Die Frage aber, wie denn d o c h eine grosse christliche Kunst entstanden ist, scheint uns bis jetzt noch nicht hinreichend beantwortet. Wir möchten die Vermutung aufstellen, dass wir es den mystischen Elementen des frühen, in dieser Hinsicht noch mit der späteren Antike sich berührenden Christentums zu danken haben, wenn wir sehen, dass die neue Religion dennoch binnen Kurzem der Kunst eine bleibende Heimstätte einräumte.

Mehrere Beobachtungen sprechen für unsere Annahme. Der Darstellungskreis, welcher sich in den Katakombenmalereien vorfindet, setzt sich zum grössten Teil aus Symbolen zusammen, die Bezug nehmen auf die Unsterblichkeit der Seele, in einer Art, wie sie sich ähnlich auch bei antiken mystischen Kulten findet. — Für die altchristliche und die ganze mittelalterliche Ikonographie wird sodann von ganz bestimmender Bedeutung die Vorliebe für die typologischen Zusammenstellungen von einzelnen Scenen der heiligen Schrift, besonders die Juxtaposition des alten und des neuen Testamentes, deren einzelne Vorgänge in innere allegorisierende Beziehungen zu einander gesetzt werden. Es schliesst sich dieses Vorgehen auf das Engste an jene gewissen Bestrebungen der späteren antiken, besonders der alexandrinischen Philosophie, die darauf ausgingen, die Gedankenkreise alter Zeiten mit denen der neueren zu verbinden und altantike mystische Philosophieen mit den neuplatonischen, das Judentum mit dem Christentum zu vermischen, um aus allem ein einziges mystisches System zu machen. Das historische Bewusstsein schwand bei diesen Bemühungen vollständig, und alle Lehren, alle berichteten Vorgänge und alle geschichtlichen und sagenhaften Persönlichkeiten wurden nur insoweit benützt und zurechtgelegt, als sie für den

beabsichtigten mystisch-philosophischen Zweck dienlich sein
konnten. Der ganzen christlichen Typologie liegt derselbe
Sinn zu Grunde, und erscheint sie nur wie eine Fortbildung
jener hellenistischen und spätrömischen Mystik; ebenso wie
also auch die Katakombensymbole an manche Dinge erinnern,
die in den vielen mystischen Sekten der Kaiserzeit in Brauch
waren, welche sich ihrerseits meist in ihren Anschauungen von
der Mystik Aegyptens und Asiens genährt hatten. Auch die
ganze mittelalterliche Mystik kannte keine andere Auffassung
der biblischen und legendarischen Vorgänge als jene von allem
Historischen absehende und nur das innerlich Bedeutungsvolle
erfassende. Mit Recht sagt Preger ¡in seiner «Geschichte
der deutschen Mystik» von dieser: «Die Schrift selbst mit
ihrem historischen Inhalt wurde ihr, weit vorherrschender
noch als es früher nach dem Vorgange des Origines der Fall
war, eine einzige Allegorie, welche die Kräfte des inneren Lebens, den Weg der Seele zu Gott, die Vereinigung mit ihm
zur Aussage bringt.» Wir brauchen hierzu unsererseits nur mit
Nachdruck darauf hinzuweisen, dass auch die ganze deutsche
Kunst des Mittelalters und der Renaissance durchaus keine
andere Auffassung hat; in Betreff ihrer hat man nur zu sagen:
in den geheiligten Historien fand und brachte sie zum Ausdruck das reinmenschliche Gefühlsleben. Doch damit griffen
wir schon vor. Noch weitere Beweise für den Einfluss antiker
und frühchristlicher Mystik auf die Entwicklung der christlichen
Kunst finden wir. Es sind ganze Gestalten der antiken Mythologie, die zu mystischen Kulten in Beziehung standen ganz
einfach und unbedenklich in den frühen christlichen Stoffkreis
aufgenommen worden, indem man ihnen nur eine, im Sinne
der neuen Religion etwas abgeänderte symbolische Bedeutung
unterlegt hat. Finden wir doch auf christlichen Bildwerken
Orpheus, Eros und Psyche; sodann einige symbolische Gegenstände und Tiere, die dem bacchischen Kreise entlehnt sind!
Recht bezeichnend ist die Thatsache, dass der Kaiser Alexan-
der Severus in seiner Hauskapelle neben das Bild Christi
dasjenige des Orpheus aufgestellt hatte. — Die ersten bildlichen Darstellungen Christi, von denen wir überhaupt Kunde
haben, waren solche im Besitze von Gnostikern, welche die-

selben zugleich mit solchen von Pythagoras, Plato und Aristo-
teles verehrten!

Die Geschichte lehrt uns, wie sehr jedoch diese mystischen,
kunstfreundlichen Elemente im Laufe der Zeiten für ihre Anschauungen und für die Kunst, deren sie so sehr bedurften,
haben kämpfen müssen: die erbitterten sogenannten Bilderstreite,
namentlich im Osten der christlichen Lande, zeigen es. In
ihnen, so möchte man fast sagen, macht sich schon derselbe
Gegensatz zweier grundverschiedener Weltanschauungen geltend,
der dann im späteren Mittelalter in Mystik und Scholastik zu
Tage trat; wie wir denn mit vollem Rechte behaupten können,
dass die strenge scholastische Theologie nie, zu keinen Zeiten
ihrer Herrschaft als ein die Kunst innerlich förderndes, oder gar
künstlerisches Prinzip angesehen werden kann. — Schon allein
ganz äusserlich hatte sich die kirchliche Dogmatik von Anfang
an den Weg zur Kunst eigentlich versperrt. Denn indem sie
das Christentum auf die Grundlage des Judentums stellte und
die volle Gültigkeit des alten Testamentes anerkannte, — wie
es ja noch heute die christlichen Bekenntnisse thun, die vielen
tiefgreifenden Widersprüche und Gegensätze verkennend —
hatte sie ja auch die zehn Gebote in sich aufgenommen und
bis auf den heutigen Tag beibehalten. Dort aber stand: Du
sollst dir kein Bildnis machen! Dem kunstlosen Judentum, welches überdies durch seinen Abscheu vor dem Bilderdienste
seiner Nachbarn Anlass fand, seinen Mangel und sein Unvermögen als Vorzug anzusehen, fiel es leicht, ein solches Gesetz
aufzustellen und zu halten. Wie aber verhielt sich die christliche Welt des Abendlandes dazu? Eine christliche Kunst erblühte also doch; doch gab es Bilder, selbst solche, die das
Heiligste darstellten. Das Verbot aber wagte man nicht einfach
als ungültig und unnütz über Bord zu werfen. So war
man genötigt, sich mit Umschreibungen und recht sonderbaren
willkürlichen Auslegungen zu helfen. Wir verweisen in Betreff
dieser Frage auf die interessanten Darlegungen in dem Werke
von Geffcken: «Der Bilderkatechismus des 15. Jahrhunderts»
und wollen unsererseits nur einige bezeichnende Thatsachen
bringen. Ein in der mittelalterlichen Litteratur besonders beliebtes naives Auskunftsmittel in diesem Falle war, zu sagen,

dass in früheren Zeiten allerdings die Herstellung von Bildern verboten gewesen sei; aber damals sei eben Gott noch nicht Mensch geworden und man habe deswegen kein Bild von ihm machen können. Der geistvolle Albertus Magnus giebt dem ganzen Verbot eine vollständig andere Wendung, indem er es nicht gegen das Bildermachen in Materie sondern gegen ein solches im Geiste gerichtet sehen will, d. h. er wendet es gegen die Ungläubigen und Ketzer, die sich selbst mit krauser Phantasie einen willkürlichen Gottesbegriff zurechtmachen. Kühnere Geister aber, wie es eben die Mystiker waren, lassen dieses Verbot einfach aus. So that es schon Berthold von Regensburg, wenn er in seinen Predigten die zehn Gebote brachte; und so that es dann Tauler; wie denn überhaupt die deutschen Mystiker bisweilen in kühner und freier Weise gegen Judentum und altes Testament und ihre innerlich unbegründete Anerkennung von Seiten des Christentums Stellung nahmen. Auch die vielverbreiteten Bilderkatechismen des späteren deutschen Mittelalters, die ihrerseits mit den Bestrebungen der volkstümlichen Mystik in Beziehung stehen, liessen dieses Verbot aus, wie sie denn ja überhaupt schon in ihrer eigenen Existenz einen Widerspruch dagegen ausmachten.

Die Kirche selbst hatte keine Interesse daran, in diesem Falle auf dem Buchstaben zu bestehen; sie hatte bald eingesehen, wie sehr sie sich die Kunst ihren Zwecken dienstbar machen konnte. Aus den Bilderstreiten war schliesslich die Kunst mit ihrer Anhängerschaft siegreich hervorgegangen und erblühte nun im Laufe der Jahrhunderte in wunderbarer Weise. Zu gleicher Zeit waren aber nicht jene religiösen Elemente mystischer Art zur allgemeinen Herrschaft gekommen, welche, wie wir glauben, von Anfang an die eigentlichen Förderer der Kunst gewesen waren. Das strenge Dogma, die hierarchische Theologie hatten sich auf einen Thron gesetzt und ein irdisches Scepter in die Hand genommen; Kirche und Klerus herrschten nun und machten Gesetze und Regeln. Aber die Mystik lebte immer fort. In entscheidenden Momenten schickte sie Erscheinungen aus, um der Welt, der sehnsuchtsvollen, zu zeigen, dass es doch noch mehr Dinge zwischen Himmel und Erde giebt, als sich die «Schulweisheit» träumen lässt. Und nach solchen Erschein-

ungen geht es dann immer für eine Zeit lang wie ein mächtiges helles Aufleuchten durch die Kulturbewegungen. Franz
von Assisi und sein Einfluss auf die italienische Kultur und
Kunst ist bekanntlich das glänzendste Beispiel.

In den romanischen Ländern bleiben diese Erscheinungen
jedoch mehr oder minder vereinzelt. Zu einem ununterbrochenen Strom vereinigt, der sich lange Zeiträume hindurch er-
giesst, der stetig aus dem ganzen Bereich des Volkes und
seiner Seele seine Zuflüsse erhält und dafür seinerseits beständig die ganze Kultur befruchtet, sind sie bloss in Deutschland geworden. Nur hier finden wir die Mystik des Mittelalters
ganz heimisch, nur hier entwickelt sie sich zu einem vollständig ausgebauten philosophischen System und nur hier
durchdringt sie alle Lebenserscheinungen des Volkes als ein
Ausdruck allgemeinen und angeborenen Empfindens und Denkens. So ist es denn auch nur in Betreff Deutschlands möglich, den Einfluss der Mystik auf die Kunst und die Verwandtschaft beider an der Hand eingehender Untersuchungen nachzuweisen.

Der nächste Versuch, den wir zu diesem Zwecke unternehmen
werden, ist eine Nachforschung, ob sich in dem Stoffkreise der
deutschen Kunst Elemente finden, die aus den Anschauungen
der Mystiker zu erklären sind oder gar von da aus beeinflusst
oder ins Leben gerufen waren. Eine ikonographische Untersuchung in dem Sinne, wie man sie in Bezug auf die altchristliche und frühmittelalterliche Kunst anstellt, kann natürlich hier
nicht in Frage kommen. Die Zeiten, mit denen wir es hauptsächlich zu thun haben, und welche die Periode der höchsten
Blüte der deutschen Kunst einschliessen, waren künstlerisch so
frei und selbständig, dass wir nicht mehr einzelne Typen und
Motive in Bezug auf ihre Herkunft und ihre Entwicklung ver·
folgen können und brauchen. An bestimmte Schemata waren
die Künstler ja nicht mehr gebunden. So wird sich diese
«ikonographische» Untersuchung im Allgemeinen damit begnügen
können, die einzelnen diesbezüglichen künstlerischen Darstellungen und Motive herauszugreifen und zu ihnen die entsprechenden Analogieen in der Litteratur der Mystiker zu suchen.

Wir sahen schon im vorigen Kapitel, dass sie, die Mystiker

es waren, die durch ihre weitgreifende Thätigkeit, durch ihre
Predigten und ihre Schriften das ganze Fühlen und Denken des
Volkes beeinflussten; jetzt werden wir des Weiteren und noch
genauer erkennen, wie sie der Phantasie und der künstlerischen
Gestaltungskraft öfters ganz bestimmte Richtungen, Anregungen
und Vorbilder lieferten. Dass die Mystiker ihrerseits nicht aus
der Kunst her ihre Vorstellungen und bildlichen Anschauungen
entnahmen, wie man vielleicht vermuten könnte, ist, von einzelnen Fällen abgesehen, nicht anzunehmen, da sie meistens
Dinge bringen, die in die künstlerische Erscheinung erst treten,
nachdem wir sie schon lange vorher in der Litteratur auftauchen
sehen, wovon wir im vorigen Kapitel, als wir auf die Visionen
zu sprechen kamen, überraschende Beispiele schon sahen.
Uebrigens sei an dieser Stelle überhaupt mit Nachdruck auf
die Ausführungen und Belege hingewiesen, die wir, vorgreifend,
schon im vorigen Kapitel in Betreff des Einflusses der Visionen
auf die Kunst brachten. — Zu bemerken wäre vielleicht noch,
dass, wenn wir im Folgenden litterarische Belege und Paralell-
stellen bringen, diese in fast allen Fällen als Beispiele für eine
sehr grosse Menge gleicher und ähnlicher anzusehen sind, so
dass man von einem Ausspruch immer auf das Vorhandensein
der gegebenen Anschauung in der gesammten mystischen Litteratur zu schliessen hat.

Endlich wollen wir betonen, dass es uns fern liegt zu behaupten, alle die im Folgenden vorgeführten künstlerischen Darstellungen und Motive wären in ihrer Erfindung direkt abhängig von der vorbildlichen Anregung der mystischen Litteratur
gewesen und in ihrem Vorhandensein nur durch diese bedingt.
In vielen Fällen kommt es bloss darauf an, die innige Verwandtschaft der Vorstellungen, einerseits der Mystik, andererseits der Kunst, aufzudecken; wie denn schon zu Beginn des
ersten Kapitels als unsere Absicht hingestellt wurde, ausser die
Beeinflussung der Kunst durch die Mystik überhaupt die geistige
Verwandtschaft beider Kulturerscheinungen nachzuweisen. Schon
dort an jener Stelle wurde als den gemeinsamen Urquell beider
die germanische Volksseele genannt; da nun aber deren religiöses Fühlen und Denken und deren Weltanschauung als mystisch bezeichnet werden darf, so glaube ich mich berechtigt,

im Interesse unserer Untersuchung das Wort «mystisch» zu gebrauchen auch dann, wenn nicht eigentlich die spekulative Mystik im engeren Sinne gemeint ist, sondern ganz allgemein jene besondere Weltanschauung, die in der Mystik eines Ekhart, Tauler, Suso u. a. ihren philosophischen Ausdruck erhalten hat. —

2. Die Passion Christi.

Der für die deutsche Kunst bedeutungsvollste und charakteristischste Stoff ist unzweifelhaft die Passion Christi. Geht das Hauptstreben der italienischen Kunst, ganz im Allgemeinen betrachtet, hauptsächlich auf die immer grössere Vervollkommnung des Madonnenbildes, so vertieft man sich in Deutschland vornehmlich und immer mehr und mehr in das bedeutungsvolle Thema des Leidens des Heilandes, dessen Geschichte man nicht müde wird, immer wieder von Neuem zu schildern. Von dem Furchtbaren, dem Aufregenden, das in diesen Vorgängen liegt, lässt man sich nicht abschrecken, sondern man bemüht sich, dasselbe immer packender, immer unmittelbarer dem Beschauer vor Augen zu führen mit der unverkennbaren Absicht, die Bedeutung dieses Schmerzes, dieses Leidens wie des Leidens überhaupt mitfühlend empfinden zu lassen. Wenn sich irgendwo das Wesen der deutschen Kunst als Ausdruck tiefinneren Fühlens äussert, so ist es hier; und wenn irgendwo die Kunst den Charakter deutsch-mystischen Denkens und deutsch-mystischer Auffassung von Welt und Sein wiederspiegelt, so ist es ebenda. Die italienische Kunst lässt ihre Auffassung von irdischem und überirdischem Sein in ihren Darstellungen, besonders in den Heiligengestalten, an erster Stelle die Madonna, sozusagen als einzelne ideale Typen in die Erscheinung treten. Der germanische Geist mit seiner mystischen Religionsauffassung begreift sein ganzes Verhältnis zu Welt und Sein in das eine Bestreben, sich in der Gottheit seelisch fühlend zu verlieren. Bildlich darstellbar ist das Göttliche jedoch nur in dem Menschgewordenen. In dieser einen Gestalt des Heilandes und seiner Erlöserthat ist das Verhältnis von Gottheit und Menschengeschlecht allein nach seiner ganzen Bedeutung künstlerisch zu fassen. Um das Göttliche, das der deutsche Mystiker in sich

selbst, in seiner Seele und seinem eigenen Gemüt entdeckt, ganz
zu befreien, gilt es, die Welt zu überwinden, sich als Indi-
viduum, wenigstens der Welt gegenüber zu opfern und die er-
lösende Liebesthat der Entsagung zu vollbringen. Das einzig
völlig reine Vorbild hierfür ist der göttliche Mensch Christus, —
so wie ihn die Mystiker in ihren Predigten und Schriften und
die deutschen Künstler in ihren Schöpfungen schildern. In
demselben Masse wie für die Kunst ist dieses eine Thema für
die Mystik das bedeutungsvollste gewesen. «Von der Nachfolge
Christi», so nennt sie es; und auch sie wird nicht müde, diesen
Weg immer und immer wieder zu weisen und «das arme Leben
und Leiden Christi» auf das Wärmste als einziges und wahres
Vorbild zu empfehlen. «Dass wir uns in dem Leiden Christi
üben und ihm nachfolgen, dass wir dasselbe alle Tage aufs
Wenigste einmal betrachten», das ist nach Tauler die beste
Weise, um auf den Weg zu Gott zu gelangen; und zu den
Klosterfrauen sagt er einmal in einer Predigt: «Das Leiden
Christi ist nicht unbillig eine köstliche Perle genannt, welches
eine Jungfrau Gottes wohl verwahren und sich damit gezieren,
auch alle Tage einmal von dem letzten Abendmahl an bis auf
die Himmelfahrt betrachten soll». An einer anderen Stelle, die
wir im vollen Wortlaut im vorigen Kapitel bei Gelegenheit der
Besprechung der persönlichen Stellung Tauler's zur Kunst schon
wiedergaben, empfiehlt er sogar der Kunst direkt als den wür-
digsten Stoff das Leiden Christi. —

Nicht nur in einzelnen Bildern bringt die deutsche Kunst
die verschiedenen Scenen der Passion zur Anschauung, sondern
in vielen Fällen bekanntermassen gleich als ganze «Passionsfolgen», die für die deutsche Kunstentwicklung von so ent-
scheidender Bedeutung werden sollten und gerade für sie so
besonders charakteristisch sind. Einen Holbein den Aelteren
könnte man sich ohne seine Passionsfolgen kaum denken. Das
Grösste fehlte uns in Dürer's Schaffen ohne seine Passionen!
Es ist als wenn die deutsche Kunst da direkt jenen vielen Auf-
forderungen der Mystiker, das Leiden Christi stets zu betrachten
von Anfang bis zum Ende, «vom Abendmahl bis zur Himmelfahrt», wie Tauler in dem obigen Ausspruch sagt, nachgekommen wäre.

Manche Mystiker berichten von sich, dass sie sich gewöhnt hatten, dieses Leiden Christi in ihren Andachtsstunden sich im Geiste vorzustellen und zwar meist, wie uns Berichte erkennen lassen, indem sie sich die bedeutendsten Vorgänge der heiligen Geschichte als einzelne getrennte, auf einander folgende Bilder kraft der Phantasie vor das innere Auge zauberten. In einigen Fällen wird uns auch erzählt, dass die einzelnen Scenen im Zustande der Verzückung nacheinander in visionären Bildern erschaut worden sind; wie denn z. B. von der mystischen Visionärin Christina von Stommeln überliefert wird, dass sie jedesmal während der Charwoche die einzelnen Abschnitte der Leidensgeschichte in ekstatischen Visionen mitzuerleben und vor sich zu sehen glaubte. Was lag nach all' diesen Anregungen und Vorbildern näher, als dass man in der Kunst ein dieser religiösen Richtung entsprechendes Förderungsmittel erkannte, und nun solche «Passionen» als Bilderfolgen malte, in Stein haute, aus Holz schnitzte, in Holz schnitt und in Kupfer stach, sie an öffentlichen Orten aufstellte, womöglich als «Stationen», oder sie zu Hause aufbewahrte, um sie stets auch vor dem leiblichen Auge zu haben, wie man sie ja sogar auf den Mysterienbühnen gleichsam in voller Wirklichkeit darzustellen liebte. Wir erinnern hier den Leser an den «Stationsweg», den sich Heinrich Suso, anscheinend als Erster, erfand, wie wir im vorigen Kapitel sahen.

In dem für die Geschichte des Buchdrucks und des Holzschnittes gleich wichtigen bekannten Koberger'schen Werke «Der Schatzbehalter» heisst es im ersten Kapitel, «dass das Leiden Christi der wahr' Schatz ist»; und während man in den Dürer'schen Folgen die künstlerische Vollendung des Motives der Passionen preist, haben wir auf dieses Buch als auf dasjenige Werk hinzuweisen, in welchem das Thema quantitativ seine ausführlichste Behandlung erfahren hat. Enthält es doch als Illustrationen zu seinem mystischen Text in seinen vielen Holzschnitten nicht nur sämmtliche Scenen der Passion sondern auch alle typologischen und mystischen Bezüge auf sie, die seit alters her gang und gäbe waren.

Die Darstellungen selbst waren natürlich durch die von der Schrift berichteten Vorgänge durchaus bestimmt; in der Art

der Auffassung, ja selbst der Kompositionen bisweilen lässt sich
jedoch manche Verwandtschaft mit dem Charakter mystischer
Betrachtungen erkennen. Die inbrünstige Versenkung in die
seelischen Vorgänge ist bei den Letzteren ebenso der Hauptzweck wie bei der Kunst, die auch über dem Gefühlsausdruck
alles andere zu vergessen imstande ist ; die rücksichtslose selbst-
peinigende Leidenschaftlichkeit ist beiden gemeinsam. In den
Schilderungen der Leidensscenen von Seiten der Mystiker ist
dasselbe Prinzip herrschend wie in den Kompositionen der
Künstler und findet man manche, unabhängig von der Schrift
erfundene Einzelmotive, wie die Stellung Marias und Johannis
zu beiden Seiten des Kreuzes, ihr Aufwärtsschauen, ihr Hände-
ringen, ihr Niedersinken oder ihr Umklammern des Kreuzes-
stammes bisweilen mit einer Lebhaftigkei und in einer Art
beschrieben in Zeiten, wo derartiges von der Kunst mit solcher
psychologischen Feinheit noch nicht gebracht wurde, sondern
erst später gegeben worden ist. Namentlich auf Suso's lebendige
Schilderungen sei hier verwiesen.

Mit welcher Innigkeit ein deutscher Künstler an diesen
Stoff ging, beweist uns Dürer, der sich von ihm ausser zu
bildnerischer Bethätigung auch zum Dichten anregen liess. Zu
seinem Holzschnitte: Christus am Kreuz mit Johannes und
Maria, vom Jahre 1510, liess er ein längeres volkstümlich-
mystisches Gedicht drucken, das er selbst verfasst hatte und
das sozusagen eine poetische Passionsfolge darstellt, indem die
einzelnen Passionsscenen getrennt behandelt sind und jede derselben einer der sieben Tagzeiten zur andächtigen Betrachtung
zugeteilt und empfohlen wird. Uebrigens giebt es eine Stelle in
den Fragmenten zu Dürer's theoretischen Schriften, welche man
zu dem oben angedeuteten Ausspruch Tauler's in Vergleich
setzen möge ; sie lautet: «Die Kunst des Molens würd gebraucht
im Dienst der Kirchen und dordurch angezeigt das Leiden Christi,
behält auch die Gestalt der Menschen noch ihrem Absterben.»
Ein merkwürdiger Satz, welcher, da er aus dem vorhergehenden
und dem nachfolgenden Text keine Erklärung und Ergänzung
mehr findet, nur so verstanden werden kann, dass er, abgesehen von der Kunst des Porträtmalens, es für die bedeutendste
Aufgabe der Kunst hält, die mystisch-religiöse Weltauffassung,

11

wie sie in der Darstellung der Passion ihren vollkommensten Ausdruck findet, in die Erscheinung zu bringen. — Ein charakteristisches Motiv der deutschen Kunst, das aus diesem innigen Verhältnis zur Passion entstanden ist und wie eine künstlerische Vereinfachung, wie eine Verdichtung des ganzen mannigfaltigen und immerhin noch historisch bedingten Stoffes zu einem Typus erscheint, ist dasjenige des «Christus als Schmerzensmann». Da sehen wir bekanntlich nur die Gestalt des Heilandes, gefesselt und mit der Dornenkrone, oder mit seinen Wundmalen und von Blut überströmt, bisweilen noch von seinen Marterwerkzeugen umgeben. Sein furchtbarer, höchstes Mitleiden erregender Anblick, vor allem aber sein unendlich trauriger und doch zugleich versöhnender Gesichtsausdruck sagen hier alles das mit einem Male, was die einzelnen Passionsscenen nur breiter und ausführlicher behandeln. Die unendlich ergreifende Gestalt des sitzenden, schmerzgebeugten Heilandes, die Dürer seiner «kleinen Passion» voranschickt, darf als die Vollendung dieses Motivs wie überhaupt sozusagen als der künstlerische Inbegriff alles dessen bezeichnet werden, was die deutsche Passion bedeutet. Schon ehe diese Darstellungen des Schmerzensmannes sich in der Kunst verbreiten ist diese Gestalt im Geiste der Mystiker lebendig. Ganz so, wie ihn die Künstler darstellen, haben jene den Schmerzensmann sich und anderen oft vor die Seele gezaubert mit der ihnen eigenen Kraft, Uebersinnliches in unwiderstehlicher Weise sinnlich zu fassen. Ganz so erscheint er ihnen oft in ihren Visionen. Mit einer, bisweilen fast erschreckenden Leidenschaftlichkeit betrachten sie in selbstpeinigender Weise das sinnlich Schmerzvolle dieser Erscheinung, um von da aus den Anreiz zu übersinnlicher Gefühlserkenntnis zu empfangen, die sich bei ihnen dann oft in höchster Ekstase äussert. In schmerzerfüllter Liebessehnsucht fühlen sie sich zu dieser Gestalt hingezogen, in ihren Verzückungen glauben sie dieselbe zu umfassen und in heissen Küssen auf ihren Mund und auf die Wundmale sich mit ihr zu vereinigen, — Motive, die bekanntlich von der Kunst aufgenommen sind und namentlich in den Darstellungen der Beweinung Christi oft verwendet werden, wo die Mutter des Herrn gleichsam die Vertreterin aller mitfühlenden Menschenseelen

geworden ist. — Tauler ruft aus: «Wer die rechte Wahrheit
trinken will, der hebe seinen Mund an die Wunden unseres
Herrn, denn da alle Wahrheit ausfliesset»; und dem phantastischen Suso, der in seinen Verzückungen so oft in der angedeuteten Weise in Beziehung trat zum «Schmerzensmann»,
wurde die Zahl der Wunden Christi sogar für sein tägliches
Leben von symbolischer Bedeutung, indem er «ob Tisch ge-
wöhnlich fünf Tränke trank, und that die aus den fünf Wunden
seines geliebten Herrn»; wie denn sonst vielfach die fünf Wunden
in allegorischer Weise als Bilder der Paradiesespforten gelten.
Für die sinnliche und zugleich poetische Anschauung, die vielen
der visionären Erscheinungen dieser Art zu Grunde lag, mag
der kurze poetische Bericht von einer Vision, die der mystischen
Nonne Christina Ebner (geb. 1277) zuteil wurde, genannt werden
als ein Beispiel für unzählige; es heisst dort, dass ihr Christus
«gönnte, dass sie die Wunden seines göttlichen Herzens sog,
wie die Biene der Blume thut». Um zu zeigen, mit welcher
Ausführlichkeit und sinnlichen Lebhaftigkeit Passionsscenen in
der mystischen Litteratur beschrieben sind, mag als Beleg die
Beschreibung einer Vision wiedergegeben werden, die sich in
dem mystischen Buche der Nonne Gertrud vom Kloster Helfta,
in den «Insinuationes divinae pietatis», vom Ende des dreizehnten Jahrhunderts, befindet: «Unter der Tertien aber ist ihr
der Herr erschienen in solcher Gestalt, wie er an der Säule
gegeisselt worden, nämlich gebunden zwischen zweien Henkers-
buben, deren einer den Herrn mit Dornen, deren anderer mit
knotigen Geisseln geschlagen. Beide aber schlugen den Herrn
ins Angesicht, daher denn das Angesicht gar jämmerlich ungestalt worden, dass auch alle ihre innersten Glieder, indem sie
dieses gesehen, zu einem Mitleiden bewegt worden, dass sie
auch den ganzen Tag so oft sie diese Gestalt zu Gemüte geführt, sich des Weinens nicht hat können enthalten. Denn das
Angesicht von den Dornen dermassen zerrissen gewesen, dass
auch die Augäpfel verwundet, und über das war er von den
knotigen Geisseln dick angeschwollen. Wann aber der Herr aus
grossen Schmerzen dem einen das Angesicht etwas entzogen,
so hat der andere desto stärker dareingeschlagen.»
Die Darstellungen des «Schmerzensmannes» sind zu bekannt,

als dass wir einige Beispiele näher zu beschreiben brauchten, ebensowenig wie die Passionsscenen selbst. Nur sei hervorgehoben, dass sich eine merkwürdige Darstellung schon unter den Bildern zu Suso's Werken befindet. Betreffs der Wichtigkeit, die wir diesen Holzschnitten, welche Suso's eigenen Zeichnungen nachgebildet sind, beimessen, sei auf das im vorigen Kapitel Gesagte verwiesen. Es zeigt uns jene Darstellung zunächst Suso selbst mit einer Harfe in der Hand, anscheinend lobsingend dem Erlöser, welcher als Schmerzensmann nackt an eine Säule gebunden vor ihm steht. — Weiterhin möchten wir noch eine besonders merkwürdige Komposition aus späterer Zeit herausgreifen. Sie ist zu finden auf einem Altarwerk der schwäbischen Schule aus der zweiten Hälfte des 15. Jahrhunderts in der städtischen Altertümer-Sammlung zu Freiburg i./Br. Auf einem Flügel desselben sieht man da neben anderen Darstellungen einige knieende heilige Dominikanermönche, welche mit hocherhobenen Händen über sich den Christus als Schmerzensmann in Halbfigur emporheben; hinter ihnen halten Engel einen goldenen Brokatvorhang. Das Motiv wird uns als von besonderer Bedeutung erscheinen, wenn wir an die im vorigen Kapitel behandelte Stellung der deutschen Dominikaner zur deutschen Mystik erinnern und wenn wir erfahren, dass jener Altar aus einem Kloster stammt, das als wichtige Pflegestätte des mystischen Lebens bekannt ist: es ist einer jener uns schon bekannten Altäre aus dem Kloster Adelhausen.

3. Die «minnende Seele».

Bei den Darstellungen der Kreuzigung giebt es ein Motiv, das als eine Erfindung des frühen Mittelalters betrachtet werden muss. Schon die byzanthinische Kunst bringt es, die italienische und die deutsche nehmen es auf und die Letztere bildet es, wie wir sehen werden, unter dem Einflusse der Mystik auf das Reichste aus. Wir meinen die personifizierten, als kleine nackte Körper dargestellten Seelen, welche in dem vorliegenden Falle, bei den Kreuzigungsscenen, den beiden Schächern, dem guten von einem Engel, dem bösen von einem

Teufel aus dem Munde oder den Ohren gezogen werden, um
sie hinwegzuschaffen in den Himmel oder in die Hölle. Das
Motiv muss unser Interesse erregen, weil es eine bildliche Darstellung der Seele giebt, die recht eigentlich der Brennpunkt
aller mystischen Betrachtungen ist. Wir werden sehen, dass
diese Personifikation durchaus den bildlichen Anschauungen
der Mystiker entspricht und nur auf ihre Anregung hin erst
seine reichste Verwendung, auch in anderen Darstellungen, erhält. — Schon die antike Kunst, so fällt uns zunächst ein,
kannte in einigen Fällen eine solche bildliche Verkörperung
der Seele in menschlicher Gestalt, und ist es bezeichnend, dass
man in diesen Fällen stets eine Beziehung zu mystischen
Kulten namentlich zu mystischen Totenkulten zu konstatieren
hat. So mag besonders an gewisse Darstellungen auf einer
Gruppe attischer weissgrundiger Lekythen erinnert werden.
Die altchristliche Kunst in ihrer Neigung zu Symbolen wählte
sich solche, um die Seele bildlich anzudeuten; das bekannteste
derselben ist die Gestalt des Hirsches, der in Anlehnung an
eine bekannte Psalmstelle erfunden, und in manchen Fällen
mit Beziehung auf jene Stelle dargestellt wurde, wie er sich
einem Wasserquell oder dem «Brunnen des Lebens» naht und
aus diesem trinkt. Die mittelalterlichen Mystiker konnten sich,
ebenso wie die antiken, nicht mit einem Symbol begnügen:
ihr ganzes Sinnen und Denken ging auf Vereinigung der Seele
mit dem Göttlichen, ihr Streben auf völlige Hingabe dieser
sehnenden Seele und mit derselben ihres ganzen Seins an die
Gottheit. Da reichte, wollte man höhere Gedanken bildlich
veranschaulichen, die blosse Andeutung durch ein symbolisches
Tier nicht mehr aus, da konnte nur der ganze menschliche
Leib, das äusserlich sichtbare Behältnis der Seele, die ganze
menschliche Gestalt, so wie sie, um mit Plato zu reden, nach
der Idee in die sichtbare Erscheinung getreten ist, genügen.
So entfernt sich denn die berühmteste Darstellung des Lebens-
brunnens aus späterer Zeit himmelweit von den einfachen Symbol-
bildern der Katakomben. Nicht mehr die schlichten Figuren der
dürstenden Hirsche am Rande des Quelles erblicken wir vor uns,
sondern eine Fülle von lebendigen Menschengestalten sehen wir auf
dem Genter Altar durch eine weite herrliche Landschaft zum

Brunnen ziehen, in reichen Kleidungen die meisten, alle in ihrer äusseren Erscheinung die Stellung erkennen lassend, welche sie in irdischer und himmlischer Welt einnehmen. So deuten sie an, dass sie mit ihrer Seele zugleich ihr ganzes Sein herbeibringen an die Stätte der Wahrheit, an welcher, um das mystisch gedachte Bild zu vollenden, nicht nur der Brunnen des ewigen Lebens seine erquickenden Wasser spendet, sondern neben ihm der Altar erhöht ist, welcher das Lamm Gottes trägt; jene Symbolgestalt für denjenigen Quell, der mit der Erquickung die Heilung bringt. Das Beispiel des Genter Altars ist sehr bezeichnend für die Umwandlung der bildlichen Vorstellungen. Bei ihm können wir nun aber nicht mit Bestimmtheit behaupten, dass wir die, auf ihm sich zeigenden Personen alle nur als personifizierte Seelen aufzufassen hätten. Ausgeschlossen wäre das zwar durchaus nicht; im Gegenteil, die Möglichkeit wird uns als nicht so fernliegend erscheinen müssen, wenn wir uns ein visionäres Bild vergegenwärtigen, das der Nonne Christina Ebner einmal erschien, und das mit diesen Worten beschrieben wird: «Sie sah auf einem breiten Feld viel Leute dem Meere zu gehen, eine grosse Menge, und hielt sie doch nicht für Leute; sie hielt dafür, dass es Seelen wären; und in der Mitte trug ihr eines unseres Herren Frohnleichnam.» — Durch die reiche weltliche Kleidung vieler der auf dem Werke der van Eyck Dargestellten, wie überhaupt durch die realistische Auffassung des ganzen Bildes dürfte man sich in dieser Annahme nicht hindern lassen. Tauler sagt von den Seligen, dass sie «mit dem ewigen Gotte grosse Könige und Fürsten im Himmel» seien, eine Vorstellung, die man sich nach der ganzen Phantasierichtung der Mystiker durchaus in poetisch verklärten aber völlig der Wirklichkeit entnommenen Bildern auszumalen hat, ohne dass man dabei zu vermuten brauchte, die Mystiker hätten selbst an die Realität solcher künstlerischen Phantasiegestalten geglaubt. Wir werden später diesen Punkt noch einmal zu berühren haben.

Nicht zu bezweifeln ist es nun natürlich, dass wir in jenem, auf den Bildern der Kreuzigung sich findenden Motiv ein einfaches Beispiel der Personifikation der Seele in menschlicher Gestalt vor uns haben. Eine solche Personifikation ist den Mystikern durchaus geläufig. Die bei ihnen häufigste Form ist die in Gestalt einer Jungfrau, von der wir unten noch hören werden. Bei Meister Eckhardt kehrt sehr oft der Ausdruck «Mann der Seele» wieder, den er anwendet, um einen hohen mystisch-philosophischen Gedanken auszusprechen. So heisst es einmal bei ihm: «Diu kraft, diu in der sêle ist unde diu der man heizet daz ist diu obriste kraft der sêle, in der got blôz liuhtet.» An einer anderen Stelle setzt er neben diesen «Mann der Seele» eine «Frau der Seele» und fasst in diesen beiden Bildern und ihrer Vereinigung das ganze Wesen der Seele; er sagt: «Ich spriche: diu obrôste kraft der sêle heizet der man, daz ist der wille, wan der sol alle zìt blôz stên unbedecket. Diu ander kraft heizet vernunft, unde daz ist diu frouwe unde diu soll bedecket sîn, und alsô sol daz niderste sîn gezogen in daz oberste. Nû diu kraft, diu dâ heizet der man, daz ist der wille, swenne diu mit der kraft, diu dâ heizet diu frouwe, daz ist diu vernunft, vereinet ist, sô gebirt sich in der frouwen ûz diu fruht in dem niuwen nû. Swenne aber diu kraft des mannes mit der frouwen nicht vereinet ist, sô ist des mannes wille wandelbêre in einem valschen liehte.» Eine so tiefsinnige Verwendung der Personifikation zum Zwecke des Ausdruckes tiefer philosophischer Erkenntniss wie beim grossen Eckhart findet sich nun nicht überall in der mystischen Litteratur ; meist ist die Erfindung der bildlichen Gestaltungen, wie zum Beispiel die Verkörperung der Seele als bräutliche Jungfrau, nur durch das einfache Gefühlsverhältnis der Seele zu Gott bedingt und veranlasst. Auch in der bildenden Kunst haben wir natürlich nur einfache Begriffe und schlichten, oben schon angedeuteten Sinn als zu Grunde liegend anzunehmen. Wohl nur ganz sinnfällig als eine Verkörperung der Seele, die nun ihrer jenseitigen Bestimmung zugeführt wird, sind jene menschlichen Körperchen in Kindergrösse zu betrachten, die sich bei den Schächern der Kreuzigungsbilder finden, ohne jeden symbolisierenden Nebengedanken, doch immerhin bezeichnend.

Dieselbe Gestaltung zeigt eine merkwürdige Darstellung, die wir in jenem grossen Pracht-Missale vom Jahre 1350 fanden, das aus dem mystischen Kloster Adelhausen zu Freiburg i. Br.

stammt und jetzt in der dortigen städtischen Altertümer-Sammlung aufbewahrt wird. Zu der Textstelle: «Ad te levavi animam
meam, deus meus!» erblickt man da folgendes Bild: unter
gothischen Spitzbogen stehen drei heilige Dominikaner mit
betend gefalteten Händen; über ihnen, über dem mittleren Spitzbogen schwebt in der Höhe eine kleine nackte Menschengestalt,
von einer Mandorla umgeben; auch sie faltet die Hände, streckt
dieselben empor und blickt aufwärts zu der Scene der Krönung
der Maria, die ganz oben stattfindet. Kein Zweifel, dass hier
die Seele der betenden Mönche dargestellt werden sollte, die,
dem Texte nach sich zu Gott aufschwingt.

Es mahnt uns dieses Bildchen an gewisse Kompositionen,
die uns in verschiedenen Beispielen der deutschen Kunst erhalten
sind, und die auch aus den Kreisen der Dominikaner hervorgegangen und durch die Legende des heiligen Dominikus selbst
angeregt worden sind, nämlich an die Apotheosen einzelner
Dominikaner und Dominikanerheiligen. Wir wollen zwei, schon
im vorigen Kapitel einmal von uns erwähnte Tafelbilder dieser
Art beschreiben, die in der grossherzoglichen Galerie zu Darmstadt aufbewahrt werden. Auf dem einen derselben sieht man
einen Dominikanermönch auf einem Throne sitzen, der von
Engeln durch die Wolken hinauf zum Himmel getragen wird,
wo Christus und Maria sich befinden und die Leitern halten,
auf denen die Engel aufsteigen; zwei Engel, in der Höhe
schwebend, halten Kronen bereit. Die andere Tafel zeigt ausser
Christus und Maria oben in den Wolken noch den heiligen
Benedikt, der mit jenen zusammen die Kronen des ewigen
Lebens haltend, bereit ist, den heiligen Ordensstifter — Dominikus
selbst ist hier wohl gemeint — zu empfangen und zu begrüssen.
Der Letztere wird wiederum von Engeln durch die Lüfte
aufwärtsgetragen; zwei Engel ihm zu Seiten halten Blumen,
während zwei weitere oben im Himmel musizieren. Auch bei
diesen von anmutender Phantasie erfundenen Kompositionen
ist durchaus anzunehmen, dass wir die Gestalten der
Aufwärtsgetragenen nicht etwa als die plötzlich entrückten
irdischen Körper der Betreffenden anzusehen haben, sondern als
die Personifikationen ihrer Seelen, die nach dem Tode des
Leibes nunmehr ihrem Eingang in das Reich der Gottheit, ihrer

völligen Vereinigung mit dem Göttlichen entgegensehen. Bei der
Bedeutung des Dominikanerordens für die deutsche Mystik erscheinen uns auch diese Bilder wieder von besonderer Wichtigkeit. Derselben Vorstellung begegnet man öfters in der mystischen Litteratur; und können wir diese Kompositionen direkt
auf ältere litterarische Vorbilder zurückführen. In dem «das
fliessende Licht der Gottheit» genannten (1250—65 datierten)
Buche der Offenbarungen der Nonne Mechthild von Magdeburg
erzählt diese z. B. Folgendes: ein Bruder Heinrich aus dem
Predigerorden war gestorben, und kurze Zeit nach seinem Tode
hatte eine Nonne desselben Ordens eine visionäre Offenbarung,
durch welche sie Aufklärung erhielt über das jenseitige Schicksal
der Seele des Dahingeschiedenen. Sie erfuhr nämlich, dass dieselbe nach kurzer Zeit im Fegefeuer nun ihre «Hochzeit» feiere,
d. h. ihrer vollständigen Vereinigung mit Gott teilhaftig wurde;
und in der Vision sah sie zu, wie sich zu dieser Feier alles
himmlische Heer bereitete, sich zu einer Prozession schaarte,
um die Seele einzuholen und zu der Höhe Gottes emporzuführen.
An der Spitze der Himmlischen bemerkte sie den heiligen
Dominikus mit anderen Seligen seines Ordens. Dieser brachte
dem verstorbenen Bruder Heinrich eine leuchtende Krone, die
er im Auftrage Gottes überreichte. — Eine Verherrlichung des
Thomas von Aquino und des Albertus Magnus wird uns in
dem mit dem obengenannten Werke etwa gleichzeitigen mystischen Buche, in dem «Speculum spiritualis gratiae» der Nonne
Mechthild von Hackeborn geschildert. Dieselbe erschaute in
einer Vision, wie die Seelen der beiden grossen Ordensgenossen
«als zwei edelste Fürsten» durch die Schaaren der Himmlischen
schritten; voran ein Seraphim und ein Cherubim. Und als sie
an den Thron Gottes kamen, da erschienen an ihren Kleidern
in Goldbuchstaben alle die Werke, die sie geschrieben. — Dieselbe Mechthild berichtet an einer anderen Stelle ihres Buches,
dass sie, ebenfalls in einer Vision, die Seele eines ihr bekannten,
jüngst verstorbenen Ordensbruders zum Himmel hat aufsteigen
sehen, aus dem ihr der Herr selbst entgegenschritt, um sie an
seinen Thron zu geleiten und ihr eine Krone von Gold und
Edelgestein aufzusetzen. — Von einer Ordensschwester der
Mechthild, von der Nonne Gertrud, wie jene aus dem uns schon

bekannten, in der Geschichte der deutschen Mystik berühmten Kloster Helfta, wird erzählt, dass sie nach eigener Aussage kurz vor ihrem Tode auf ihrem Sterbebette im Zustande der Ekstase ihre eigene Seele in Gestalt eines zarten Mägdleins zu sehen vermeinte, wie sie ihren Odem Christus durch seine Seitenwunde ins Herz atmete. — In den Kreis italienischer Mystik führt eine ähnliche Legende, welche berichtet, dass ein Bruder Augustinus im Momente des Verscheidens ausrief, er sähe die Seele des heiligen Franciscus, zu der seine eigene sich emporschwang. Beiläufig sei an die künstlerischen Darstellungen dieses visionären Vorganges in Italien erinnert. (Giotto's Fresko. cf. Thode, Franz von Assisi.)

Die künstlerische Verwertung dieser Personifikation scheint jedoch nicht zuerst von den Dominikanern angeregt worden zu sein; wenigstens giebt es eine verwandte frühere Komposition auf einem Bilde des Miniaturenkodex, der jetzt der fürstlich hohenzollernschen Hofbibliothek zu Sigmaringen gehört, und der schon im 12. Jahrhundert entstanden ist und aus der Benediktiner-Abtei zu Deutz stammt, dessen Chronik er enthält. In ähnlicher Weise sieht man auch dort, wie ein Mönch von zwei Engeln hinaufgetragen wird zum Himmel, der durch Halbkreise mit den Figuren des segnenden Christus und zweier Heiliger angedeutet ist. Unten wird die Hölle gezeigt, in der die Seele eines anderen Mönches auf dem Schoosse Satanas' gepeinigt wird. — Demselben Jahrhundert gehört der Grabstein eines Presbyters Bruno von Hildesheim an, dessen Relief in drei Abteilungen geteilt ist, deren untere von Männern und Frauen, die sich mit der Leiche des Verstorbenen beschäftigen, angefüllt ist, während man in der mittleren zwei Engel erblickt, welche die Seele als nackte Figur auf einem Tuche gen Himmel tragen zum segnenden Christus.

In dem Kodex der Scivias S. Hildegardis aus dem Ende des 12. Jahrhunderts, jetzt auf der Landesbibliothek zu Wiesbaden, dessen Bedeutung für die Geschichte von Kunst und Mystik wir schon kennen, ist auf einer der Miniaturen der Tod der Hildegard abgebildet. Auch dort ist die Seele der Verstorbenen in dieser Gestaltung gegeben und zwar wie sie gerade aus dem Munde entweicht, erwartet von Engeln und Teufeln,

die im Begriffe sind, sie sich gegenseitig streitig zu machen.
Die hier zu Grunde liegende Anschauung entwickelte sich später
zu der noch erweiterten Gestaltung der bekannten volkstümlichen Bilderfolgen der sog. «Ars moriendi», die im 14. und
15. Jahrhundert so ungemein beliebt waren und für die Geschichte der reproducierenden Künste von Bedeutung wurden.

An alle diese Personifikationen der Seelen als nackte Gestalten werden wir auch schon erinnert bei den ganz ähnlichen
kleinen Figuren, welche der sitzende Abraham unter den Skulpturen des Bamberger Fürstenportales in dem Schoosse seines
Mantels in sicherer Hut hält; doch hat man hier wohl, im engsten
Anschluss an die bekannte Vorstellung der Bibel und in naiver
realistischer Auffassung derselben wirkliche Körper zu sehen.

Weniger zweifelhaft scheint es jedoch, dass wir lauter
personifizierte Seelen vor uns haben bei einer Komposition, die
jener Vorstellung des Geborgenseins im Schoosse Abraham's
verwandt erscheint, die aber, weit sinnvoller und poetischer als
jene, eine freie Schöpfung der mystischen Phantasie des Mittelalters ist. Wir meinen jene Darstellungen der «Maria mit dem
Schutzmantel», wo die heilige Jungfrau, von dem Gefühle
unendlicher göttlicher Liebe erfüllt, ihren weiten faltenreichen
Mantel ausbreitet, um alle die Seelen in den sicheren Schutz
desselben aufzunehmen, die sich mit Inbrunst und sehnendem
Gemüt aus der kalten lärmvollen Welt des irdischen Daseins
in denselben flüchten wollen. In Mengen strömen Sehnsüchtige
herbei zu diesem himmlischen Schutzort; Vertreter aller Stände
sieht man auf solchen Bildern als kleine Gestalten sich zu-
sammendrängen zwischen den weiten Falten des Mantels, der
den hohen, sie weit überragenden schlanken Körper der Maria
umwallt. Oft sind die Figürchen reich gekleidet und wie in
voller Wirklichkeit gebildet; doch nichts destoweniger sehen
wir hier Personifikationen, denn im Grunde ist auch diese Komposition nur wieder eine der mannigfachen, den Anschauungskreisen der Mystik entsprungene bildliche Vorstellung für den
einen Gedanken der Vereinigung der Seele mit der Gottheit,
der hier mit dem poetischen Motiv des Schützens verbunden
zu bewusstem oder unbewusstem Ausdruck gelangt. In der Kunst
kommt diese Komposition im 14. Jahrhundert auf, seit dem 15.

wird sie eine ausserordentlich verbreitete. In der Litteratur findet sich die Vorstellung jedoch schon ziemlich früh. So wird in den «Insinuationes divinae pietatis» erzählt, dass die Nonne Gertrud bei einer Vision gesehen hat, wie «die gütige Mutter ihren Mantel ausgebreitet hat, damit sie alle könnte aufnehmen, die mit sonderlichem Vertrauen zu ihr fliehen». «Auf dieses,» so heisst es da weiter, «kamen die heiligen Engel und brachten für sie alle Personen, welche sich mit sonderbarer Andacht zu diesem Feste, (— die Vision geschah während des Gottesdienstes an einem bestimmten Feiertage —) bereitet hatten.» Dass auch die Nonne hier bei dieser Beschreibung ihrer mystischen Vision personifizierte Seelen gemeint hat, die von den Engeln zum Schutzmantel Marias gebracht wurden, geht wohl deutlich hervor aus dem Umstand, dass sie unter demselben Mantel weiterhin viele reuige Sünder gewahrt, die ganz unzweifelhaft als symbolisierende Verkörperungen anzusehen waren, indem sie nämlich als verschiedene Tiere gebildet waren: «Nach diesem hat sie gesehen, als wenn unter dem Mantel der Mutter Gottes gelaufen hätten allerlei Tierlein, durch welche bedeutet worden alle die Sünder, so eine sonderbare Andacht zu der seligsten Jungfrau haben.»

Das bei dieser Vision beschriebene Motiv des Herbeibringens der Personen vor die heilige Jungfrau durch Engel könnte fast an die bekannten Darstellungen der «Stifter» erinnern, wie sie in unzähligen Fällen auf den Kunstwerken angebracht zu sehen sind. Auch da werden ja die mehr oder minder porträtmässig abgebildeten Personen meist als kleine Figürchen geschildert, wie sie in einer Ecke des Bildes betend knieen vor der heiligen Scene oder der göttlichen Gestalt, die den Hauptinhalt des Bildes ausmacht, und zwar unter dem Schutze und wie herbeigeführt von hinter ihnen stehenden, grösser gestalteten Namensheiligen, welche es sich angelegen sein lassen, die Seelen ihrer Schütz-linge jenen himmlischen Personen der Hauptdarstellung zu empfehlen. Es wäre gar nicht undenkbar, dass die Kunst auch in diesen Fällen, namentlich in früheren Zeiten, wo die Absicht des Porträtierens noch nicht Hauptzweck war, blosse Verkörperungen der Seelen der betreffenden uneigennützigen frommen Stifter im Sinne hatte. Namentlich für die Fälle, wo es sich um Votivbilder handelt, auf welchen jene, auf solche Weise dargestellten Figuren schon verstorbene Familienmitglieder repräsentieren, erscheint unsere Annahme höchst wahrscheinlich.

Weiterhin ist man natürlich durchaus berechtigt, auch die Gestalten der Auferstehenden, der Seligen und der Verdammten auf den Darstellungen des jüngsten Gerichts als, nur zum Zweck der sinnlichen Anschauung in der Kunst gebildete Verkörperungen der Seelen anzusehen. Wenn auch das kirchliche Dogma die Auferstehung «alles Fleisches» lehrt, so scheuten sich die meisten Mystiker doch nicht, ihrerseits eine weit höhere Auffassung der «letzten» Dinge zu haben. Wir wollen später noch einige Beispiele der mystischen Auffassung in Betreff des Himmels und der Hölle, der Engel und der Teufel betrachten. Wie weit allerdings diese höhere Auffassung in das Bewusstsein des Volkes eindrang, muss natürlich dahingestellt bleiben.

Bezeichnend für die Auffassung des Motives der «Schutzmantelschaft Mariä» ist das Beispiel desselben wie es in den vielverbreiteten «Specula humanae salvationis», jenen bekannten, populären Bestrebungen der Mystiker ihren Ursprung verdankenden Blockbüchern, bisweilen vorkommt. Man sieht da, wie sich die personifizierten Seelen in die Falten des Mantels flüchten vor dem Andrängen zweier grosser Teufel, welche sie zu erhaschen suchen. Der dazugehörende Text enthält einen Hinweis darauf, dass Maria ein Schutz sei vor dem Zorn Gottes, vor des Teufels Versuchung und seinen Verfolgungen und Anfechtungen.

In ganz ähnlicher Weise wie die Maria mit dem Schutzmantel wird eine Heilige dargestellt: die heilige Ursula. Ihr zu Füssen, in die Falten ihres weiten Mantels geschmiegt, sieht man meist kleine Figuren von Jungfrauen. Oefters liest man, besonders in den Beschreibungen mancher Kunstkataloge, dass hier Vertreterinnen der elftausend Jungfrauen gemeint seien, welche der Legende nach der Ursula auf ihrer verhängnisvollen Reise gefolgt sind und mit ihr den Märtyrertod erlitten haben. Wir sind ganz entschieden der Ansicht, dass hier dieselbe Vorstellung zu Grunde liegt wie beim Schutzmantel Mariä. Die kleinen Gestalten sind ebenso wie dort gebildet, sie werden ganz in derselben Weise vom Mantel behütet, und strecken oft wie dort betend die Hände zu ihrer Beschützerin empor. Es sind

eben personifizierte Seelen von Jungfrauen, die sich dem Schutze
und der Fürbitte der Heiligen empfehlen oder empfohlen haben,
der Heiligen, die ganz besonders als Patronin edler und reiner
Jungfrauen verehrt wurde. Wenn es gilt die Genossinnen der
Ursula neben ihr darzustellen, so geschah dies in ganz anderer
Weise, wie es z. B. ein Bild im Germanischen Museum zu Nürnberg zeigt (Nr. 200). Dort ist die Heilige umringt von einer
grossen Schaar von Jungfrauen in reichen Gewändern; alle sind
in derselben Grösse gebildet wie Ursula und unterhalten sich
teils mit jener, teils untereinander; ausserdem sind alle von
Pfeilen durchbohrt, als Andeutung der Art ihres Märtyrertodes,
den sie als treue Begleiterinnen der Heiligen erduldet haben,
welch' Letztere nicht als ihre Beschützerin sondern nur als ihre
Anführerin aufgefasst erscheint. Oben in den Lüften jedoch
sieht man auf diesem Bilde Engel in goldener Glorie, welche
die Seelen der Gemordeten empfangen. — Auf dem, der Verherrlichung dieser Heiligen gewidmeten berühmten Ursula-Schrein
Hans Memling's wird ganz dieselbe strenge Unterscheidung
dieser beiden Motive in zwei getrennten Darstellungen gemacht.

Vielleicht die merkwürdigste und zugleich fesselndste Darstellung einer personifizierten Seele ist zu sehen auf dem un-
vergleichlich herrlichen Meisterwerke Matthias Grünewald's, auf
dem Isenheimer Altar im Museum zu Colmar. Wir denken an
die Doppelerscheinung der Maria, welche dort auf einem der
grossen Altarflügel zu sehen ist. In lebendiger naturalistischer
Auffassung sitzt da Maria mit ihrem Kinde in einer Landschaft,
ein heiteres Bild irdischen Mutterglücks; unmittelbar neben ihr
aber erscheint plötzlich eine phantastische überirdische Vision:
in strahlendem Lichte, leuchtend in glänzendem Farbenschimmer
naht sich ein Chor musizierender Engel, an deren Spitze die
Seele der heiligen Jungfrau heranschwebt in kleiner holder
Gestalt, halb als Kind noch, halb als Jungfrau gebildet; getragen scheint sie von Licht, das sie strahlend umfliesst; eine
flammende Krone bezeichnet sie als die Himmelskönigin. De-
mütig faltet jedoch die kleine aetherische Gestalt die Hände und
neigt sanft anbetend das Köpfchen vor dem heiteren, unschuldig spielenden Knaben, der irdischen Gestalt des Welterlösers,
der auf dem Schosse ihres leiblichen, irdisch-realen Ebenbildes,

der Mutter Maria sitzt. Das Ganze eine recht deutsch-mystische Verquickung von Sinnlichem und Uebersinnlichem in visionärem Bilde, ein Hineinbeziehen des Himmlischen in die Welt des Irdisch-Realen, welch' Letztere durch das Erstere erst für das deutsche Gemüt seine Erklärung und seine Verklärung findet.

Die Seele der Maria ist es überhaupt, die neben den kleinen Figürchen der Seelen der Schächer auf den Kreuzigungsscenen am häufigsten in der Kunst personifiziert zu finden ist, und zwar bei den so vielfachen Darstellungen des Todes der Maria. Bis ins 12. und 11. Jahrhundert zurück ist dieses Motiv zu verfolgen; namentlich auf Elfenbeinreliefs dieser früheren Zeit findet man es hie und da. Seine Verbreitung nimmt im Laufe der folgenden Jahrhunderte sehr zu, bis es im 15. Jahrhundert mitsammt der ganzen Scene zu einem der beliebtesten Gegenstände innerhalb des künstlerischen Stoffkreises wurde. Die Darstellungen zeigen uns meistens, wie bekannt, die Maria auf ihrem Sterbebett liegend, umgeben von den trauernden Apostel oder aber, gestützt von einigen der Letzteren niederkniend oder zusammenbrechend im Momente des Verscheidens. Ihre Seele befindet sich schon ausserhalb ihres irdischen Körpers und ist meist als zartes Mädchen gebildet mit aufgelöstem Haar und in schlichtem langem Gewande, etwa in der Gestaltung, wie die Maler die kleine Maria auf ihrem Tempelgang zu schildern liebten. Sie ist immer in ein Verhältnis zu Christus gebracht und zwar derart, wie die Mystiker und mystischen Dichter das Verhältnis ihrer eigenen «minnenden Seele» zum königlichen Bräutigam Jesus immer und immer wieder in poesievoller Weise ausmalten. Oftmals tritt der Heiland mitten unter die Apostel an das Bett mit liebevoll ausgestreckten Händen, bereit die Seele zu empfangen; oftmals hat er sie schon auf seinen Arm genommen und liebkost sie zärtlich; in anderen Fällen ist der Erlöser oben in der Höhe sichtbar geworden, bisweilen von Engeln umringt; und zu ihm schwebt die Seele sehnsuchtsvoll aufstrebend empor, den Leichnam und damit die irdische Welt des Leidens und Sterbens verlassend, um sich ewig in Liebe zu vereinigen mit Jenem. In einer Fülle anmutigster Darstellungen dieser Art sehen wir die Künstler das mystische Motiv verwerten. — Auch bei den

Sterbescenen anderer Heiligen begegnen wir ihm in einzelnen Fällen. Ein frühes Beispiel dieser Art erwähnten wir oben schon: die Darstellung des Todes der heiligen Hildegard in jenem Wiesbadener Miniaturenkodex; als ein zweites, späteres sei die Sterbescene des Deocarus auf dem Altar dieses Heiligen in der Lorenzkirche zu Nürnberg genannt.

In den späteren Perioden der Kunst, seit dem 16. Jahrhundert, tritt die Darstellung des Todes der Maria zurück und statt ihrer wird die Himmelfahrt der heiligen Jungfrau häufig und sehr beliebt (in Italien schon im XIV. Jahrhundert, besonders in der sienesischen Kunst). Die Vorführung der realistisch aufgefassten Scene des Sterbens des irdischen Körpers kommt dabei in Wegfall und es wird nur das, der Kunst der Spätrenaissance und des Barocks genehmere Motiv des von der Erde entrückten Aufschwebens einer schönen verzückten Frauengestalt gegeben, womit denn allerdings, und zwar in recht bezeichnender und vielsagender Weise, jene innige naive Verquickung von weltlich-realem und himmlisch-ideellem Sein, die wir schon mehrfach als das Charakteristikum des mystischen Geistes erkannten, aufgegeben wurde. Aus der schlichten poesievollen, kleinen Gestalt, der personifizierten Seele wurde eine grossartige Verkörperung herrlicher Schönheit, die aber nur zu oft mit virtuosem Können und Geschmack bloss den Schein überirdischen Wesens erhielt. Diese Frauenfigur der entrückten Maria scheint sich ursprünglich jedoch an das alte Motiv des Aufschwebens der kleinen Seele vom irdischen Leichnam zur Himmelsglorie, in der Christus als Bräutigam sie erwartet, anzulehnen, ja sich vielleicht aus ihm entwickelt zu haben. Als ein beweisendes Beispiel für diese Annahme (von mehreren z. T. schon früheren) sei die Komposition der Himmelfahrt Mariä, wie sie uns der Kölner «Meister des Marienlebens» in dem Bilde der Münchener Pinakothek gegeben hat, genannt. Wir sehen dort schon, wie auf so vielen Bildern der späteren Jahrhunderte, statt der Sterbescene unten nur den von Aposteln umstandenen leeren Sarkophag, oben in den Lüften aber wird dem hoch in einer Engelsglorie schwebenden Jesus die Maria von zwei Engeln entgegengetragen, und zwar noch nicht, wie später, als entrückte Frauengestalt, sondern noch, wie auf den Bildern des Marientodes, als kleine kindliche «minnende Seele».

Im Kirchenraum des Germanischen Museums zu Nürnberg ist ein Bild zu finden, welches in ganz ähnlicher Weise das Aufschweben einer Seele zu Gott zeigt. Oben erblickt man über einem Regenbogen die Halbfigur Christi, zu der von zwei weissgekleideten beflügelten Engeln eine jugendliche weibliche Gestalt in grünem Gewand mit lang herabfallendem blondem Haar, in knieender Haltung und mit betend gefalteten Händen emporgetragen wird. Weiter ist nichts sichtbar, keine Sterbescene unten, kein von erstaunten Aposteln umstandener Sarkophag; auch keinen Heiligenschein erblickt man, welcher die Seele als diejenige der Maria oder einer Heiligen bezeichnete. Ist dennoch eine solche gemeint, oder aber ganz allgemein eine «minnende Seele», irgend eines Menschen? Es steht nichts im Wege, das Letztere anzunehmen; ist doch die mystische Litteratur voll von solchen Bildern und Anschauungen, malt sich doch fast jeder Mystiker mit Phantasie und sinnlicher Glut das Verhältniss seiner eigenen minnenden Seele zur Gottheit aus. Möglich ist es aber auch, dass auf dem erwähnten Bilde, wie aber auch bei vielen Darstellungen, welche unzweifelhaft zunächst die Personifikation der Seele Mariä oder einer Heiligen geben, sowohl die eine wie die andere Erklärung statthaft und zu gleicher Zeit vom mystisch denkenden Künstler beabsichtigt ist. Für den Mystiker gab es keine scharfe Grenze zwischen Göttlichem und Irdischem. Ob Seele der Maria, ob minnende Seele irgend eines Menschen, was lag da an einer scharfen Unterscheidung? In der That, in der mystischen Litteratur, besonders der Poesie begegnen wir fortwährend einer beabsichtigten Vermischung, ja einer Identifizierung beider Vorstellungen. Die Gestalten des Christus als Bräutigam, der Maria als Himmelsbraut werden oft mit dem Begriff der minnenden menschlichen Seele in die engste Beziehung gebracht, wechselseitig für einander gebraucht, mit jener vertauscht und mit denselben Beiwörtern und Eigenschaften ausgezeichnet, so dass man sehr oft im Zweifel bleibt, was eigentlich gemeint ist. Die minnende Seele eines inbrünstigen Weibes z. B. wird oft ebenso eingeführt und behandelt

und als in demselben Verhältnis zu Christus, ihrem Bräutigam
stehend gedacht wie die Maria als Himmelsbraut, deren Letzterer
Eigenschaft als Mutter des Erlösers dann übrigens stets, so
lange ihre Brautschaft betont wird, einfach ausser Acht gelassen
wird. Als Gesammtbezeichnung für die einzelnen Begriffe des
göttlichen Bräutigams und der himmlischen Braut hatte man
den oft angewandten Ausdruck «die ewige Weisheit» gefunden,
die ganz allgemein als das Ziel alles seelischen Minnesehnens
galt und recht eigentlich den Kern alles mystischen Wesens ausmacht; ein Abstractum, das man sich jedoch in ganz
sinnlich-konkreten Bildern vorstellte. Diese «göttliche Weisheit» denkt man sich stets in irgend einer Liebesbeziehung.
Für einen ekstatischen Mönch oder einen sehnenden Dichter ist
ihre Personifizierung die Maria, für eine schwärmerische Nonne
bedeutet sie soviel als der Bräutigam Christus. Wenn eine
solche Nonne den Heiland um Vereinigung mit ihr anfleht,
dann verlangt sie, aufgenommen zu werden als himmlische
Braut, als Maria; und wenn irgend eine menschliche minnende
Seele von einer in der Ekstase oder bei einer Vision geglaubten
Vermählung mit einem der göttlichen Wesen berichtet, dann
heisst es oft, man sei vereinigt gewesen mit der göttlichen
ewigen Weisheit, als deren Teil man seine eigene Seele gefühlt
hat. Dem logischen Verstande nüchterner moderner Menschen,
ebenso wie dem kühlen Scholastiker der damaligen Zeit, sind
solche Begriffsvertauschungen oft von «mystischer Unklarheit»;
dem zu mystischer Empfindung veranlagten Gemüt jedoch werden
diese Vermischungen leicht zu einer einzigen leuchtenden Klarheit: Aufhebung aller Unterschiede und Trennungen göttlichen
und menschlichen Wesens ist hier die Meinung, Vereinigung des
gesammten Seins und Alls durch das eine, alles umfassende,
bewegende, durchwärmende und durchleuchtende Element: die
Liebe. —

Die vorhin erwähnten Motive künstlerischer Darstellungen
finden aus dieser Auffassung ihre innerste Erklärung, ihre
tiefste Deutung. — Uns ist kein Zweifel, dass die ganze deutsche
Kunst in allen ihren Erscheinungen nur so zu fassen ist! —

Ganz besondere Unterstützung fand die Verbreitung jener
Vorstellung von der minnenden Seele und ihrer bildlichen Ge-

staltung in der Personifikation als zarte jungfräuliche Gestalt durch das Werk des Mystikers und Lesemeisters der Franziskaner in Basel Otto von Passau, das den Titel führt: «Die 24 Alten oder der goldene Thron». Das Werk, von dem wir im vorigen Kapitel auch schon hörten, wurde im Jahre 1386 vollendet, fand sofort die denkbar grösste Verbreitung und wurde bis in den Anfang des 16. Jahrhunderts immer wieder abgeschrieben und in mehreren Auflagen gedruckt. Fast in allen Bibliotheken, welche mittelalterliche Manuscripte und Incunabeln aufbewahren, finden sich mehrere Exemplare und in den Katalogen derselben gehört sein Titel fast immer zu den am meisten vorkommenden. Das Buch verdankt populären Bestrebungen des Mystikertums seine Entstehung und war entschieden eine der beliebtesten und bekanntesten mystischen Erbauungsschriften. Von den vielen der uns zu Gesichte gekommenen Exemplaren waren fast alle illustriert und eben die dazugehörenden Bilder sind es, die uns hier interessieren. Der Text enthält erdichtete Belehrungen sentenziöser Art, welche die aus der Apokalypse bekannten 24 Aeltesten der minnenden Seele, die nach der Vereinigung mit Christus strebt, geben. Jedem der Aeltesten ist ein Kapitel zuerteilt und vor jedes der 24 Kapitel ist immer ein Bildchen gemalt oder gezeichnet, welches den betreffenden «Alten» stehend oder auf einem Throne oder einer Bank sitzend zeigt, meist eine würdevolle Gestalt in langem Gewande, oft mit einer Krone auf dem Haupte und im Begriffe, die Seele zu unterweisen, die vor ihm kniet oder steht. Die Gestaltung der Letzteren erinnert durchaus an die personifizierten Seelen der Maria, wie wir sie oben betrachtet haben, ist eben so wie diese als junges zartes Mädchen in enganliegendem schlichten Gewand mit lang herabfallendem lichtem Haar, das bisweilen mit einer kleinen Krone geziert ist, als ob es die Himmelskönigin wäre, gebildet. In vereinzelten Fällen ist sie als junge Nonne gekleidet, ganz selten sogar stigmatisiert. Ein einziges Mal (in einem Kodex des Otto von Passau auf der Münchener Hofbibliothek; Cod. germ. 278) fanden wir die Seelen männlich gebildet, was uns an die oben erwähnte Auffassung Meister Eckhart's denken liess. Die Bilder und die vielen Handschriften selbst sind von verschiedenster

Güte ; fein und sorgfältig hergestellte mit hübschen Miniaturen ebenso wie handwerksmässig und flüchtig verfertigte sehen wir, ein Beweis dafür, wie sehr das Werk und mit ihm jene Vorstellung von der minnenden Seele in allen Kreisen des Volkes verbreitet und bekannt gewesen ist.

Der eigentliche Sinn dieser und ähnlicher Anschauungen ist die Vergöttlichung der menschlichen Seele. Aus derselben Gedankenrichtung unternahm man es andererseits, in der Auffassung der personifizierten Seele der heiligen Jungfrau, der Maria als Himmelsbraut und auch des Christus als Bräutigam eine möglichst weitgehende Vermenschlichung einzuführen, was auch in den bildlichen Darstellungen entschieden ersichtlich ist. Wie eine irdische Braut erscheint uns die Seele der Maria in vielen Fällen. So z. B. ganz auffallend auf einem Bilde des Todes der Jungfrau, das sich in der Lorenzkirche zu Nürnberg befindet, wo die von Christus liebkoste Seele mit einem richtigen weissen Brautkleid geschmückt ist, während sie sonst fast immer das für die Mutter Gottes in der Kunst typisch gewordene Blau trägt. Die Mittelgruppe des Marienaltars des Veit Stoss in der Frauenkirche zu Krakau führt uns ebenfalls über der Scene des Todes der Jungfrau ein irdisches Brautpaar in holder Glückseligkeit vor, wie es realistischer kaum gedacht werden kann : diesmal ist die Marienseele nicht in kleiner Gestalt gebildet sondern in richtigem Verhältnis zu dem männlichen schönen Christus, neben dem sie aufrecht steht sanft sich zu ihm, dem Geliebten hinneigend, der sie seitlich umfasst. — In der frühen und auch späteren Litteratur finden wir häufige Beispiele dieser Art, namentlich in Form längerer Gedichte, wo diese Vermenschlichung der göttlichen Wesen, der personifizierten minnenden Seelen und ihres Liebesverhältnisses unter einander geradezu bis zu einem Extrem getrieben wird, das unserem ästhetischen und religiösen Gefühl höchst gewagt erscheinen muss. Die glühende Sinnlichkeit und die intime realistische Detailschilderung, womit dieser Liebesverkehr ausgemalt wird, könnte abstrus, ja gotteslästerlich genannt werden, wenn einen nicht die rührende Naivität und oft wirklich innige Poesie in der Behandlung des Motivs wieder versöhnte und einem das Ganze nicht als eine Profanierung erscheinen liess, sondern als ein, dem Geiste der Zeit entsprechendes, anmutiges Mittel die mystische Idee von der Vereinigung der Seele mit dem Göttlichen poetisch und künstlerisch zu versinnlichen. Es kann ja wohl kein Zweifel bestehen, dass solche Erzeugnisse der mystischen Litteratur die Phantasie des Volkes beeinflusst haben und dass die bildlichen Vorstellungen der oben betrachteten Art in der Kunst von hier aus angeregt worden sind und ihre eigenartige Färbung erhalten haben. Manche Abschriften derartiger Gedichte sind uns mit Illustrationen versehen überkommen; ein weiterer Beweis dafür, wie man leicht geneigt war, jene Gebilde dichterischer Phantasie sich ganz konkret durch künstlerische Darstellung vor Augen zu führen. Uns sind zwei solcher Manuscripte zu Gesichte gekommen, die hier als Beispiele angeführt sein mögen: das eine befindet sich im Besitze der Münchener Hofbibliothek (Cod. germ. 775), es führt den Titel: «Das Buch von der geistlichen Gemahlschaft die zwischen Gott und der Seele ist»; das andere wird von der Karlsruher Hofbibliothek aufbewahrt (Cod. Pap. Germ. XIC), ein kleines Bändchen mit der Bezeichnung: «Christus und die minnende Seele». Beide stammen aus der Mitte des 15. Jahrhunderts, das Münchener ist datiert 1454; beide aber dürften auf weit ältere Originale, etwa aus dem Ende des 13. oder dem Anfang des 14. Jahrhunderts, wo diese Gattung entstand und blühte, zurückgehen. Die zahlreichen lavierten Federzeichnungen, die dem Texte beigegeben sind, versinnlichen in naiver naturalistischer Weise die einzelnen Momente und Scenen des Liebesverkehres zwischen Christus und der minnenden Seele, welch Letztere ganz in der uns schon bekannten Weise personifiziert ist. Besonders die Karlsruher Bildchen sind reich an hübsch erfundenen Motiven. Wir sehen da zuerst, wie die Seele vor ihrem Bette kniet und in Andacht die Botschaft vernimmt, die ihr ein Engel von ihrem himmlischen Bräutigam überbringt, — eine Scene, die unbedenklich der Verkündigung Mariä nachgebildet ist; dann zeigt das zweite Bild, wie Jesus in das Schlafgemach und an das Bett seiner Braut tritt; weiterhin erblicken wir das Liebespaar an einem reichbesetzten Tisch, essend und plaudernd; darauf aber wird die Standhaftigkeit und Treue der Geliebten geprüft: Christus entblösst sie, geisselt sie mit Ruten, nimmt ihre Kleider

und den trauten Spinnrocken fort, bis er ihr wieder Huld und
Liebe bezeugt, der Erschrockenen nacheilt, ihr einen Pokal
mit «minne drink» reicht und sie nun ihrerseits beginnt, sich
um den Geliebten zu bemühen, den sie schliesslich leidenschaftlich umfasst, ihn fesselt und dem sie mit einem Bogen
naht, um ihm Pfeile der Liebe ins Herz zu schiessen; zum
Schlusse sind Beide überwältigt von Liebe und trunken von
Wonne : Jesus ergreift eine Geige, lockt die Geminnte mit süssen
Tönen, küsst sie, flüstert ihr Worte der Liebe ins Ohr und
erhebt die Niedrige und Arme zu seinem fürstlichen Rang
empor, indem er ihr eine Krone aufs Haar drückt; ein Engel
führt dann endlich die Verlobten an den Händen zum Lande
der ewigen Weisheit, der Seligkeit, der Liebe. Man sieht : naturalistischer und doch zugleich phantasievoller und poetischer konnte
das übersinnliche Verhältnis nicht zu bildlicher Anschauung
gebracht werden.

So weit wie hier ging man nun in der grossen Kunst, in
Werken der Plastik und der Malerei nicht ; doch wird es jedem,
der mit den Darstellungen vertraut ist, nun leicht ersichtlich
sein, woher so manche Motive und Einzelzüge dieser Art,
namentlich, wie schon erwähnt, auf den Bildern des Marientodes gekommen sind. — Uebrigens giebt es auf der Wiener
Hofbibliothek ein Holzschnittblatt aus der Mitte des 15. Jahrhunderts, welches in neun von einander getrennten Einzeldar-
stellungen ganz ähnliche Scenen zwischen Christus und einer
minnenden Seele schildert. Wie manche solcher Blättchen, gezeichnet oder gemalt oder als Holzschnitte mögen in jenen Zeiten
von Hand zu Hand gegangen sein !

Ausser durch die Dichtung fanden diese Anschauungen ihre
weite, für die bildende Kunst so fruchtbringende Verbreitung
durch das in der Geschichte der Mystik so wichtige visionäre
Leben, auf das wir immer wieder zurückgreifen müssen.
Manche der vielen Beschreibungen von Visionen, die den unzähligen ekstatischen Mystikern und Mystikerinnen zuteil wurden,
lesen sich fast wie derartige Gedichte. Jene sinnliche Vorstellung
des Verhältnisses der Seele zu Gott hatte sich so fest in die
Phantasie eingeprägt, dass die Erinnerung an die zu Zeiten in
der Verzückung erlebte mystische Vereinigung mit der Gottheit

den Visionären nur unter solchen Bildern haften blieb und dann beschrieben wurde. Besonders charakteristisch hierfür ist das visionäre Leben der Nonne Christina Ebner vom Kloster Engelthal bei Nürnberg.

Zu betonen wäre auch hier, dass in den bewussten Illustrationen zu Suso's Schriften das Motiv einer personifizierten Seele vorkommt: auf einem der Holzschnitte sieht man eine nackte Kindergestalt im Schoosse Christi sitzen. Ein dazu gehöriges Schriftband enthält die Worte:

«Hie ist der gaist ein geschwunden,
Und wirt in der freiheit person funden!»

4. Mystik, Kunst und weltliche Dichtung.

Die Art, wie dieses Motiv der mystischen Liebe behandelt und bildlich ausgestaltet worden ist, — sowohl von den Dichtern wie auch von den, in ihrer Ausdrucksweise sich der Poesie nähernden spekulativen Philosophen der deutschen Mystik, und endlich auch von den unter jener Einfluss stehenden bildenden Künstlern, — erinnert ganz entschieden an die weltliche Dichtkunst. Die ritterliche Minnepoesie ist es, welcher Vorstellungen und Sprache entlehnt worden sind. Entlehnt? — oder aber darf man nur sagen: mit welcher die Mystik jene Dinge gemeinsam hat? Ebenso wie das mystische Motiv der überirdischen Liebe ganz sinnlich ausgemalt wurde, finden wir ja auch umgekehrt in manchen Fällen bei der weltlichen Poesie eine merkwürdige Vermischung von ganz Konkret-Weltlichem und Uebersinnlichem. Fast möchte man glauben: es ist ganz dieselbe Anschauungsweise, die sich hier wie dort geltend macht, die aber sich bemüht alle Grenzen zu verwischen, weil sie eigentlich keine solchen kennt, sondern Himmlisches und Irdisches ineinander fliessen lässt und das eine im andern entdeckt. Es ist eben wieder der deutsch-mystische Geist, dessen Hauch wir überall verspüren.

Sehen wir uns weiter um, so finden wir noch manche Dinge, welche Mystik und weltlicher Poesie und, nach jenen, dann auch der Kunst gemeinsam sind. —

Christus erscheint als der in Minne sich ergehende Ritter,
als der reiche, vornehme, mit allen Tugenden und Gütern aus-
gestattete Edle, der, Liebe suchend, sich in die Welt begiebt,
als der Fürst, der König, an dessen Hof sich zu Schaaren die
minnenden Seelen versammeln. Er ist der höchste Fürst in
einem herrlichen grossen Reiche, in welchem als mächtiger
Kaiser in prächtigem Ornat auf kostbarem Thron Gott Vater
selber thront und regiert, in welchem Maria als zarte liebliche
Königin lebt und in welchem alle Heiligen hohe Vasallen und
alle Seligen edle Ritter sind, während die Engel die Pagen
machen. Voller Glanz und Pracht wird uns dieses Reich und
die Erscheinung seiner Angehörigen geschildert, auch von den
ernstesten Philosophen der mystischen Schule, und zwar durchaus nicht mit Berechnung auf den Aberglauben des Volkes —
im Gegenteil, oft wird sogar ausdrücklich betont, dass man an
die reale Existenz all' dieser Dinge nicht zu glauben habe —
sondern bloss aus einer reinen Freude am poetischen und künstlerischen Schalten und Gestalten der Phantasie und aus dem
Bestreben, sich Uebersinnliches und die Welt abstrakten Denkens
anschaulich und durch Versinnlichung dem empfindenden Gemüt
zu eigen zu machen.

«Von der hovereise der sele an der sich got wiset» ist
ein Abschnitt in den, «das fliessende Licht der Gottheit» be-
titelten Offenbarungen der Schwester Mechthild von Magdeburg
überschrieben, in dem die Reise einer minnenden Seele an den
göttlichen Fürstenhof geschildert wird. «Eya, wie lieplich wirt
sie da enpfangen!» «So grüsset er si mit der hove sprache die
man in dirre kuchin nit vernimet, und kleidet su mit den
kleidern, die man ze den palaste tragen sol und git sich in ir
gewalt.»

Dieses Beispiel gehört der Mitte des 13. Jahrhunderts an,
also einer Zeit, die zu der ritterlichen Minnepoesie noch unmittelbare Beziehungen hatte. Ein solch' enger Anschluss an
die höfischen Anschauungen findet sich später nicht mehr; doch
die Vorstellung des Himmels als Kaiserreich oder Fürstenhof
mit all' seinem Glanz und seiner Pracht und der göttlichen und
heiligen Personen als Kaiser und Fürsten bleibt der ganzen
folgenden Mystik eigen und wird zu einem beständig wieder-

kehrenden und ganz natürlich erscheinenden Requisit ihrer An-
schauungs- und Ausdrucksweise. Auch hier finden wir in der
italienischen Mystik verwandte Erscheinungen, so in einigen
Dichtungen, die aus den Kreisen der Franziskaner hervorgegangen sind. Merkwürdig und bedeutungsvoll, dass die Mystik
so gern und so leicht sich vermählt mit weltlichen Anschauungen, ohne an ihrer tiefen Innerlichkeit irgend welche Einbusse
zu erfahren!

Es kann uns so nicht als ein willkürlicher Zufall erscheinen, wenn wir sehen, wie die Maler und Bildhauer ihre heiligen
Bilder mit den Gestalten von gekrönten Herrschern, von ge-
schmückten Edlen und vornehmen Frauen füllen, dieselben mit
der Pracht kostbarer Throne und brokatner Stoffe ausstatten
und einen farbenfreudigen Glanz edelsteinbesetzter Ornate und
reicher Gewänder verschenderisch über sie ausgiessen.

Die innigste Fühlung zu jener Dichtung, die weltlich und
mystisch zugleich genannt werden kann, hat die frühe Kölner
Malerei gehabt. Der idyllische Zug jener Kunst, die zu Beginn
des 15. Jahrhunderts wie eine anmutige Blume erblüht, steht
ganz unter dem Zauberbanne dieser Gedanken- und Gefühlswelt.
Jene entzückenden kleinen Darstellungen der Maria mit Heiligen
im Garten auf blumigem Rasen in anmutigem Gespräche begriffen oder musizierend und singend, sie sind ja nichts anderes
wie gemalte Gedichte, von jenen Gedichten, die das Leben zarter
minnender Frauen schildern und dieses holdeste irdische Sein mit
dem Wesen der göttlichen Jungfrau und ihres heiligen Hofstaates vergleichen und es auf dieses übertragen.

Wir erfuhren übrigens schon, dass derartige, unter dem
Einflusse der Dichtkunst entstandenen Schöpfungen der bildenden Kunst in Visionsbeschreibungen der frühen Mystik, ihre
ganz direkten Vorbilder haben.

Schon Schnaase macht die Bemerkung, dass «alle diese
Bilder in kleiner Dimension sind, offenbar nicht für den kirchlichen Gebrauch, sondern zur Privatandacht, ich möchte sagen,
zum andächtigen Genusse bestimmt».

In der That, es ist offenbar, wie sich die deutsche Kunst
hier vollständig vom Dienste der Kirche befreit hat und sich
statt dessen, so fügen wir hinzu, ganz dem Gedankenkreise und

dem Streben der volkstümlichen Mystik, der eigentlich deutschen
Religion jener Tage hingegeben hat, was sie sonst meist so ganz
und frei nicht konnte und durfte, da sie doch mehr oder minder
sich, durch die Umstände gezwungen, im Kreise der Kirche
halten musste.

Zu erinnern wäre noch daran, dass gerade Köln eine der
Hauptpflegestätten der Mystik war, und ausserdem an den Um-
stand, dass gewisse Motive dieser Art, die zuerst in der Kölner
Schule auftauchen, wie die Madonna im Rosenhaag, dann in
Schwaben, besonders am Oberrhein weitergebildet werden, in
jenen Gauen, die ihrerseits ebenfalls der Mystik den günstigsten
Boden lieferten. —

So wie die Heiligen und Seligen im himmlischen Reiche
Fürsten und Vasallen genannt wurden, so bezeichnete die
poetische Sprache der Mystiker diejenigen unter den Lebenden,
welche sich schon hier auf Erden dem Minnedienste des Göttlichen weihten, als Ritter Christi oder, sofern sie in der Welt
für ihre Ueberzeugung leiden und kämpfen mussten, als Streiter
Gottes. An das hehre mittelalterliche Ideal der Gralsritterschaft
wird man bei dieser Vorstellung erinnert und die zur Zeit der
Kreuzzüge entstehenden Ritterorden dürften in einiger Hinsicht
als die praktische Belebung jenes allgemein genommenen Ge-
dankens von der Ritterschaft Christi, den die Mystik von Anfang an liebt und verbreitet, angesehen werden. — Bei Tauler
heisst es: «Nun merket, wie dass die gelassenen Menschen
göttliche würdige Ritter Christi sein, denn der himmlische König
in seines Herzens Lust hat unaussprechliche Genüge in den
neuen roten rosinfarbenen Ritterkleidern seines eigenen Sohns,
mit welchen er neu gekleidet wird, und ist ein Vorgänger worden aller auswendigen und inwendigen Märtyrer. Und diese
Ritterkleider sind dem ewigen Sohn in der Zeit wegen seiner
ritterlichen Frömmigkeit worden. Und weil er dieselbe nicht
in der Ewigkeit hatte, darum kam er von dem Himmel nicht
als ein König sondern als ein demütiger Knecht, und mit ritter-
lichem Streit hat er diese ritterlichen Waffen gewonnen, die
ihn vor den väterlichen Augen und vor aller englischen Ritterschaft sehr zieren, welche in fünftausend Jahren in den roten
ritterlichen Kleidern nicht gesehen hatte. Und gefallet ihm daher

auch sehr wohl, dann seine auserkorene Ritter auch mit der-
gleichen ritterlichen Kleidern geziert werden mögen, auf dass
also der himmlische Vater für seinen Augen die peinrote Ritterschaft der lebendigen Märtyrer sähe, die von so mannigfaltiger
Herrlichkeit aus ihren glorifizierten Leibern glänzen.»

Weiterhin fügt er in phantastischer und zugleich derb-
realistischer Weise hinzu, dass diejenigen, die nicht stark genug
wären, Ritter zu sein, sich wenigstens bemühen sollten, Stall-
knecht oder Feuerschürer oder Küchenmagd an dem Hofe des
Königs, des Herrn Gottes zu sein. Heinrich Suso sagt von
sich selbst, dass er anfangs nur ein Knecht, später aber ein
Ritter Christi gewesen sei. Nachdem ihm durch göttliche Eingebung erlaubt war, ein Ende mit seinen qualvollen Bussübungen und Selbstpeinigungen zu machen, die er sich als junger
asketischer Mönch auferlegt hatte, wurde ihm auf einmal in
einer Vision die Erscheinung eines Engels in Jünglingsgestalt,
der ihm Ritterkleidung überreichte und welcher sprach: «Wisse,
Ritter, du bist bisher Knecht gewesen: Gott will, dass du nun
Ritter seist! — Wer die geistliche Ritterschaft Gottes will un-
verzaglich führen, dem soll viel mehr grossen Gedränges begegnen, denn es je thut zuvor bei den alten Zeiten den berühmten Helden, von derer kecken Ritterschaft die Welt pflegt
zu singen und zu sagen.» Ein schöner evangelischer Sinn, der
dieser poetischen Phantasie Suso's zu Grunde liegt: erst dann
hielt er sich äusserlich und innerlich für edel und frei, als er
äusserlicher Uebungen nicht mehr bedurfte, sondern mit Glaube
und thatkräftiger Gesinnung allein fest bestehen konnte.

Wieder haben wir auf die Suso-Illustrationen zu verweisen,
wo der Mönch diesen visionären Vorgang uns selbst im Bilde
ausgeführt hat: man sieht ihn vor der Erscheinung Christi im
geöffneten Himmel niederknieen, neben ihn tritt der Engel mit
einer Posaune, vor ihm liegen Helm und Schild mit dem Monogramm Christi als Wappenzeichen; links sieht man drei Ritter
Christi zu Pferd mit demselben Wappen ausgezeichnet. In diesem
Falle dürfen wir wohl unbedenklich sagen, dass Suso als Erster
dieses Motiv künstlerisch verwertet hat.

Suchen wir nach späteren Darstellungen, so fällt uns zunächst der Genter Altar ein. Unter den Scharen, die zur An-

betung des Lammes am Lebensbrunnen herbeiströmen, erblicken
wir da als besondere Gruppe die Ritter Christi, ein edles Häuf-
lein, stolz zu Ross in glänzender Wappenrüstung und vornehmer
Tracht, mutig und frei und doch gelassen und sinnig, «zu
Streitern für der Tugend Recht ernannt». Eine andere derartige
Gruppe zeigt uns Meister Stephan Lochner auf dem Kölner
Dombild, wenn auch eigentlich der Kölner Stadttheilige Gereon
mit seinem Gefolge gemeint ist. Ueberhaupt bringen die Künstler
das Motiv der Ritterschaft Christi in ganz allgemeiner Auffassung sonst nicht mehr; man bedurfte dessen nicht, da es
verschiedene Heiligentypen gab, in deren Erscheinung und
Wesen man jener Anschauung vollen Ausdruck verleihen konnte.
Sankt Georg, Gereon, Wenzel, Sebaldus, Pankratius, Martin u.
a. sind da zu nennen und in vielen Fällen, wo wir sie in der
deutschen Kunst dargestellt finden, unter diesen Gesichtspunkt
zu rücken. Als analoge Erscheinungen könnte man oft verschiedene weibliche Heilige ansehen, so namentlich Ursula mit
ihrem Gefolge. Zu ganz bestimmter und vollendeter Gestaltung
ist, so dünkt uns, das Motiv durch Dürer gelangt. Wir denken
an seinen berühmten Kupferstich: «Ritter, Tod und Teufel»,
den wir aus diesem Gedankenkreis erklärt sehen möchten.

> «Wer nun dem Gral zu dienen ist erkoren,
> Den rüstet er mit überird'scher Macht;
> An ihm ist jedes Bösen Trug verloren,
> Wenn ihn er sieht, weicht dem des Todes Nacht »
> (R. Wagner: Lohengrin.)

Ebenso unbekümmert um die Gesellen Tod und Teufel
reitet Dürer's Ritter seines Wegs. Dass dem Meister Begriff und
Wort nicht fremd waren, beweist jene Stelle in seinem niederländischen Reisetagebuch, wo er nach der Nachricht von Luther's
vermeintlichem Tode Gedanken und Aufforderung an Erasmus
von Rotterdam richtet: «Hör, du Ritter Christi, reit hervor
neben den Herrn Christum, beschütz die Wahrheit, erlang der
Martärer Kron!»; wie denn übrigens Erasmus selbst sich in
seinen Schriften mit Vorliebe dieses alten Ausdrucks der Mystiker bedient, ja er sogar bekanntlich ein Büchlein über den
«miles christianus» schrieb.

Ganz verwandte Empfindungen werden uns übrigens wach-

gerufen, wenn wir die herrlichen Gestalten der beiden Paum-
gärtner auf den Flügeln des Altares in München betrachten.

Es könnte vielleicht jemand auf den Gedanken kommen, in
dieser Vorliebe der Mystiker für die Anschauungen und Vorstellungen der weltlichen, der ritterlichen Dichtkunst und in
der daraus entspringenden phantasievollen Entfaltung von
äusserer Pracht bei der bildlichen Gestaltung heiliger Gegenstände und Personen, wie sie also auch von der Kunst meist
so verschwenderisch angewandt worden ist, einen Widerspruch
zu finden mit den übrigen Bestrebungen der Mystik.

Man könnte es vielleicht unvereinbar wähnen mit dem Drang
der Mystiker nach Verinnerlichung. Es wäre dies jedoch durchaus unberechtigt. Jenem Drang nach Verinnerlichung that diese
poesievolle Freude an dem Glanz und dem Reichtum der äusseren
Erscheinungswelt gar keinen Abbruch. Dass alle weltliche Pracht
im Hinblick auf das Heilige und Göttliche bedeutungslos, dass
dieselbe auf dem Wege zum Endziel, der mystischen Vereinigung der Seele mit der Gottheit, durchaus entbehrlich ist, und
dass endlich die Einkleidung des Begriffes der Gottheit und die
Verkörperung der göttlichen Wesen in derartig reich ausge-
statteter bildlicher Gestaltung nur ein Spiel der Phantasie sei,
darüber bestand natürlich keinem mystisch Denkenden irgend
ein Zweifel; die äusseren Dinge jedoch für in jedem Fall ver-
werflich zu erklären, das lag nicht in der Absicht der Mystik.
«Es kann einer auch wohl in einen hohen Stand gesetzt sein,
in grossen Dignitäten schweben und einen Ueberfluss in zeitlichen Gütern haben, und nichts destoweniger mit dieser innerlichen, des Geistes Armut begabt sein» sagt Tauler. Gerade in
diesem Punkte können wir ein Zeichen für das hohe und reine
künstlerische Element, das dem Geiste der deutschen Mystik
innewohnte, erkennen; und gerade dieser Punkt trägt zum Verständnis des Wesens der deutschen Mystik sehr bei. Das
Himmlische mit dem Irdischen, das Göttliche mit dem Weltlichen zu verbinden und jenes in diesem zu entdecken, das ist
ja, wir betonen es wieder, das Streben der Mystik; und indem
man jenes in diesem fand, liebte man das Letztere um so mehr,
und zwar mit jener selbstentäussernden Liebe und jener reinen
Freude, wie sie eben sonst — nur den Künstlerseelen eignet.

Dass sich da nun die Phantasie die Welt des Sinnlichen so reich, so vollkommen und so belebt ausgestaltete, wie nur möglich, ist begreiflich.

Dasselbe Entzücken, mit dem man sich an dem Reichtum und der Pracht erfreute, empfand man nun aber auch beim Anblick des Kleinen, Unscheinbaren. Die ganze Natur in allen ihren Formen wurde ja nur als Ausdruck des Einen angesehen und erschien so in poesievoller Verklärung.

«Es ist kein Kraut so klein,
Es zeugt von Gott dem Schöpfer sein»

lautete ein altes schlichtes Sprichwort, das Tauler einmal in einer Predigt zu Ostern seinen Zuhörern ins Gedächtnis ruft. Das Sicheinsfühlen des Menschen mit der ganzen Erscheinungswelt erweckte dem deutschen Mystiker eine allesumfassende, auch das Kleinste berücksichtigende Liebe zur Natur, der belebten wie der unbelebten. Keinen anderen Sinn hegt die deutsche Kunst Das Eingehen auf das Detail, die Vorliebe für die Kleinigkeiten der Natur erhalten durch diese Betrachtung erst ihre richtige Beleuchtung. Auch der Zug zum Genrehaften und die oft so merkwürdige Vermischung desselben mit dem Pathetischen und dem Tragischen finden von hier aus ihre Erklärung. Die dem modernen Denken bisweilen vielleicht unverständliche, unvermittelte naive Nebeneinanderstellung von Genre und Pathos, ja oft von Humor und Tragik, wie es ja in den Passionsdarstellungen öfters der Fall ist, erscheint, wenn wir uns in das mystische Denken und Fühlen jener Tage hineinleben, nicht mehr als Disharmonie, wenn auch als Kontrast; sondern wir erkennen dann nur den mannigfaltigen Ausdruck einer einzigen Art des Anschauens der Welt und des Verhältnisses zu ihr. Trennungen und Unterschiede gab es nicht; und wie man keine scharfe Grenze fand zwischen Sinnlichem und Uebersinnlichem, keinen Unterschied in der Bedeutung der mannigfachen Formen der Erscheinungswelt, so führte man auch alles Fühlen, alles Leid und alle Freude auf einen Urquell zurück, auf jenen göttlichen der Liebe, der alles belebt. Desshalb empfand man es nicht als Disharmonie, die äusserlich verschiedensten Ausdrucksformen zu gleicher Zeit zur künstlerischen Darstellung zu bringen.

5. Symbolik.

So wurde denn in der Weltanschauung der deutschen Mystiker alles, auch das kleinste in der Natur zu hoher Bedeutung erhoben. Was Wunder, dass die Phantasie nicht ruhte und mit Hülfe des philosophischen Denkens sich bemühte, dieser Bedeutung nun einen noch erweiterten Sinn zu unterlegen. Man fand als neues Ausdrucksmittel mystischer Anschauungsweise die Symbolik höchst dienlich und bildete eine solche im denkbar weitesten Masse aus. Die Lust zu symbolisieren ist denn allen deutschen Mystikern im höchsten Grade eigen und wird bisweilen so weit getrieben, dass der moderne Leser ermüdet wird. Im Ganzen betrachtet haben wir aber auch hier eine grosse geistige Erfindungskraft zu bewundern und im Einzelnen muten uns manche sinnige und poesievolle Einfälle recht an. Wir geben einige Beispiele.

Tauler führt einmal Folgendes aus: «Es hat das Kreuz Christi gleichwie ein Bett vier Ecken, daran die allerheiligsten Glieder des Sohnes Gottes von einem Eck zum andern ausgedehnt und ausgestrecket worden, dass dadurch zu verstehen gegeben würde, wie er das ganze menschliche Geschlecht insgemein liebe, und aus den vier Ecken der Welt alle zu sich in sein Bettlein zu ziehen begehre. Denn er für alle gestorben und wünschet, dass alle mögen selig werden. Welches auch andeutet die Form seines Kreuzes. Denn das oberste Teil bedeutet, dass er die gefallenen Engel hat wiederum zu recht bringen wollen; das untere Teil, dass er die heiligen Väter aus der Vorburg der Hölle erlöset; das Teil auf der rechten Seite, dass er seine Auserwählten beschütze und segne; das Teil auf der linken Seite, dass er alle seine Feinde und arme Sünder habe bekehren wollen. Das oberste Ende, dass der Himmel wieder aufgeschlossen, das unterste Ende, dass die Hölle zerstöret; das rechte Ende, dass die Gnade ausgegossen; das linke Ende, dass die Sünde vergeben sei.»

Eine andere symbolische Erklärung des Kreuzes, ebenfalls bei Tauler sich findend, lautet: «Das heilige Kreuz ist von vier Hölzern gemacht, eines oben, eines unten und zwei auf beiden Seiten. Das oberste Holz ist die göttliche inbrünstige Liebe.

Das auf der linken Hand ist die tiefe Demut, da wir uns selbst und alles, was uns zufallen mag, gering und für nichts schätzen. Das zur rechten Hand ist die innerliche Lauterkeit, da wir alles williglich fahren lassen, das diese Lauterkeit verunreinigen mag, es sei innerlich oder äusserlich, Erden oder ichtwas anderes. Das unterste Holz ist die tiefe Demut, dass du in keinem Weg dich selbst besitzest, sondern dich Gott in all deinem Thun und Lassen ganz ergebest.»

In Suso's Lebensbeschreibung wird von ihm erzählt: «An unserer Frauen Tag zu der Lichtmess bereitete er vorhin drei Tage mit Gebet eine Kerze der himmlischen Kindbetterin; und die Kerze war gewunden mit dreien Stangen also: Die erste Stange in der Meinung ihrer reinen jungfräulichen Lauterkeit; die andere, ihrer grundlosen Demütigkeit; die dritte, ihrer mütterlichen Würdigkeit, welche drei sie allein hatte vor allen Menschen.» — Von dem Kronenschmuck der Heiligen heisst es in des Hermann von Fritzlar «Heiligenleben» (entstanden 1343—1349): «Di merterêre tragen eine krône von erze, und bedûtit ire stêtigkeit; di lêrêre tragen eine silberîne krône, und bedûtit ire wisheit; aber di jungvrowen tragen eine guldine krône.» — Von der Krone, welche Gott Vater Christus aufs Haupt setzt, und welche «von so unermesslicher Pracht und Schönheit ist, wie sie kein irdischer Meister je herzustellen imstande ist», macht Mechthild von Magdeburg in ihrem «Fliessenden Licht der Gottheit» etwa folgende Beschreibung: Die Krone hat drei Bogen; der erste Bogen sind die Patriarchen, der zweite die Propheten, der dritte die heilige Christenheit. Geschmückt und «geblumet» wird sie mit allen Seligen, die am jüngsten Tag das Reich Gottes besitzen sollen; gefärbt ist sie mit dem Blute des Lammes und «erleuchtet und vergoldet mit der kräftigen Minne, die Jesus Herze brach». Die Engel sind nicht an der Krone gebildet, doch sie werden bei derselben «mit wonniglichem Sange Gott loben». Oben auf der Krone schwebt das allerschönste Banner: das heilige Kreuz. — Viele der unzähligen uns bekannten mystischen Visionen sind nur symbolisch zu verstehen, und ihre Beschreibungen sind meist von erklärenden Deutungen begleitet. So schildert Mechthild von Hackeborn im «Speculum spiritualis gratiae» ihre Vision

vom «Berge der Tugend», auf welchen Jesus ihre Seele ge-
leitete, etwa folgendermassen: Der Aufstieg geschah auf sieben
Staffeln, auf welchen je ein Brunnen sich befand, an dem sie
sich wusch. Die erste Staffel hiess diejenige der Demut; der
Brunnen dort wusch ab alle Laster, die sie mit Hoffart be-
gangen hat. Die zweite Staffel war die der Sanftmütigkeit;
hier war der Brunnen der Geduld, welcher von allen Makeln
reinigte, die sie durch Zorn empfangen. Nun ging es zur Staffel
der Liebe, wo alle Sünden des Neides abgewaschen wurden.
Hier verweilte die Seele länger, sie fiel Jesum anbetend zu
Füssen, während von der höchsten Höhe des Berges der Chor
der Engel und Heiligen süssesten Gesang erschallen liess.
Weiter stiegen sie zur Staffel des Gehorsams, deren Brunnen
von Ungehorsam befreite. Dann kam die Staffel der Mässigkeit
mit dem Brunnen der Mildigkeit, der von den Sünden des
Geizes säuberte. Höher stiegen sie zur Staffel der Keuschheit,
wo die Seele am Brunnen der göttlichen Reinheit von den
Sünden, die von der Begierde des Fleisches herrühren, geläutert
wurde. Endlich erreichten sie die Staffel der geistlichen Freude,
wo der Brunnen der himmlischen Lust abwäscht alle übrigen
Sünden und die Seele von Trägheit und Schwere befreit. Von
da aus ging es auf die Höhe des Berges, «wo die Menge der
Engel war, gleich als Vögel, die da güldene Glöcklein hatten,
und machten ein süsses Getön». Es standen dort zwei Throne,
reich gezieret: der höchste war der Sitz der Dreifaltigkeit;
von ihm aus flossen die vier Ströme der göttlichen Weisheit,
der göttlichen Fürsichtigkeit, des göttlichen Einflusses und der
göttlichen Wollust. Zuoberst hatte dieser Thron einen goldenen
Knauf von unermesslicher Grösse und geziert mit Edelgestein:
er bedeutet die Gottheit; in den Tabernakeln, mit denen er
versehen, wohnen die Heiligen, Propheten, Apostel, Märtyrer,
Beichtiger und Auserwählten. Auf dem anderen Thron aber
sitzt die heilige Jungfrau neben Christus; auch dieser Thron
hat viele Tabernakel, die mit den heiligen Jungfrauen angefüllt sind. Während nun die Seele der Mechthild sich diesem
nähert stimmen alle Heiligen und Engel einen herrlichen beseligenden Gesang an, mit dem sie ihre eigene Stimme entzückt
vereinigt. — Ein anderes Mal in derselben Schrift beschäftigt

sich Mechthild wieder mit den Thronen des himmlischen Reiches:
während der Messe wird sie plötzlich verzückt und sieht in
einer Vision Christus auf einem Thron aus Krystall, welcher
«die unschätzbare Lauterkeit» des Herrn andeutete; der Sitz
war verziert mit roten Korallen, die «das rosenfarbene Leiden
seiner Menschheit» versinnbildlichten. Neben ihm sass Maria
auf einem Stuhl aus Saphir, welcher «dem Herzen der wür-
digsten Mutter Gottes» vergleichbar und mit dem Schmuck der
Perlen «ihrer jungfräulichen Reinheit» versehen war. — In
einer anderen Vision erblickte sie wiederum Maria «in einem
Kleid voll güldener Räder und zuoberst zwei güldene Hände,
die das Kleid zusammenhielten, durch welche bedeutet ward die
allerseligste und unzerteilte Vereinigung Gottes mit der Seele».

So weit wie die Mystik geht nun die Kunst in der Symbolik nicht. Hier in diesem Punkte folgt sie nicht; wohlweislich,
denn das Begriffsmässige, mit dem es die Symbolik immer mehr
oder minder zu thun hat, würde dem rein Künstlerischen zu
nahe treten. Es ist dennoch nicht zu leugnen, dass in dieser
Art des Symbolisierens der deutschen Mystik ein gewisses
künstlerisches Element, jedenfalls viel poetische Erfindung und
Gestaltungskraft steckt. Andererseits erinnert den Leser doch
gar manche derartige Vorstellung an bildliche Gestaltungen,
welche die Kunst bringt. Wir haben deshalb eine Anzahl
charakteristischer Beispiele aus der Litteratur zu bringen nicht
für unnütz erachtet. Bei der Verbreitung, welche das mystische
Denken in Deutschland durch Jahrhunderte hindurch hatte,
dürfen wir wohl annehmen, dass Künstler und Laien vor den
fertigen Erzeugnissen der Kunst sich neben der Freude und
der Andacht, welche das rein Künstlerische erzeugte, doch auch
hier und da der Lust zum Symbolisieren hingegeben haben.

Solche Werke, bei denen das Symbolische und das Allegorische wirklich der Zweck sind, finden sich nur selten; die
wenigen Darstellungen, welche vorkommen, gehen überdies
meist nicht auf die Anregungen der deutschen Mystik zurück,
sondern auf Symbolvorstellungen, die schon in der früheren
Kunst und Litteratur lebten, sowie in vielen Fällen auf die
Vorliebe für die sogenannten typologischen Beziehungen, die
sehr alt und wie bekannt auch im späten Mittelalter noch sehr

beliebt waren und deren langes Leben in der Kunst durch den häufigen Gebrauch, den auch die Mystiker von ihnen machen, erhalten sein mag. Am häufigsten sind die Mariensymbole und jene gemalten Tafeln, welche mit Darstellungen angefüllt sind, die typologische und symbolische Beziehung auf die Jungfräulichkeit der Mutter Gottes haben, wie das Widderfell des Gideon, Ezechiel vor der verschlossenen Pforte, Moses vor dem brennenden Busch, Aron mit dem blühenden Zweig, sodann der «fons signatus», die «rosa mystica», «hortus conclusus», «urna aurea», «turris Davidica» u. a.; weiterhin verschiedene Symboltiere, die zum Teil auf den Opfertod Christi Bezug nehmen: der Pelikan, der Phönix, das Einhorn im Schosse einer heiligen Jungfrau u. s. w.

Meist werden solche Tafeln «mystische Symboltafeln» genannt; doch ist hier das «mystisch» nicht so zu verstehen, als ob die Darstellungen Erfindungen der deutschen Mystik seien. Dieselbe bedient sich dieser Vorstellungen zwar auch und ist es ja möglich, dass sie auf ihrem Wege in die Kunst gekommen sind (jene die verschiedenen Symbole und typologischen Darstellungen zusammenfassenden Marientafeln werden erst im 15. Jahrhundert allgemein verbreitet); aber ureigene und charakteristische Erscheinungen der deutschen Mystik sind diese Dinge nicht — ebensowenig wie sie dem Charakter der deutschen Kunst gerade sehr entsprechen und ihr Ehre machen. Die reichste Verwendung von diesen Symbolbeziehungen macht unter den mystischen Dichtern Konrad von Würzburg in seiner «Goldenen Schmiede», jenem langen, der Verherrlichung Mariä gewidmeten Gedicht, das er in seiner späteren Zeit, wo er sich dem weltlichen Treiben abgewandt hatte und im Kloster zu Freiburg sich mystischem Leben und Denken ergab, verfasste. Alle vorhandenen Symbole, Bilder, Vergleiche und Ausdrücke, die irgendwie auf Maria und ihre Tugenden Bezug nehmen, stellt der Dichter hier zusammen, vermischt sie mit eigenen überschwänglichen poetischen Erfindungen und schmiedet das alles zu einem begeisterten Lobgesang auf die heilige Jungfrau zusammen. Wer sich einen Begriff machen will von der Symbolik, zugleich aber auch von der Phantasie der geistlichen Dichtung jener Zeiten, nehme dies Beispiel zur Hand. Es sei

uns gestattet, hier einen kleinen Ausschnitt aus dem Gedichte
wiederzugeben; derselbe ist charakteristisch und bringt ausserdem eine höchst merkwürdige bildliche Vorstellung, welche aus
einer Vermischung alter geistlicher Symbolik mit zeitgenössischer
weltlicher Poesie entstanden ist und auch in der bildenden
Kunst bisweilen in recht sonderlichen Darstellungen auftaucht.
Es ist die krause Phantasievorstellung der «mystischen Jagd
Mariä», welche von Konrad von Würzburg noch in einfacher
und poetischer Weise, wie folgt, gebracht wird:

> «dû vienge an eine gejegede
> des himels einhürne
> der wart in daz gedürnc
> dirre wilden werlt gejaget,
> und suochte, keiserlîchiu magct,
> in dîner schôz vil senftez leger.
> ich meine dô der himeljeger,
> dem undertân diu riche sint,
> jaggte sîn einbornez kint
> uf erden nach gewinne.
> dô in diu wâre minne
> treip her nider balde
> ze maneger sünden walde,
> dô nam ez, vrouwe, sine vluht
> zuo dir, vil saelden rîche vruht,
> unt slouf in dînen buosen,
> der âne mannes gruosen
> ist lûter unde liehtgevar.
> Christ Jêsus, den dîn lip gebar,
> der leite sich in dîne schôz,
> dô des vater minne grôz
> in jagete zuo der erden.
> er suochte dîne werden
> kiusche lûter unde glanz.»

Weit phantastischer und komplizierter wie in diesem frühen
Beispiel aus der Litteratur wird das Motiv in der späteren
bildenden Kunst ausgestaltet. Der ganze allegorische und symbolische Apparat wird damit in Verbindung gesetzt, und so
entstehen recht absonderliche, künstlerisch wenig erfreuliche
Kompositionen, die übrigens auch nur selten ausgeführt worden
sind. Von den wenigen, uns zu Gesicht gekommenen Beispielen
wollen wir ein charakteristisches nennen und beschreiben. Wir
wählen die Darstellung der «mystischen Jagd», die sich auf den
aneinander anschliessenden Rückseiten von zwei, auf den
Vorderseiten den Einzug in Jerusalem und das Abendmahl

zeigenden Tafeln der im Museum zu Colmar aufbewahrten Passionsfolge befindet, die aus der dortigen Dominikanerkirche stammt und aus der Werkstätte Schongauer's hervorgegangen ist. Man blickt dort in einen Burghof mit einer verschlossenen Thür (durch Inschrift mit der symbolischen Bezeichnung «porta clausa» versehen); innerhalb der Zinnenmauern schreitet der Engel Gabriel mit einem Jagdspeer und Jägerhorn herbei; er führt vier voranstürmende Hunde («misericordia», «iustitia», «pax», «veritas» genannt) an einer Leine. Nicht aber das eigentliche Opfer seiner, in göttlichem Auftrag unternommenen Jagd, nicht die heilige Jungfrau Maria selbst sieht man, sondern an ihre Stelle sind eine Anzahl der Darstellungen gemalt worden, die typologisch oder allegorisch Bezug nehmen auf sie, nämlich der Altar des Manoah, Gott Vater im brennenden Busch, das Fell des Gideon, das Einhorn im Schosse einer keuschen Jungfrau, ein goldener Eimer mit goldenen Früchten («urna aurea»), sodann ein, mit einem Schloss verriegelter Brunnen («fons signatus») und vorn eine weisse Lilie.

Dieser Vorstellung verwandt ist der offenbar weitverbreitete und einem Wortspiel («domini canes») seine Entstehung verdankende Vergleich der Dominikaner mit Jagdhunden. Eine Verwendung dieser Allegorie in der deutschen Kunst ist uns nicht bekannt, sondern nur die berühmte Darstellung aus dem 14. Jahrhundert in der spanischen Kapelle von St. Maria Novella zu Florenz. Wohl aber können wir bei dieser Gelegenheit eine daran erinnernde Stelle bei einem deutschen Mystiker anführen. Bei Tauler heisst es: «der himmlische Vater hat allenthalben seine Jagdhunde in Klöstern, in Klausen, in Häusern, in Wäldern, in Städten, Flecken und Dörfern. Denn es müssen alle Kreaturen dazu helfen, dass die Auserwählten Gottes, die sich sonsten in der Welt zu weit verirrten, in und zu ihrem Gott gejagt und getrieben werden.» —

Sind jene allegorischen und typologischen Darstellungen in der Art, wie wir sie auf den Marientafeln sehen, nicht Erfindungen der deutschen Mystik, so dürfen wir hingegen eine andere Art von Symbolik der Hauptsache und dem Wesen nach durchaus als Eigentum jener betrachten. Auch in der bildenden Kunst haben wir diese gewissen, von den Mystikern festge-

setzten und verbreiteten Vorstellungen wieder in vielfacher
Verwendung zu erkennen. Mussten wir jene vorhin betrach-
tete Symbolik als unkünstlerisch bezeichnen, und haben wir im
vorigen Kapitel die Annahme einer bewussten und umfassenden
Zahlensymbolik in der gothischen Architektur entschieden von
demselben Gesichtspunkt aus zurückgewiesen, so können wir
die Symbolik, von der wir jetzt sprechen wollen, schon unbe-
denklicher gelten lassen und ihr Vorhandensein in der deutschen
Kunst schon eher gutheissen. Wir denken an die häufig vor-
kommende Blumen- und Farbensymbolik, die der Mystik sehr
geläufig und unzweifelhaft in der Kunst in unzähligen Fällen
angewandt worden ist. Dieselbe entspringt durchaus jener
dichterischen Phantasierichtung der deutschen Mystik; sie wendet
sich weniger an die deutende Vernunft, sondern geht weit
mehr auf eine poetische Gefühlsbestimmung aus, weshalb sie, in
die bildende Kunst eingeführt, nie störend wirkt, besonders auch
weil sie fast stets bescheiden und unauffällig, nur wie eine
spielende anmutige Zuthat erscheint, ja in den meisten Fällen
beim ersten Eindruck gar nicht als Symbolik erkannt zu werden
braucht.

Die Mystiker lieben diese Farben- und Blumensprache sehr,
bilden sie in poesievoller Weise aus und geben ihr typisch feststehende Anwendung. In dem Reiche der blühenden grünenden
Natur fühlen sie sich heimisch, mit ihr setzen sie ihre seelischen Stimmungen in Verbindung, bringen sich zu jeder Pflanze
in ein inniges Verhältnis, erkennen in jeder Blume einen Charakter, ein Wesen, welch' Letzteres mit menschlichen Eigenschaften, mit seelischen Empfindungen und religiösen Gefühlen
in Vergleich zu setzen dann sehr nahe liegt. Wie die holde
Pracht, welche der Frühling über den blumigen Rasen ausgiesst,
so erscheint manches Mal die duftige Poesie jener Blumen- und
Farbensymbolik, mit welcher mystische Schriften und Predigten
durchsetzt sind. Eines der anmutendsten Beispiele bietet die
um die Mitte des 14. Jahrhunderts von einem Pfarrer Berthold
von Bombach verfasste Lebensbeschreibung der mystischen
Visionärin Luitgard, der Stifterin des Klosters Wittichen im
Schwarzwald, deren ganzer Charakter dort in einer langen
Schilderung in der Weise ausgemalt worden ist, dass sie mit

den verschiedensten Blumen verglichen wird. Die symbolische
Bedeutung der Pflanzen findet da in schöner poetischer Sprache
ihre Erklärung. In vielen Fällen sehen wir, wie sich der begeisterte Dichterflug mystischer Schriftsteller, von der Symbolik
ausgehend, doch über dieselbe erhebt und über sie hinaus wieder zu freier, reflexionsloser künstlerischer Anschauung gelangt;
so z. B. Suso, wenn er die «Ewige Weisheit» von ihrer eigenen
Schönheit selbst sprechen lässt: «Sieh, ich bin so wonniglich
geziert mit lichtem Gewand, ich bin so feinlich umgeben mit
allen blühenden Farben der lebenden Blumen, der roten Rosen,
weissen Lilien, schönen Violen und allerlei Blumen, dass aller
Maien schöne Blüte, aller lichten Auen schöne Reiser, aller
sonnigen Haiden zarte Blümlein gen meiner Gezierde sind als
eine rauhe Distel.» — Ueberhaupt liegt fast immer eine reine
Anschauung zu Grunde, manchmal sogar eine sehr sinnliche;
willkürliche Erfindung der Vernunft ist dieser Symbolik fremd.
Dabei hat sie mit der Blumen- und Farbensprache der weltlichen, der ritterlichen wie der volkstümlichen Poesie, namentlich
des frühen Mittelalters, so innerlich verwandt sie mit jener
auch ist, nicht immer die gleichen Züge gemeinsam; jeder der
verschiedenen Gedankenkreise bildet sich in diesem Falle unabhängig seine Ausdrucksweise, entsprechend der eigenen Vorstellungswelt. Ein Vergleich der von uns im Folgenden gebrachten Beispiele aus der Mystik mit dem von W. Wackernagel gesammelten und in seiner Abhandlung «die Farben- und
Blumensprache des Mittelalters» (cf. Kleine Schriften, Leipzig
1872, I, 143) zusammengestellten Material wird dem Leser leicht
die Verschiedenheit, zugleich aber auch hier wieder die eigentliche innere Verwandtschaft zeigen.

Rot ist das Blut; mit rotem Blute färbte sich der Körper
des gegeisselten, der Leichnam des gekreuzigten Erlösers. Rot
bedeutet das Leiden. Der Heiland litt aus Liebe; sein Leiden
war Liebe. Die Liebe ist Leiden. Rot glühen die Rosen. Die
Rose ist das Sinnbild der leidenden Liebe, des liebevollen Leidens. Die Rose gehört dem Heiland und auch seiner rein-
liebenden, schmerzensvollen Mutter. So sehen wir auf unzähligen Madonnenbildern eine Rose vom Christkind oder von
Maria in der Hand gehalten, so auf anderen Kränze von Rosen,

welche liebliche Engel darreichen, oder über den Häuptern Jesus und seiner Mutter schwebend halten oder sie ihnen aufsetzen; so verstehen wir die Erfindung der anmutigen poesievollen Kompositionen der Madonna im Rosenhag, der Maria mit Heiligen im Freien unter Rosenbüschen. So erklärt sich — hier übrigens schon seit alter Zeit — der typische rote Mantel des Heilandes, so das Rot auf der Innenseite des Gewandes der Maria. — Tauler hörten wir oben schon von dem «rosinfarbenen Ritterkleid» des Sohnes Gottes reden; in ebensolchen Gewändern denkt er sich die Streiter Christi, und die Schar der Märtyrer nennt er die «peinrote Ritterschaft». Auch Mechthild von Hackeborn nannte das Leiden Christi das «rosenfarbene Leiden seiner Menschheit». Suso glaubte einmal in visionärer Verzückung zu sehen, wie aus seiner Hand eine wunderbar schöne rote Rose entspross; und er glaubte einen Engel zu hören, der ihm erklärte, was dieses Gesicht bedeute:

«Es bedeutet Leiden und Leiden und abermals Leiden und Leiden, das dir Gott will geben, und das sind die vier roten Rosen an beiden Händen und beiden Füssen.» Ein anderes Mal hatte derselbe die Vision eines verstorbenen Chorherrn, der sein Freund gewesen war, und der ihm plötzlich in grünem Gewand und «um und um voll roter Rosen» erschien und ihm auf Befragen sagte: «die roten Rosen in dem grünen Felde das ist euer geduldiges Leiden, mit dem habt ihr mich reich gekleidet; und Gott will euch darum mit sich selbst ewiglich kleiden.» — Unzählbar sind die Belege dieser Art, die wir aus der Litteratur der Mystiker anführen könnten, unzählbar auch die Beispiele, die sich auf Kunstwerken finden und die jeder zur Genüge kennt. Ein einziges Bild wollen wir herausgreifen, weil es uns als ganz besonders bezeichnend für die Farbensymbolik auffiel. Es ist ein hübsches kleines Gemälde oberrheinischer Schule aus der Mitte des 15. Jahrhunderts, das sich im Besitze der städtischen Sammlung von Strassburg, z. Z. im dortigen alten Schlosse befindet. Dasselbe zeigt die heilige Jungfrau auf einem Rasengrund vor einer Mauer sitzend, gekleidet in ein weites vielgefaltetes Gewand, welches ganz rot ist. Um ihr schönes lang aufgelöstes Haar schlingen sich feine Zweiglein mit zierlichen roten Blümchen und mit der linken

Hand hält sie einen Zweig mit blühenden roten Rosen, auf die sie mit dem Zeigefinger der rechten Hand hinweist, während sie gesenkten Hauptes mit schwermütigem Blick vor sich hinschaut. Vor ihr auf dem Rasen erwächst eine rote Nelke. — Die Symbolvorstellung, dass rote Rosen das Leiden, insbesondere das Leiden Christi andeuten, hatte dazu veranlasst, den Kreuzesstamm, an dem der Erlöser gelitten, als Rosenbaum sich zu denken und in der Kunst zu bilden. Es berührt sich dieses Motiv mit dem, schon in der frühen christlichen Kunst auftauchenden allegorischen des Lebensbaums, der im Mittelalter bisweilen in der Weise mit dem Kreuze verbunden dargestellt wurde, dass aus dem Schafte des Letzteren Zweige herauswuchsen, die, meist durch Inschrift bezeichnet, allegorische Bedeutung erhielten mit Bezug auf das Leben, das Leiden und die Verherrlichung Christi, währenddem die Früchte, von welchen je eine an jedem Zweige hing, Tugenden bedeuteten, die nach Christi Vorbild die menschliche Seele sich zu erwerben hat. Nach dem Vorgange dieser Allegorie, — welche übrigens, wie Henry Thode in seinem «Franz von Assisi» konstatiert in dieser, mit dem Kreuz verbundenen Form zuerst in Italien auf Anregung des Mystikers Bonaventura entstanden ist — wurde dann in Deutschland das Motiv des Kreuzes als Rosenbaum öfters gestaltet, indem man an die Stelle der fruchtbehangenen Aeste des Lebensbaumes aus dem Schaft des Kreuzes Zweige mit blühenden Rosen wachsen liess, welch' Letzteren dann jene allegorische Bedeutung beigelegt wurde. In manchen Fällen werden noch weitere Darstellungen aus dem Kreise aller Allegorie hinzugefügt; so z. B. der auf die Erlösungsthat des Heilandes hindeutende Pelikan, den man mit seinen Jungen in diesem Baume nisten lässt. — Als Beispiel solch' einer Darstellung sei auf eine Symboltafel des 15. Jahrhunderts, die aus der Dominikanerkirche zu Frankfurt a. M. stammt und jetzt im dortigen städtischen Museum zu sehen ist, hingewiesen. Auf derselben sieht man eine derartige Ausgestaltung des, den Heiland tragenden Kreuzes zum Rosenbaum mit allegorischen Beischriften, vereinigt mit den Darstellungen der Madonna und der, neben dem Kruzifix angebrachten Propheten, Königen, Aposteln und Evangelisten. — In manchen Fällen jedoch sieht die deutsche Kunst auch hier wieder ganz ab von dem symbolischen, sich sogar erklärender Inschriften bedienenden Beiwerk und giebt bloss den schlichten poetischen Gedanken der Mystik wieder, der aus dem leidenbringenden Kreuz durch eine einfache, fast gefühlsmässige Gedankenverbindung einen blühenden Rosenstrauch macht. So fanden wir in Mainz im Besitze des Museums, aufgestellt in der Halle der Steindenkmäler, zwei gothische Madonnenstatuen, welche beide dieses Motiv verwertet zeigen, indem nämlich Maria in der einen Hand einen grünenden und blühenden Zweig hält, in dem man bei näherem Zusehen einen Kruzifixus, um welchen kleine Engel flattern, entdeckt.

Von Heinrich Suso wissen wir, dass er sich eine derartige Darstellung in seine Kapelle malen liess; es wird nämlich berichtet: «Und dass den leidenden Menschen Leiden desto leidlicher werde, da hiess er den tröstlichen Rosenbaum zeitlichen Leidens in der Kapelle entwerfen, und noch einen andern Baum des Unterschiedes zeitlicher und göttlicher Minne und wie sich die zweierlei Minne aus der Schrift widerwärtiglich halte, das stand da geschrieben in Latein.» Ohne Zweifel haben wir uns den einen dieser Bäume ähnlich den oben geschilderten Rosenbaumkreuzen zu denken; in welcher Gestalt er aber den anderen hat malen lassen, vermögen wir nicht zu sagen. Uebrigens sind gerade Suso's Schriften voll von mannigfachster und poetischster Anwendung des symbolischen Motivs der Rosen und des Rosenbaumes. Ob er jene Darstellung bei Gelegenheit der Ausmalung seiner Kapelle nach seinen Angaben zum ersten Male in die deutsche bildende Kunst eingeführt hat? Es erscheint uns dies nicht undenkbar. Auch unter den, uns so wichtigen Holzschnitten der ersten Auflagen seiner Werke fanden wir dieses Motiv des Rosenbaum-Kreuzes. Aus den vielen Fällen, wo das Motiv in seinen Schriften wiederkehrt, wählen wir ein besonders anziehendes Beispiel. Eine seiner Beichttöchter hatte folgende, ihn betreffende Vision gehabt: sie sah einen schönen Rosenbaum mit roten Rosen, zwischen welchen das Kindlein Jesus mit einem roten Kränzlein geschmückt eingebettet lag. Unter dem Baume aber erblickte sie Suso sitzend, und sie sah zu, wie das Christkind viele Rosen abbrach und jenem zuwarf. Da sie nun das Kindlein fragte, was die Rosen bedeuteten, da

sprach es : «Die Menge der Rosen das sind die mannigfaltigen
Leiden, die ihm Gott zusenden will, die er freundlich von Gott
empfahen und sie geduldiglich leiden soll». Auch diesen visionären Vorgang geben die Holzschnitte wieder.

Verwandt mit dieser so reich und so poetisch ausgestalteten
mystischen Symbolvorstellung ist natürlich der, durch den heiligen Dominikus in die katholische Kirche eingeführte, zu Zwecken
einer gesetzmässigen Formulierung der Gebetsandacht erfundene
Rosenkranz. Recht bezeichnend ist es jedoch zu sehen, wie
die deutsche Mystik dieses Motiv umgewandelt und, wir sahen
es, in ihrem Sinne frei und künstlerisch behandelt hat. — Auf
den katholisch-kirchlichen Rosenkranz zurückzuführen und im
Zusammenhang mit den Rosenkranzbrüderschaften entstanden
sind wohl einige Bildwerke, die man als Rosenkranz-Allegorien
bezeichnen könnte. Eine solche befindet sich z. B. im Germanischen Museum (Nr. 233), ein Nürnberger Bild aus dem
ersten Drittel des 16. Jahrhunderts, welches die Motive des
Rosenkranzes und des Rosenbaumkreuzes vereinigt und dieselben mit reicher Phantasie mit einer umfassenden Darstellung
vereinigt, so dass ein weiter geistiger Zusammenhang hergestellt
ist. In der Mitte befindet sich Christus am Kreuz, aus dessen
Stamm Zweige mit blühenden Rosen entspriessen; darüber sieht
man Gott Vater und die Taube des heiligen Geistes schweben
und neben diesen die Madonna mit dem Jesuskind und einige
Engel. Bei den Rosenzweigen befinden sich Schaaren von
Heiligen, als wenn diese in dem Baume des Leidens einen
seligen Wohnsitz gefunden hätten. Alles dieses wird umfasst
von einem goldenen Rosenkranz, neben welchem unten links
der Papst mit einer Schaar von Klerikern, rechts der Kaiser
mit seinen Unterthanen, Vertretern aller Stände, alle in Anbetung knien. Vor diesen entspriessen aus dem Erdboden rote
Rosen. Das Ganze macht also eine Gesammtdarstellung alles
irdischen und überirdischen, geistigen und weltlichen Seins
aus unter dem Rosenzeichen der Erlösungsthat des göttlichen
Liebesleidens. Eine ähnliche Komposition ist im Chor der
Lorenzkirche zu Nürnberg zu sehen auf einer Votivtafel auf
den Tod einer Frau aus dem Hause der Paumgartner. Demselben Gedankenkreise angehörend, wenn auch weniger reich

ausgestattet so doch ebenso bedeutungsvoll und dabei künstlerisch höher stehend ist sodann die Erfindung des Veit Stoss,
sein berühmter «Englischer Gruss», der im Chor derselben
Kirche vom Gewölbe herabschwebt. In das Rund des, auf das
welterlösende Leiden hindeutenden Rosenkranzes ist dort nur
das Bild der Verkündigung hineingesetzt: im Leiden die Hoffnung; hoch darüber schwebt die Allmacht Gott Vaters, feierlich
unwandelbar, und unter allem windet sich die besiegte Schlange
irdischen Verderbens. — Dass wir als letzte und höchste Ausbildung des Motivs des Rosenkranzes, überhaupt des Rosen-
symbols im deutschen Sinne, Dürer's, für die deutschen Kauf-
leute in Venedig gemaltes «Rosenkranzfest» anzusehen haben,
darauf brauchen wir wohl nicht näher einzugehen.

Auf den Madonnendarstellungen sieht man häufig Rosen-
kränze angebracht, — sei es auf dem Haupte der Jungfrau,
oder, von Engeln schwebend über derselben gehalten oder ihr
spielend dargereicht — welche aus roten und aus weissen
Rosen geflochten sind. Weisen die roten auf die Schmerzen
Mariens, so die weissen auf ihre Freuden, wie denn weisse
Rosen und die weisse Farbe überhaupt reine Freude, himmlische
Lust, Klarheit und Lauterkeit des Sinnes bedeuten. Als die
Nonne Elsbeth Stagel, die geliebte Beichttochter und Vertraute
Suso's diesem nach ihrem Tode in einer Vision erschien, er-
blickte er sie leuchtend in einem «schneeweissen Gewand», mit
dem ihr jetziger Zustand der «lichtreichen Klarheit voll himm-
lischer Freude» angezeigt war.

Dieselbe Elsbeth erzählt in ihrer Lebensbeschreibung Suso's
von einer anderen Vision, bei welcher Suso selbst erschienen
war mit einem Kranz von roten und weissen Rosen um das
Haupt geflochten; «und bedeuten», so sagt sie, «die weissen
Rosen seine Lauterkeit, und die roten Rosen seine Geduld in
mannigfaltigem Leiden, das er erleiden muss». Einen ähnlichen
Unterschied zwischen Rot und Weiss machte Mechthild von
Magdeburg, indem sie von einer Vision berichtet, bei welcher
ihr Gott selbst erschien mit zwei goldenen Bechern in den
Händen; der Becher in der linken Hand war voll roten, der
in der rechten voll weissen Weines. Der rote Wein be-
deutete Schmerzen, der weisse jedoch «übergrossen Trost».

Der weisse sei edler wie der rote; am besten aber wäre es
für den Menschen, wenn er beide zu trinken bekäme. Wir
werden bei dieser Gelegenheit erinnert an die mit Rotwein ge-
füllten Gläser, welche bisweilen auf Madonnendarstellungen
sichtbar sind; namentlich der Kölner «Meister des Marientodes»
liebt es, ein solches Glas, ganz unauffällig fast nur als eine
genrehafte Zuthat, auf die Brüstungen zu stellen, hinter welche
er seine Madonnen mit dem Kinde gerne setzt. — Zusammenhang hiermit hat dann weiterhin die unerfreuliche allegorische
Komposition des «Christus in der Weinkelter», welche in vielen
Beispielen bekannt ist. Man sieht dort die Gestalt des Heilandes
schmerzvoll in eine Traubenpresse eingezwängt, damit beschäftigt
die Trauben im Troge mit seinen Füssen zu keltern; unten
rinnt der rote Most heraus, der natürlich auf sein eigenes ver-
gossenes Blut und damit auf sein Leiden hindeuten soll. —
Die Symbolik der roten Farbe und der roten Rosen ist die am
häufigst verwendete, entsprechend der bevorzugten Stellung der
Passion in deutscher Mystik und Kunst.

Um die übrigen Blumensymbole hier kurz einzuführen,
seien die wichtigsten Deutungen wiedergegeben; auf die überreiche Fülle der zu findenden Beispiele näher einzugehen hat
keinen Zweck; die wenigen, die wir hier geben, kehren in
hundertfachen Variationen und stets neuer poetischer Verwendung in der mystischen Litteratur immer wieder. — Der
Bedeutung der weissen Farbe angemessen, von der wir oben
schon sprachen, bedeutet die Lilie die Keuschheit, die jungfräuliche Reinheit und Innigkeit. Eine andere erweiterte Sym-
bolverwendung von der Lilie wird einmal in den «Insinuationes
divinae pietatis» gemacht, wo sie bei einer Vision erscheint,
auch als Attribut der heiligen Jungfrau, jedoch mit der Erklärung, dass sie die Dreifaltigkeit versinnliche, «weil sie
nämlich pflegt zu sein mit Blättern, deren eines aufgerichtet
und zwei niedergelassen». «Wodurch zu verstehen geben
ward, dass daher die allerseligste Mutter Gottes genennet
werde eine weisse Lilie, die, weil sie über alle Creaturen
vollkommentlichst und würdiglichst an sich gezogen alle Tugenden der ehrwürdigsten Dreifaltigkeit, welche sie nimmer mit
dem geringsten Stäublein einiger lässlichen Sünden beschmutzt

hat. Denn durch das aufgerichtet Blatt wurde bedeutet die Allmacht Gott Vaters, durch die zwei niedergelassenen aber die Weisheit und Gütigkeit des Sohnes und des heiligen Geistes, welchen sie am allergleichest befunden wäre.» Sonst gilt als Zeichen der Dreifaltigkeit meist das Kleeblatt; wie denn im «Speculum spiritualis gratiae» das Christkind einmal beschrieben wird mit einem Kleid voll Klee, welch' Letzterer in Beziehung auf jene Symbolbedeutung erklärt wird. In demselben Buche wird die Crokusblume die Blume der Selbstverläugnung genannt. Das Veilchen ist stets das Sinnbild der Demut. Eine schlichte Feldblume soll immer daran erinnern, dass man «gemein sei allen Leuten, wie Christus war». Sehr schön vergleicht Tauler ein «abgesondertes Christenleben» mit einer stillen abseits gelegenen Landschaft, und die Tugenden mit den schönen Blumen, die in jener Gegend unzertreten von den Wandersleuten blühen, mit den weissen Lilien, den purpurfarbenen Rosen, den niedrigen, wohlriechenden Violen und manch' anderen, «edlen Wurzeln und Kräutern», «das sind die unterschiedenen und mancherlei Exempel der Heiligen, welche in allen Zufällen des christlichen Lebens ihre besondere und grosse Kraft in der Nachfolge haben».

Es hat keinen Zweck, aus dem weiten Bereich der künstlerischen Darstellungen einzelne Bildwerke mit Beispielen und Analogieen zu jenen der Litteratur entnommenen Belegen namhaft zu machen. Jedermann weiss, dass fast auf keinem Bilde der Verkündigung eine weisse Lilie fehlt, sei es in der Hand des Engels Gabriel oder in einem Gefässe auf dem Fussboden neben dem Betpult der Jungfrau. Jeder wird sich der «Madonna mit dem Veilchen» erinnert haben. — Dem aufmerksamen Betrachter werden häufig Darstellungen der Verkündigung begegnen, wo ausser der Lilie noch andere Blumen sinnvoll angebracht sind, so besonders das Veilchen, öfters zierlich in einem kleinen Blumentopf und auf den Fussboden gesetzt. Bisweilen sieht man den ganzen Estrich des Wohnraums der Maria mit bestimmten, abgepflückten Blumen bestreut. Weiterhin findet man, dass überhaupt die Auswahl der Blumen und ihrer Farben bei den verschiedensten Gelegenheiten, sei es, dass wir sie aus dem Boden spriessen oder von Maria, dem Christuskind oder einzel-

nen Heiligen bedeutungsvoll in der Hand gehalten sehen, in den
meisten Fällen nicht ohne Sinn ist. — Wie weit man zwar in
jedem einzelnen Falle eine ganz bewusste Symbolabsicht bei
den Künstlern anzunehmen hat, bleibt natürlich dahingestellt;
uns genügt hier zu wissen, dass jene Vorstellungsweise eine
durchaus feststehende und ein Allgemeingut des Denkens und
Sinnens des deutschen Volkes war in jenen Jahrhunderten, in
welchen die Anschauungen der Mystiker in Deutschland überall
lebten und blühten.

Leider fanden wir keine unzweifelhafte Erklärung für das
bekannte Motiv der «Madonna mit der Bohnenblüte», nach
welcher mancher Leser hier vielleicht fragen wird. Wir vermuten jedoch, dass wir die Bohne hier zu betrachten haben
als eine schlichte, der Nützlichkeit dienende Pflanze, und dass
ihr so eine verwandte Bedeutung beizulegen ist, wie sie den
Feldblumen, dem Wegerich z. B. öfters angedichtet wird; etwa
der oben angeführten Stelle aus Tauler entsprechend, oder wie
es von der Feldblume in einer allegorisch-mystischen Schrift
eines Bruders Konrad von Weissenburg heisst: «sie hat die
Natur, dass sie gemein ist allen den Leuten. Also ist unser
Herr gemein allen, die ihn gehren, denen will er sich selber
geben zu einem ganzen Troste». Uebrigens ist man vielleicht
berechtigt in der sogenannten Bohnenblüte des berühmten Kölner
Bildes eine Wicke, also eine Feldblume zu sehen. In der Annahme, dass wir es auch bei diesem Motiv mit einem Symbol
zu thun haben, — eine Annahme, die ja dem rein künstlerischen
Reiz der Darstellung gar keinen Abbruch thut — wurden wir
überdies bestärkt durch ein kleines Bild der Verkündigung in
der Galerie zu Sigmaringen, auf welchem der Fussboden des
Wohnraumes der Maria mit abgeschnittenen Blumen bestreut
ist, die alle eine Symbolbedeutung haben, und unter welchen
sich auch derartige «Bohnenblüten» befinden.

Die Stelle der wirklichen Blumen mit symbolischer Neben-
bedeutung wird manchmal vertreten durch nachgeahmte, bisweilen zur Ornamentierung, bisweilen als Schmuck, namentlich
an den Gewändern, den Kronen und Sceptern heiliger und
göttlicher Personen, verwendete, welche dann in solchen Fällen,
— meist aus Edelsteinen zusammengesetzt oder aus vornehmem

Metall oder in reiche Stoffe gewirkt — eine noch erhöhte Betonung zu erhalten scheinen und die Pracht und den Reichtum
der äusseren Erscheinung mit tieferem Sinn erfüllen. Merkwürdig
ist die Krone, welche die Maria als Himmelskönigin auf dem
Genter Altar auf ihrem Haupte trägt: auf das edelsteinglänzende
kostbare Diadem sind da in blühender Wirklichkeit echte
weisse Lilien und rote Rosen gesteckt.

Auch den Edelsteinen selbst verleiht die Poesie der Mystiker oft symbolischen Sinn. Wir brauchen nicht näher darauf
einzugehen, da die Symbolbedeutung der einzelnen Steine durch
die Farbe derselben bestimmt ist und sich meist nicht sehr
unterscheidet von der Bedeutung der entsprechend gefärbten
Blumen. Aehnlich ist es mit der Farbensymbolik, die sich in
der Gewandung kundgiebt. Hat W. Wackernagel (a. a. O.) nach-
gewiesen, dass das Mittelalter eine regelrechte «Kleidersymbolik»
kannte, die im weltlichen Leben, namentlich im Leben der
ritterlichen Minnehöfe vielfach angewandt wurde, so ist gewiss
erst recht kein Zweifel vorhanden, dass wir eine solche in Betreff der bildlichen Vorstellung göttlicher und heiliger Personen
anzunehmen haben. An das Rot des Mantels Christi und der
Gewandung Mariä erinnerten wir schon; auch zeigten wir, dass
sich Tauler die «Streiter Christi» bloss in roter Kleidung vor-
stellt. Vielfache Belege dafür, dass den verschiedenen Gruppen
der Heiligen, der Apostel und Märtyrer ganz bestimmt gefärbte
Gewandung zugeschrieben wird, lassen sich leicht finden. Ein,
den Anschauungen der Litteratur in dieser Beziehung entsprechendes Beispiel in der bildenden Kunst bietet ein Triptychon
Hans Burgkmair's in der Galerie zu Augsburg. Die Mitteltafel
desselben zeigt das himmlische Herrscherpaar, Christus und Maria
thronend umgeben von grossen Engelschaaren; vorn lassen
einige Engel Musik erschallen, einer reicht der heiligen Jungfrau
einen Kranz von weissen Rosen; unten befinden sich mehrere
Heilige. Auf den Flügeln des Altares sind einige Reihen von
Vertretern des überirdischen Hofstaates angebracht und zwar
diese in charakteristischen, gruppenweise einheitlichen Farben
der Gewänder: zwischen gothischem Bogenwerk stehen auf jedem
Flügel je drei Gruppen übereinander; auf dem rechten Flügel
oben, alle in gelber Farbe, Chöre von Patriarchen und Propheten,

in der Mitte in kirschroten Gewändern die Apostel, unten, grün
gekleidet eine Schaar von Heiligen; auf dem linken Flügel oben
wieder alttestamentarische Gerechte in Gelb, in der Mitte, bren-
nend rot, verschiedene ritterliche Heilige (Gereon, Georg, Mauritius, Quirinus, Sebastian u. a.) und unten in Weiss heilige
Jungfrauen. —

Die in der altchristlichen und der frühmittelalterlichen Kunst
so beliebte Tiersymbolik wird durch die Mystik nicht weiter
ausgebildet. Bei ihr hielt es ja schon schwerer, die trockene
Allegorie einer poetisch verklärten, rein künstlerischen Anschauung zu nähern. Angewendet wird sie zwar von den Mystikern
doch bisweilen; wie dieselben denn überhaupt, so gut und so
schlecht es eben geht, den ganzen Apparat kirchlicher Allegorien,
Anschauungen, wie ja auch Dogmen mit sich schleppen, manchmal gar sehr zu ihrer eigenen Beschwernis. Auf eine, in der
mittelalterlichen Welt erfundene und ungemein häufige Verwendung der Tiersymbolik sei jedoch hingewiesen, da sie entschieden in Beziehung steht zu verwandten, bei den Mystikern
vielfach wiederkehrenden Symbolvorstellungen, nämlich auf die
bekannte Anbringung wilder, oft ungeheuerlicher Tiere unter
den Füssen der liegenden oder stehenden Portraitfiguren Ge-
storbener auf Grabdenkmälern. Die endliche Unterdrückung
weltlicher Laster und Sünden, die Besiegung des Irdischen und
Fleischlichen durch die Seele des Verstorbenen im Tode soll
durch dieses Bild angedeutet werden. Eine Fastenpredigt Taulers
bringt uns auf die Vermutung, dass sich diese Anschauung
auf den 91. Psalm stützt und zwar insbesondere auf den Vers:
«Auf den Löwen und Ottern wirst du gehen, und treten auf
den jungen Löwen und Drachen». «Bei diesen vier Tieren», so
legt Tauler aus, «werden verstanden vier grosse Irrtum und
verborgene Anfechtung, sonderlich in dem geistlichen Stande.»
«Die heimlichen Anfechtungen und Listen des Teufels» sollen
durch die Löwen angedeutet sein: durch die «Ottern oder Ba-
silisken» «die Unreinigkeit»; der Drache versinnbildlicht den
«Geiz», die jungen Löwen aber «Hoffahrt des Herzens». In
verwandtem Sinne heisst es im «fliessenden Licht der Gottheit»
von einer Seele, welche die Welt überwunden hat: «Sie hat
den Affen der Welt von sich geworfen: sie hat den Bären der

Unkeuschheit überwunden; sie hat den Löwen des Hochmuts unter ihre Füsse getreten; sie hat dem Wolfe der Gierde sein Fell zerrissen».

6. Die Engel und Teufel.

Aus dem Bereich der Symbolvorstellungen kehren wir zurück in dasjenige reiner Phantasie. Es fehlt uns noch die Betrachtung einer grossen Schaar von Gestalten, welche für die bildliche Vorstellungswelt von Mystik und Kunst gleich wichtig geworden sind, nämlich der Engel. Die in der Phantasie geschehene Schöpfung dieser Wesen, so alt sie ist und so wenig sie eine Erfindung erst der mittelalterlichen Mystik genannt werden kann, gehört dennoch durchaus in den Kreis unserer Betrachtungen, da sie entschieden Gedanken mystischer Art ihren Ursprung verdankt. Der Welt des alten Testaments entnahm das Christentum diese Gestalten nicht; die Seraphim und Cherubim des alten Bundes sind etwas anderes, und man weiss, dass, wollte sich die, im Uebrigen bildlose und kunstfeindliche Religion der Juden, sich jene Wesen bildlich vorstellen, sie ihre Augen zu jenen beflügelten Mischgestalten hinüberschweifen liess, welche sich die Kunst der Nachbarvölker, insbesondere der Assyrer gebildet hatte, zu jenen, aus den Bestandteilen mehrerer Tierleiber zusammengesetzten gewaltigen Kolossalbildern mit Menschenköpfen, die zumeist neben den Portalen der Riesenbauten von Palästen und Tempeln angebracht wurden, — so wie die von Jehovah zu Wächtern gesandten Cherubim vor dem Eingang in das Paradies.

Es ist wieder jene gewisse, sich der Mystik nähernde Richtung später antiker Philosophie, welcher die christliche Anschauung und Kunst auch diese Anregung verdankt. Die mittelalterlichen Mystiker verfehlen fast nie, kommen sie eingehender auf die Engel zu sprechen, als auf die Quelle ihrer Vorstellungen auf die mystische Schrift des sogenannten Dionysius Areopagita hinzuweisen, mit dem sie überhaupt enge Fühlung haben. Dieser, antike und mittelalterliche Mystik verbindende Philosoph verkörpert aber nur das zu einem festen System und zu anschaulicher bildlicher Phantasievorstellung, was er im Neuplatonismus schon vorfand. Der Dämonenglauben dieser Philosophenrichtung ist es eigentlich, dem die christliche, durch den Areopagiten zuerst festgesetzte Engelsvorstellung sich anschliesst. «Die religiöse Sehnsucht der späten antiken Philosophie», so führt Kuno Fischer in seiner «Einleitung in die Geschichte der neueren Philosophie» aus, «bedurfte der Mittelglieder, welche die Kluft ausfüllen» zwischen Gottheit und Welt. «Natürliche Wesen können diese Mittelglieder nicht sein, also werden es höhere, übernatürliche Wesen sein müssen. Von der Welt führt keine Stufenleiter empor zu Gott, also wird von Gott eine Stufenleiter herabführen müssen zu der bedürftigen Menschenwelt. Diese Mittelglieder sind demnach übermenschliche und untergöttliche Wesen: es sind die Dämonen, welche die Vermittlung führen zwischen Gott und den Menschen.» Noch unter dem Banne dieser, durch die Worte Fischer's gekennzeichneten spätantiken religions-philosophischen Bestrebungen dürfte die Lehre von den Engelhierarchien des Pseudo-Dionysius Areopagita entstanden sein. Wie bekannt, teilt diese die Gesammtheit der als Engel gedachten, von Gott als Erstes geschaffenen Dämonen in neun Hierarchien oder Chöre ein, von denen die obersten die vollkommensten und Gott am nahestehendsten, die unteren der Welt am nächsten sind, und welche alle mit bestimmten verschiedenen Bezeichnungen und begrifflichen Eigenschaften versehen werden. Ganz so, wie sie die Schrift des Areopagiten gebildet hatte, nimmt die mittelalterliche Mystik, dem Beispiel der kirchlichen Lehre folgend, diese Vorstellung zunächst auf. In der gesammten spätmittelalterlichen Kunst jedoch, die unter dem Zeichen der Mystik steht, finden wir sie nicht. Uns ist kein Beispiel bekannt, wo die Schaaren der Engel in neun von einander getrennten und verschiedentlich gekennzeichneten Chören dargestellt wären, ausser in Miniaturen und, in Anlehnung an solche, erfundenen Holzschnitten, wo sie aber immer bloss als Illustrationen zu gelehrtem Text erscheinen, und sich an die Darstellungen früherer Kunst anschliessen: so z. B. sollen sie auf dem ersten Bilde des «Hortus Deliciarum» der Aebtissin Herrad von Landsperg zu sehen gewesen sein, so sehen wir sie deutlich unterschieden in den Miniaturen der beiden Codices des «Liber Scivias S. Hildegardis», die wir schon kennen; und so endlich finden sie sich noch, wohl zum

letzten Male, auf einem der Holzschnitte der Schedel'schen Welt-
chronik in Reihen neben dem Throne Gott Vaters angebracht.
Der byzantinischen Kunst war die Vorstellung durchaus geläufig;
auch soll sie, nach F. X. Kraus, auf spätmittelalterlichen Wandmalereien der russischen Kunst vorkommen. Die spätere abend-
ländische Kunst jedoch, insbesondere die mystische deutsche,
befasst sich nicht mit ihr. Einmal glaubten wir ein einziges
Beispiel gefunden zu haben, das wir jetzt jedoch nicht mehr
ganz gelten lassen. Im erzbischöflichen Museum zu Köln befindet
sich nämlich ein kleiner hölzerner Reliquienbehälter aus früher
gothischer Zeit in Form eines zusammenklappbaren spitzbogigen
Triptychons, das auf seiner Aussenseite eine Temperamalerei
auf Goldgrund zeigt, die jedoch sehr stark zerstört und schwer
erkennbar ist. Eine beigefügte Erklärung behauptet, dass dort
die neun Engelchöre dargestellt seien. In der That unterscheidet
man bei näherem Zusehen neun übereinandergestellte Schichten,
etwa den «Höllenbulgen» gewisser italienischer trecento-Darstell-
ungen vergleichbar, angefüllt mit einzelnen Reihen von Gestalten,
die verschieden charakterisiert sind; man erkennt Reihen von
Fürsten, von Geistlichen, von Frauen etc., alle mit betend erhobenen Händen. Wir sind jedoch der Ansicht, dass wir dieselbe
Darstellung vor uns haben, welche, deutlicher erkennbar, sich
auf dem frühgotischen Glasgemälde des 2. Fensters im rechten
Seitenschiff vom Münster zu Strassburg befindet. Es wird uns
dort das himmlische Reich vorgeführt, in seiner Einteilung nach
dem letzten Gericht. Oben erblickt man Christus mit segnend
ausgestreckten Händen und mit dem apokalyptischen Schwert,
das ihm aus dem Munde geht; unter ihm sieht man rechts die
flammenerfüllte Hölle voll Verdammter mit der greulichen
Riesengestalt Lucifer's in der Mitte, während links in einer
grossen, durchaus an jenes Kölner Triptychon erinnernden Darstellung die Schaar der Heiligen und Seligen sichtbar ist, wie
sie, nach ihrem verschiedenen Range, in neun getrennten
Schichten übereinander gestellt sind und mit betend erhobenen
Händen zu Christus hinaufschauen. In der obersten Schicht
sieht man unter den Gestalten von nicht näher charakterisierten
Heiligen diejenigen der vier Evangelisten mit Tierköpfen, in der
zweiten sieht man die Schaar der «Lehrer, Bekenner und Beich-

tiger» in geistlicher Kleidung mit Bischofsmützen, und in der
dritten befinden sich selige Jungfrauen; in den übrigen unteren
Himmelsräumen drängen sich die anderen Seligen, Gestalten verschiedenen Geschlechtes und Standes, Geistliche und Weltliche,
schlichte und vornehme, ungekrönte und gekrönte, alles personifizierte Seelen. Auffallend bleibt bloss die Einteilung in gerade
neun getrennte übereinandergestellte Chöre. Es erklärt sich dies
jedoch aus einer Vermischung der beiden Vorstellungen der Engelhierarchien und des himmlischen Staates, die in der That hie
und da vorkommt, wie denn auch im Hortus Deliciarum sich
ein, der Kölner und der Strassburger Darstellung verwandtes
Bild befunden hat, auf dem in den neun Abschnitten die verschiedenen Vertreter der himmlischen Stände mit Engeln vermischt zu
sehen waren, im Einklang womit der dazugehörende Text aussagte,
dass am himmlischen Hof die Heiligen den Engeln gleich seien.

Am ehesten könnte man vielleicht erwarten, dass bei den
häufigen Darstellungen des himmlischen Staates an gothischen
Kirchenportalen, wo derselbe ja in ganz schematischer Einteilung
typische Verwendung gefunden hat, die Engelshierarchien Berücksichtigung gefunden hätten. Wir denken an jene Reihen von
Gestalten, die übereinander unter Baldachine gesetzt die Bogenlaibungen von fast allen reicher ausgebildeten gothischen Portalen anfüllen, und die, unserer Ansicht nach, den himmlischen
Staat repräsentieren. In der einen Laibung sieht man da meist
die Patriarchen und Propheten, in der nächsten die Kirchenväter
und Evangelisten, in der folgenden allerhand Heilige, und in
der letzten meist die Engel. Bei den Letzteren ist aber nun fast
nie die Neunteilung berücksichtigt worden; wenn sie sich einmal findet, — wie am Portal des Basler Münsters, wo an jeder
Seite des Bogens neun Engel angebracht sind, — so scheint
es bloss absichtsloser Zufall zu sein. —

Es lag uns daran, zu zeigen, wie die Erfindung der Engelsvorstellung und der Engelshierarchien mystischen Prinzipien
ihren Ursprung verdankt; dennoch erklären wir, dass es uns
gar nicht Wunder nimmt, die Engelchöre in ihrer Neunteilung
in der mystischen deutschen Kunst nicht auftreten zu sehen,
und dass wir in dieser Nichtaufnahme der alten mystischen
Anschauung durch die Kunst nicht im Mindesten einen Umstand

erblicken, der gegen die Meinung unserer vorliegenden Untersuchungen spräche. Im Gegenteil. Wenn nicht die Engelshierarchien, so finden ja bekanntlich die Engel überhaupt eine weitgehende, ja überreiche Verwendung in der spätmittelalterlichen
Kunst und zwar in einer Weise, wie sie durchaus der deutschen
Mystik entspricht. In der Letzteren sind nämlich zwei Arten
der Behandlung der Engelsvorstellung zu konstatieren; die eine
folgt streng der alten Tradition, die andere jedoch schaltet und
waltet frei und selbsterfinderisch; und gerade die Letztere ist
es natürlich, welche charakteristisch für die spätere Mystik im
Gegensatz zur antiken ist, und gerade sie ist es, ebenso natürlicher Weise, welche wiederum Anregungen und Vorbilder für
die bildende Kunst gegeben hat. Da die mittelalterlichen Mystiker im Dionysius Areopagita ein ihnen verwandtes Element
erkannten, nahmen sie unbedenklich seine Theorien auf; ihrem
innersten Wesen konnten diese Anschauungen jedoch nicht
mehr ganz genügen. Jene Kluft zwischen einem ausserhalb stehenden Gott und der Welt gab es ja für sie nicht mehr aus-
zufüllen; ihre Mystik war ja eine weit ausgebildetere, höhere, in
den glücklichsten Momenten bis zu den letzten Folgerungen
gelangte: sie hatten das Göttliche auch im Irdischen erkannt,
sie brauchten keine Stufenfolge von Engelshierarchien, die von
Gott ausging abwärts zur Welt, sie bedurften nicht der Annahme von Mittelwesen zwischen Gottheit und Menschenseele!
Dennoch bedienen sich alle deutschen Mystiker der Engelsvorstellung; ja, jeder von ihnen bildet sich dieselbe selbständig
und erfinderisch möglichst reich aus, jedoch nicht — und darin
liegt der charakteristische Unterschied — als wichtiges Glied
in einem theologischen System, sondern bloss, wie so vieles
andere, was wir schon besprachen, als ein willkommenes Mittel,
mystischen Gedanken und dem mystischen Gefühlsverhältniss
zu irdischem und überirdischem Sein einen entsprechenden
poetischen, anschaulichen Ausdruck zu verleihen. Darin erkennen wir wieder das ausserordentlich künstlerische Element
der mittelalterlichen Mystik. Was Wunder, zu sehen, dass die
Art, wie die spätmittelalterliche Kunst das Engelsmotiv verwendet, in ihrer ganzen reichen Mannigfaltigkeit schon in den
poetischen Betrachtungen der deutschen Mystiker vorgebildet ist.

Wie in der Kunst, so wurden schon von der dichterischen Anschauung der Mystik den Engeln die verschiedensten Funktionen zuerteilt, und für ihr Wesen fand man die mannigfachsten Erklärungen, die mit Dogma und theologischem System gar nichts mehr zu thun hatten, sondern einzig dem poetischen Spiel der Phantasie entsprangen. Bezeichnend ist schon die Art, wie die neun Chöre des Dionysius oftmals eingeführt werden, wie man die einzelnen mit gewissen Attributen ausstattete oder ihnen gewisse Thätigkeiten zuschrieb, um die ganze Vorstellung bildlich anschaulicher zu machen.

So werden im «Speculum spiritualis gratiae» die Hierarchien folgendermassen beschrieben: die höchste Hierarchie, die der «Throne» sieht man sitzen auf elfenbeinernen Sitzen, die «Cherubim» halten Spiegel in den Händen, die «seraphischen Geister» Kerzen, die Engel von der Ordnung der «Gewalten» tragen Schwerter, die «Herrschaften» Kronen, die der «Mächte» sind durch blühende Scepter gekennzeichnet, die «Kräfte» durch güldene Becher, die «Erzengel» tragen Vorhänge herbei, um Maria zu bedecken, die eigentlichen «Engel» aber «stehen bei ihrem König und dienen ihm». Das alles erschaute die Verfasserin, Mechthild von Hackeborn in einer Vision. — Bei Tauler heisst es, dass in dem untersten Chor die Engel seien, die «dem äusseren Menschen dienen und helfen»; «in dem anderen Chor sind die Erzengel, die malet man als Priester, deren würkliche Eigenschaft ist, dass sie dienen dem hochwürdigen Sakrament», «in dem dritten Chor sind die Virtutes, die mahnen und treiben den Menschen, dass er nach Tugenden strebe, erwerben und bringen ihm zu Wege die göttlichen Tugenden, den Glauben, die Hoffnung und die Liebe»; die drei nächsten Hierarchien nehmen nach ihm Bezug auf den «vernünftigen», die drei höchsten aber auf den «Gott- gleichförmigen Menschen». Von den kleinen Engelskindern, welche die Phantasie, ganz Abstand nehmend von der Theorie der Hierarchie, sich als Spielgenossen des Jesusknaben dachte, heisst es im «Heiligenleben» des Hermann von Fritzlar, dass dieselben die Seelen der zu Bethlehem erschlagenen Kinder seien: «Si hânt aber nu den trôst des êwigen lîbes und sint des Kindes spilgenôze worden dâ zu himele». Schon Berthold von Regens-

burg denkt sich die Engel als Kinder und behauptet, dass man
sie so male; in einer besonderen Predigt über die Engel lautet
eine Stelle: «Wan got alse übergrôze êre unde sô grôze klarheit unde sô grôze freude an die heiligen engel geleit hât, daz
ez niemer munt vollesagen mac, sô waere ez der groesten tôr-
heit einiu an mir, die diu werlt ie gewan, daz ich mich des
annaeme die heiligen engele ze loben. Ir seht wol, daz sie alle
samt sint alse juncliche gemâlet als ein kint daz dâ fünf jâr
alt ist, swâ man sie mâlet». —

Ein ander Mal sagt Hermann von Fritzlar: «die juncvrowen
sint der engele swester, und di engele wonen gerne bî in». —
Nach dem «fliessenden Licht der Gottheit» der Mechthild von Mag-
deburg sind die Engel «Gottes Kinder und doch seine Knecht; die
Menschenseele aber ist die Tochter des Vaters und Schwester des
Sohnes und wahrlich eine Braut der heiligen Dreifaltigkeit». Die
Stelle ist sehr bezeichnend. Die Engel sind für die deutsche Mystik
nicht mehr die erstgeschaffenen Mittelglieder zwischen Gott und
Menschheit; sie schieben sich nicht ein zwischen Gottheit und
Menschenseele, da diese Beiden ohne Bindeglied unmittelbar
vereinigt sind. Wohl aber kennt die Phantasievorstellung die
Engel als «Gottes Kinder», als seine «Knechte», deren Thätigkeit
im geheimnisvollen Wirken von Natur und Geist allüberall
erkennbar ist. Bisweilen möchte man fast etwas von der Poesie
des Heidnisch-Mythologischen in solchen dichterischen Vorstellungen der deutschen Mystik sehen.

So erscheinen die Engel als der menschlichen Seele fast
untergeordnet, als Wesen, die stets bereit sind, zu helfen und
zu unterstützen, wenn es gilt, das Göttliche zu erkennen und
schon hier im irdischen Leben eine möglichst freie und unge-
hemmte mystische Vereinigung mit der Gottheit zu erreichen.
Fast als Personifikationen des Guten, des Reinen, des Gottgleichen
im Leben der einzelnen Individuen werden sie gedacht. Dementsprechend ist die Vorstellung eines oder mehrerer persönlicher
Engel, die den einzelnen Menschen während ihres irdischen
Lebens als Diener und Hüter des göttlichen Seins in ihnen
beigegeben sind, den meisten Mystikern durchaus geläufig. «Es
hat ein jeder Mensch einen sonderlichen Engel, der ihm in der
heiligen Taufe zugeordnet worden, der ihm beisteht, und bei

ihm ist ohn Unterlass», sagt Tauler. Die mystische Visionärin
und Nonne Adelheid Langmann aus dem Kloster Engelthal bei
Nürnberg, erweitert in ihren «Offenbarungen» diese Vorstellung in
naiver Weise derart, dass sie annimmt, der Mensch habe einen
um so höheren Engel, d. h. einen Engel aus einem um so höheren
Chor, — wobei ihr dann wieder halb und halb die Theorie des
Dionysius vorschwebt, — zum Beschützer und Begleiter, als er
selbst auf Erden einen höheren Rang einnimmt als andere Menschen, so dass z. B. schon ein Herzog einen geringeren Engel habe
wie ein König. Die Nonne Christina Ebnerin glaubte bei einer Vision in der Schaar der Engel, die Christus umgaben, ihren eigenen
Engel und denjenigen ihres Beichtigers zu erkennen. Mechthild
von Hackeborn weiss zu berichten, dass sie während einer Feier
der Messe in Verzückung geraten sei und im hellsichtigen
Schauen erkannt habe, dass vor jeder ihrer Mitschwestern ein
Engel stand in Gestalt eines schönen Jünglings; «etliche hatten
Scepter von blühenden Blumen, etliche aber güldene Blumen».
Bei der Communion sah sie, wie jeder dieser Engel seine Schutz-
befohlene an den Altar führte. Das innigste Verhältnis zu seinem
angenommenen Engel, den er in seinen Visionen oft mit dem
inneren Auge erblickte, wie wenn er wirklich vorhanden, hatte
Suso. In dessen Lebensbeschreibung heisst es von einer seiner
Visionen: «Da däuchte ihn, dass sein Engel gar gütlich vor ihm
stünde zu seiner rechten Hand. Der Diener (sc. «der ewigen
Weisheit», nämlich Suso) fuhr geschwind auf und empfing den
geliebten Engel und umschloss ihn und drückte ihn an seine
Seele so er immer lieblichst konnte, dass kein Mittel war
zwischen ihnen zweien, wie ihn däuchte; und er hub an mit
kläglicher Stimme und mit weinenden Augen und sprach aus
einem vollen Herzen: O Engel meiner, den mir der getreue
Gott zu Trost und zu Hut gegeben hat, ich bitte durch die
Minne, die du zu Gott hast, dass du mich nicht lassest.»
    Auch im himmlischen Hofstaat nehmen die Engel nur eine
untergeordnete Stellung ein. Bei der Ausstattung und Einrichtung des Reiches nach dem weltlichen und ritterlichen Vorbilde
wurde ihnen die Rolle der Pagen oder der Kämmerer zuerteilt, die
überall unentbehrlich und erwünscht sind, die aber niedriger
stehen wie die vornehmen Heiligen und Märtyrer und auch

wie die Seelen derjenigen, die der Vermählung mit dem hohen
Bräutigam teilhaftig geworden sind. Sie erscheinen im Gefolge
der Grossen des Himmelreiches, vor allem umgeben sie den
Thron Gott Vaters und Gott Sohnes und auch Mariens, gewärtig
jeden Winkes. So bilden sie das «himmlische Ingesinde», wie
es oft heisst, namentlich bei Suso.

Als Sendlinge werden Einzelne oder ganze Schaaren derselben von dem Throne der Gottheit ausgesandt zur Verkündigung
froher Botschaften oder als Bringer schöner erfreulicher Gaben,
namentlich solcher des Geistes ins Leben der Irdischen. «Und
eines Mals, nach seiner leidenden Zeit», so heisst es bei Suso,
«da geschah es eines Morgens früh, dass er umgeben war mit
dem himmlischen Ingesind in einem Gesichte; da begehrte er
von einem der klaren Himmelsfürsten, dass er ihm zeigte, in
welcher Weise Gottes verborgene Wohnung in seiner Wohnung
gestaltet. Da sprach der Engel zu ihm also: Nun thue einen
fröhlichen Einblick in dich und lug wie Gott mit deiner liebenden Seele sein Minnespiel treibt». Tauler meint: «Wenn du in
steter Uebung des Gebets und deiner Andacht verharrest, so ist
der König reich und mild; und giebt er dir nicht den starken
lauteren Wein, so giebt er dir zum Wenigsten den schwachen
Wein, d. i. inwendigen Trost in betrübten Thränen. Und dieser
Trank wird dir unwissend von des Königs Dienern, von den
heiligen Engeln geschenket.» — Die häufigste und wichtigste
Thätigkeit des himmlischen Ingesindes ist jedoch stets diejenige
als Musikanten; ihr Singen und Musizieren durchschallt das
himmlische Reich und um den Thron der Gottheit drängen sie
sich und lassen ihre Stimmen erschallen, ihre Saitenspiele erklingen, ihre Schalmeien ertönen in herrlichsten, beseligenden
Harmonieen. Die mystischen Visionäre haben nicht Worte genug,
um die Wonne dieser Töne, die sie in der Verzückung vernommen, zu beschreiben. Suso vergleicht allen inneren Trost,
welchen er durch mystisch-religiöse Erhebung gewinnt, mit
dieser englischen Musik; so behauptet er, dass ihn bei einer
schweren Krankheit das «himmlische Ingesind» besuchte, um
ihn zu trösten mit himmlischem Singen, «das erklang so süs-
siglich in seinen Ohren, dass alle seine Natur verwandelt ward».

Ein anderes Mal sieht er sich in einer Vision umgeben von

einer Schaar von Engeln in Jünglingsgestalt, die ihn in höchster
Verzückung einschliesst in ihren Reigen. Ein Engel fällt vor den
anderen auf «als ob er wäre ein Fürstenengel»; dieser tanzt
voran und dient als Vorsinger. Suso selbst giebt dann eine
symbolische Deutung dieses visionären Engelreigens indem er
sagt, er bedeute «ein himmlisches Auswallen und Wieder-
einwallen in den wilden Abgrund der göttlichen Togenheit»
(Verborgenheit); also er sieht darin ein Sinnbild für den Zustand
seiner mystisch fühlenden Seele.

Bisweilen werden die Engel in Beziehung gesetzt zu dem
Licht und den Lichtstrahlen. Es erscheint diese Vorstellung
fast wie eine verklärte Erinnerung an jene uralte, welche die
Engel als Mittelglieder zwischen Irdischem und Ueberirdischem
annimmt, zugleich aber auch als eine wunderschöne poetische
Belebung des Lichtes überhaupt, der geheimnisvollsten aller
Naturerscheinungen. Während des Gesanges beim Gottesdienst
glaubte Mechthild von Hackeborn einmal zu sehen, wie der
heilige Geist in Gestalt eines Adlers durch den Chor flog und
wie von ihm Lichtstrahlen ausgingen auf alle Personen, die in
der Kirche waren, «und jeglichem Strahl dieneten tausend
Engel». —

Auch hier brauchen wir wieder nicht für alles, was im
Obigen erzählt ist, aus dem überreichen Schatz analoger Beispiele, der sich in der bildenden Kunst findet, einzelnes namhaft
zu machen. Jedermann wird sich an mannigfaltige Darstellungen
und an die reiche abwechslungsvolle Verwendung des Engels-
motives erinnert haben und empfinden, dass diese Verwendung
von Seiten der Künstler ganz im Sinne der Anschauungen und
poetischen Phantasien der Mystiker geschehen ist. Als wir
hörten, dass Hermann von Fritzlar und Berthold von Regensburg, mit vielen anderen übrigens, sich die Engel als kleine
Kinder, als die personifizierten Seelen der Unschuldigen und
Unmündigen, vor allem derjenigen, die zu Bethlehem ihren
grausamen Tod fanden, vorstellten und dieselben die Spielgenossen des Jesusknaben sein liessen, wird man an die reizenden
Engelsputten gedacht haben, die so oft auf den Scenen der
Geburt des Heilandes zu sehen sind, wie sie zu dem Neuge-
borenen heranflattern, um ihm nun von jetzt an durch seine

Kinderzeit hindurch fröhliche Spielgenossen zu bleiben, wie man
es hinwiederum auf so manchen Madonnenbildern — namentlich
der Kölner Schule — sieht. Man wird sich weiterhin an viele
Fälle erinnert haben, wo die Engel als holde Jungfrauen geschildert, an unzählige Fälle, wo sie musizierend und jubilierend
dargestellt sind, sei es um den himmlischen Thron gedrängt,
sei es auf Erden oder in den Lüften. Man hat sie gesehen als
Pagen im Dienste Gottes oder der Heiligen, Kronen, Scepter
und allerhand Attribute tragend, Brokatvorhänge haltend oder
Thronsessel stützend. Man wird sich einiger Fälle entsinnen,
wo man auf den, von der Gottheit ausgehenden Lichtstrahlen
kleine Engelsfiguren sich wiegen gesehen (so in dem besonders
herrlichen Beispiel auf dem Bilde der Maria mit dem Kinde in
einer Landschaft mit der Erscheinung Gottes in der Höhe auf
einem Flügel des Isenheimer Altars des deutschen «Lichtmalers»
Grünewald), oder man wird sie selbst als Leuchterträger erblickt
haben. Kurz man wird gemahnt worden sein an hundert entzückende Motive, die durch diese freiere Auffassung, welche das
Mystikertum der Engelsvorstellung gegeben hat, erst bedingt und
ermöglicht worden sind. —

Bei alledem mag auch hier wieder betont werden, dass die
philosophische Mystik an die reale Existenz aller der, mit so
viel Poesie und Phantasie anschaulich gemachten Gestalten
nicht glaubte. «Die Engel haben weder Hände, noch Füsse
noch Form, noch Materie», sagt Tauler in einer Predigt seinen
Zuhörern, denen er dieselben sonst so körperlich und so men-
schenähnlich wie möglich ausmalte.

In der uns erhaltenen Anklageschrift der Inquisition gegen
die mystische Sekte, der «Brüder vom freien Geiste», finden
sich als einer der vielen anzufechtenden Glaubenssätze derselben
die Worte: «Dicere, angelos nihil esse nisi virtutes et daemones
nihil esse nisi vitia»; und ganz ähnlich wird in demselben Codex von den Begharden behauptet: «Dicunt quod non sint
angeli nisi tantum virtutes hominum, etiam quod non sint de-
mones nisi vitia et peccata hominum» Beim Meister Eckhart
findet sich die, auf den Zustand nach dem Tode bezügliche
Stelle: «ich bin dâ, dâ ich was, ê ich geschaffen wurde, daz
ist blôz got unde got. Dâ ist weder engel noch heilige noch

koere noch himel. Manige liute sagent von aht himeln unde
von niun koeren; der enist dâ niht, dâ ich bin. Ir sult wizzen,
allez daz man alsus wortiget unde den liuten für leit mit bilde,
daz ist niht dan ein reizen ze gote.»

Aehnliches wie für die Engel gilt für die Teufel und ihren
Wohnsitz, die Hölle. «Helle ist niht dan ein wesen. Waz hie
der liute wesen ist, daz blîbet êwiclîche ir wesen, alsô ob sie
drinne funden werden» heisst es bei Eckhart; und unter den
Sätzen der Begharden liest man weiter: «Dicunt item quod non
sit infernus.» Nichtsdestoweniger ergeht sich die Phantasie der
Mystiker auch hier wieder in mannigfaltigster bildlicher Gestaltung. Alle die spukhaften Höllenerscheinungen, oft in den
sonderbarsten Bildungen, wie sie die spätere Kunst in so reicher
Fülle bringt, zaubern uns die populären mystischen Schilderungen
und besonders die Beschreibungen der Visionen vor Augen.
Auch hier fusst man einesteils wieder ganz auf den Anschauungen der alten Traditionen, wie auf der Theorie von der Entstehung der Teufel durch den Sturz der obersten Engel, andern-
teils jedoch werden die ganzen Vorstellungen von Hölle und
Teufel auf die originellste Weise ganz frei ausgebildet. — ‹Es
hat auch ein jeder Mensch einen besonderen Teufel, der ihn ohn
Unterlass plagt und stets zuwider ist», sagt Tauler, entsprechend
seiner Vorstellung vom persönlichen Engel. Dieser persönliche
Teufel, oft aber auch ganze Schaaren von missgestalteten Ab-
gesandten Lucifers oder die phantastische Ungeheuergestalt
dieses Höllenfürsten selbst greifen beständig auf ihre schlimme
Art in das irdische Leben ein, erscheinen in beängstigenden
Visionen, von welchen die Erinnerung grauenhafte Schilderungen
genug zu geben weiss. Besonders reich an Teufelserscheinungen
wird uns das Leben der mystischen Visionärin Christina von
Stommeln bei Köln beschrieben, deren ganzes irdisches Dasein
dargestellt wird eigentlich bloss als ein beständiger Kampf mit
höllischen Wesen, welch' Letzterer Aussehen und Gebahren
der Biograph nicht toll genug zu schildern weiss. Als ein Ort
voller Finsternis, nur hie und da schaurig erleuchtet von grässlichen Flammen, mit Schrecknissen aller Art erfüllt, wird im
«Fliessenden Licht der Gottheit» die Hölle ausgemalt; und der
Verfasserin selbst erschien einmal «ein grosse tufel, furig,

blütig, swartze mit takken und mit hornen glasogen». Unzählig
sind auch hier die Beispiele dieser Art; jeder Mystiker und
jeder Visionär lässt seine Phantasie frei walten und gestalten.
Suso will in einer Nacht z. B. eine Teufelschaar vor seiner
Zellenthür gesehen haben, «wie eine Schaar eines micheln
(grossen) Gevögels; und waren gar ungestalt, und war einer
nicht als der andere»; ein anderes Mal erschien ihm aber der
«böse Geist» wie ein ungestalteter Mohr, mit feurigen Augen;
«und hatte einen höllischen Blick und führte einen Bogen in der
Hand.» Solch' einen bogenschiessenden Dämon fanden wir unter
den Darstellungen der Holzschnitzereien am Chorgestühl des
Kölner Domes, wie denn die Chorgestühlschnitzereien gothischer
Kirchen überhaupt eine der ausgiebigsten Fundgruben sind für
phantastische Teufel- und ähnliche Gestalten. Eine andere
Fundgrube bilden die bekannten Darstellungen der «Ars moriendi», die uns als Miniaturen, Zeichnungen, Holzschnittblock-
bücher und Kupferstichfolgen in so vielfachen Exemplaren
überkommen sind. An sie wurden wir erinnert, als wir bei
Suso eine Beschreibung des Augenblicks des Sterbens lasen,
wo es heisst: «Das Licht dieser Welt beginnt mir abzufallen,
ich beginne in jene Welt zu sehen; o Gott, welch' ein Anblick!
Es sammeln sich die greulichen Bilde der schwarzen Mohren;
die höllischen Tiere haben mich umgeben; sie sehen auf die
arme Seele, ob sie ihnen werden möge.» —

Mit den Engeln und Teufelsgestalten lernten wir die letzten
Vertreter des überirdischen Reiches kennen, so wie die Phantasie der Mystiker ihren Absichten zu lieb es sich ausmalte. Es
sei uns jetzt noch gestattet eine längere Beschreibung des
Himmels und des himmlischen Heeres abzudrucken, so wie
Suso's Phantasie ihn erschaute, eine Beschreibung, die uns
manche der wichtigsten unter den Phantasievorstellungen, auch
der Symbolbezüge noch einmal vor Augen führen wird, und
die ausserdem ein so herrliches, poesievolles Bild entrollt, dass
man uns gewiss nur für die vollständige Wiedergabe danken
wird. Im «Büchlein der ewigen Weisheit» lässt Suso diese
göttliche Weisheit sprechen: «Nun mache dich auf mit mir;
ich will dich in dein Vaterland führen in Betrachtung, und will
dich einen fernen Einblick thun lassen, nach einer groben

Gleichnis. Sieh, ob dem neunten Himmel, der unzählig mehr
denn hunderttausend mal weiter ist denn alles Erdreich, da ist
erst ein anderer Himmel oben, der da heisst Coelum empyreum,
der feurige Himmel, also geheissen nicht von dem Feuer, sondern von der unmässigen, durchglänzenden Klarheit, die er an
seiner Natur hat, unbeweglich und unwandelbar: und das ist
der herrliche Hof, in dem das himmlische Heer wohnet, in dem
mich miteinander lobet das Mettengestirn, und jubilieren alle
Gotteskinder. Da stehen die ewigen Stühle umgeben mit unbe-
greiflichem Lichte, von denen die bösen Geister verstossen
wurden, darein die Auserwählten gehören. Siehe, die wonnigliche Stadt glänzet hin von durchschlagenem Golde, sie leuchtet
hin von edlen Margarithen, durchlegt mit edlem Gestein, durch-
kläret als ein Krystall, wiederscheinend von roten Rosen,
weissen Lilien und allerlei lebendigen Blumen. Nun luge selber
auf die schöne Haide; eia, hier ganze Sommerwonne, hier des
lichten Maien Aue, hier das rechte Freudenthal; hier sieht man
fröhliche Augenblicke von Lieb zu Lieb gehen: hier Harfen,
Geigen, hier Singen, Springen, Tanzen. Reihen und ganzer
Freude immer pflegen; hier Wunschesgewalt, hier Lieb ohne
Leid in immerwährender Sicherheit. Nun lug um die unzählige
Menge, wie sie aus dem lebendigen ausklingenden Brunnen
trinken nach aller ihrer Herzensbegierde: lug, wie sie den lau-
teren klaren Spiegel der blossen Gottheit anstarren, indem ihnen
alle Dinge kund und offenbar sind. Verstiel (schleiche) dich
noch fürbass, und lug, wie die süsse Königin des himmlischen
Landes, die du so herzinniglich minnest, mit Würdigkeit und
Freuden obschwebet allem himmlischen Heere, geneiget von
Zartheit auf ihren Geminnten, umgeben mit den Blumen der
Rosen und der Lilien Convallium. Sieh, wie ihre wonnigliche
Schönheit Wonne und Freude giebt und Wunder allem himmlischen Heere. Eia, nun thu ein Gesicht, das dein Herz und
Gemüt erhüget, und lug, wie die Mutter der Barmherzigkeit
die milden barmherzigen Augen so mildiglich gekehrt hat gen
dir und allen Sündern, und wie gewaltiglich sie bittet und sühnet
gen ihrem geminnten Kinde. Nun kehre dich mit den Augen
der lauteren Verständnis und lug auch, wie die hohen Seraphim
und die minnereichen Seelen desselben Chores ein inbrünstiges

Aufflammen haben ohn Unterlass in mich; wie die lichten Cherubim und ihre Gesellschaft einen lichten Einfluss und Ausfluss haben meines ewigen unbegreiflichen Lichtes, wie die hohen Throne und Schaaren ein süsses Ruhen haben in mir, und ich in ihnen. So schaue denn, wie die Dreiheit der anderen Schaaren, die Herrscher, Kräftiger und Gewaltiger ordentlich vollbringen die wonnigliche ewige Ordnung in der Allheit der Natur. Siehe auch, wie die dritte Schaar der englischen Geister vollbringt meine hohe Botschaft und mein Gesetz in den sonderlichen Teilen der Welt; und siehe, wie herziglich und wonniglich und ungleich die grosse Menge geordnet ist, wie ein schöner Anblick dies ist! So kehre das Auge hin und luge, wie meine auserwählten Jünger und meine allerliebsten Freunde sitzen in so grosser Ruhe und Ehre auf den ehrwürdigen Richtstühlen; wie die Märtyrer scheinen in ihren rosenroten Kleidern, die Beichtiger leuchten in ihrer grünenden Schönheit; wie die zarten Jungfrauen glänzen in englischer Lauterkeit; wie alles himmlische Heer hinfleusset von göttlicher Süssigkeit. Eia, wie eine Gesellschaft, wie ein fröhlich Land! Gesahe ihn Gott, dass er je geboren ward, der da immer wohnen soll. Siehe, in dieses Vaterland führe ich heim meine liebe Gemahl unter meinen Armen aus dem Elende, mit der hohen Reichheit ihrer reichen Morgengabe. Ich giere sie inwendig mit dem schönen Gewand des ewigen Lichtes der Glorie, das sie erhebet über alle ihre natürliche Mögenheit. Sie wird auswendig gekleidet mit dem verklärten Leibe, der siebenmal lichter wird, denn der Sonne Schein, schnell, kleinfüg und unleidig. Ich setze ihr auf eine wonnigliche Krone und darauf ein güldenes Kränzlein.» —

7. Der Welt Lohn und der minnenden Seele Heil
(veranschaulicht in der Vorhalle des Freiburger Münsters).

Die obige Beschreibung ist ein glänzendes Beispiel, wie die Mystiker religiöse Begriffe und die ganze Welt heiliger Gestalten von dem engen Bereich theologischer Systeme befreien, sie in poetische Phantasien auflösen und diese wiederum zu künstlerischer Anschauung verdichten. Von dem beschränkten Verstandesmässigen und Begrifflichen entfernt sich die Mystik, ihrer Natur entsprechend, möglichst weit, um statt dessen dem Künstlerischen nahe zu kommen. Die Kunst selbst kann so, nach allem, was wir gehört haben, freilich nur in gewissem Sinne, die Vollendung mystischer Weltanschauung genannt werden, jedenfalls wohl als ihr wahrnehmbares Produkt oder als ihre ins Schaffen umgesetzte Bethätigung; sie wird sich also, sofern sie wahre und echte Kunst ist, hüten, auf den Weg, von dem die Mystik schon abbog, auf den Weg des nackten Verstandesmässigen und Begrifflichen wieder zurückzukehren. So hat sich denn die spätere mittelalterliche Kunst wohlweislich — obgleich sie stets in Berührung mit der Kirche blieb — fern gehalten vom Kirchlich-Dogmatischen, Lehrhaften.

Allegorie und Symbolik wurden, so sahen wir schon, von der, des Einflusses der Mystik teilhaftig gewordenen Kunst nur insoweit und in der Weise verwendet, dass sie den rein künstlerischen Eindruck nicht störten. Solcher Kunstwerke, denen ein gedankenhaftes Programm mit theologisch-didaktischer Absicht zu Grunde liegt, giebt es in der spätmittelalterlichen Kunst nur sehr wenige. In Deutschland ist uns eigentlich nur eine einzige Schöpfung dieser Art von Bedeutung bekannt, die der deutschen Mystik gleichzeitig; aber auch diese ist an sich betrachtet von so hohem rein künstlerischen Wert, dass der Betrachter gern vergessen möchte, wie Besteller und Verfertiger ausser den künstlerischen noch andere Zwecke im Auge hatten. Wir meinen den umfangreichen Skulpturencyklus der Vorhalle des Münsters zu Freiburg i. Br., der in seiner Folge plastischer Figuren ja unzweifelhaft einen begrifflichen Zusammenhang repräsentiert und einem religions-philosophischen Gedanken bewussten Ausdruck verleiht. Während fast alle Werke mystischer deutscher Kunst auch zu dem modernen Betrachter noch unmittelbar, weil rein künstlerisch, sprechen, kommt einem gerade hier in dieser Freiburger Vorhalle die Kluft zwischen mittelalterlichem und modernem Denken zum Bewusstsein trotz des hohen künstlerischen Wertes dieser Statuen, weil es dem modernen Besucher nicht sofort gelingen will, das Gedankenhafte dieser ⌞Schöpfung zu erfassen und zu verstehen. Wir sind genötigt, zu sinnen und zu klügeln, Stück für Stück zu deuten und dann zusammenzureimen. Ein gedankenhaftes Element

15

liegt diesen Werken, wie gesagt, zu Grunde, auch für die damaligen, den Erfindern und Künstlern zeitgenössischen Betrachter,
doch müssen wir annehmen, dass jene Zeitgenossen so vertraut
mit dem in Frage stehenden Gedankenkreis waren, dass ihnen
das Verständnis weit leichter und einfacher war wie uns, so
dass für die damalige Welt auch in diesem Falle der Widerstreit
zwischen Künstlerischem und Gedankenhaftem nicht so gross war.

Die moderne Litteratur hat sich mit diesem Cyklus noch
nicht sehr viel beschäftigt; einzelne Erklärungen sind gegeben
worden, die sich aber teilweise nur mit Andeutungen begnügen
und nicht auf der rechten Fährte zu sein scheinen. Wir sind
unsererseits zu der Ueberzeugung gelangt, dass eine befriedigende
Deutung nur gegeben werden kann unter Berücksichtigung der
Denkungsart der Mystiker und dass, wenn sich auch einige
Figuren ebensogut aus scholastischen Schriften belegen lassen,
das Ganze doch ohne Mystik nicht zu verstehen ist. So gehört
eine Auslegung dieses bedeutenden Skulpturencyklus mit in den
Rahmen der vorliegenden Arbeit und werden wir es uns im
Folgenden angelegen sein lassen, eine Deutung vorzubringen,
die dem schon von Mystik durchsetzten Geist der Entstehungs-
zeit durchaus entspricht.

Dem heutigen Besucher des Münsters ist das Verständnis
des geistigen Zusammenhangs des Figurencyklus dadurch noch
erschwert worden, dass die Statuen offenbar nicht mehr in ihrer
ursprünglichen richtigen Reihenfolge stehen. Bei einer oder
mehreren der verschiedenen Restaurationen, die der Vorhalle
und ihrem Schmuck im Laufe der Zeiten zuteil geworden sind,
scheinen die Figuren herabgenommen gewesen und dann ohne
Verständnis in falscher Ordnung wieder aufgestellt worden zu
sein. Es ist schon von verschiedenen Seiten auf diesen Umstand hingewiesen worden; so nehmen auch wir deshalb unbedenklich das Recht in Anspruch, eine, unserer Deutung an-
gemessene Umwechslung einiger Statuen vorzunehmen. Erst
weiter unten werden wir über diese Umänderungen nach
unserem Vorschlag Rechenschaft ablegen; bei der erklärenden
Beschreibung, die wir im Folgenden geben, nehmen wir einst-
weilen an, dass die Figuren schon in unserem Sinne angeordnet sind.

Das eigentliche Portal des Münsters bringt nicht viel Ausser-gewöhnliches; es zeigt die an grossen gothischen Kirchenpor-talen fast immer beliebte Ausstattung mit bestimmten plastischen Darstellungen, bloss in ganz besonders reicher Auswahl und Zusammenstellung. An dem Mittelpfeiler der doppelten Pforte ist die Statue der Madonna mit dem Kinde angebracht, die ja bei fast keinem gothischen Portal an dieser Stelle vermisst wird. Sie hält in der Hand eine blühende Rose; unter ihren Füssen sieht man die zusammengekauerte Gestalt des schlafenden König Salomon's, der mit seinem gebeugten Rücken das kleine Postament trägt, auf dem die Jungfrau steht; eine alte sym-bolische Anspielung: auf der sicheren Stütze der Weisheit des alten Bundes erhebt sich, zu irdischem Leben erweckt die Ver-körperungen der «göttlichen ewigen Weisheit» des neuen Tes-taments. In gleicher Höhe mit der Maria stehen an den Pfeilern der, gegeneinander abgestuften, der Thüre vorgelagerten Bogen-öffnungen links die heiligen drei Könige, die sich mit ihren Geschenken zur Jungfrau und ihrem Kinde hinwenden; rechts sieht man zunächst den Engel Gabriel, welcher sich zu der am nächsten Pfeiler angebrachten Figur der Jungfrau wendet, ihr die Verkündigung zuteil werden lassend. Es folgt dann an der-selben Seite die Scene der Heimsuchung, deren zwei Figuren zusammen auf ein Postament und unter einen Baldachin ge-setzt sind; weiterhin, an erster Stelle des Portals, wie häufig, rechts und links die Bildnisse von Kirche und Synagoge. Ueber diesen Statuen erheben sich dann in den Bogenlaibungen unter kleinen Baldachinen übereinander angebracht die Reihen von Angehörigen des «himmlischen Staates» und zwar diesmal nur Vertreter des alten Bundes, die Altväter, Richter und Helden, die Könige und die Propheten, sodann die Schaar der Engel. Im Tympanon erblickt man die grosse, ausführliche Reliefkom-position des jüngsten Gerichtes, zusammen mit Scenen aus dem Leben des Erlösers. Das Ganze dieser Darstellungen eine leichtverständliche Uebersicht über die gesammte Geschichte des Heils.

Oben, hoch über dem Tympanon, dort, wo die Spitzbogen der Portalöffnung sich treffen, sind noch vier kleine Darstel-lungen angebracht, von denen zwei bis jetzt noch nicht genügend

erklärt sind und auch von uns nicht gedeutet werden können.
Ohne Weiteres verständlich ist an höchster Stelle die Figur
des segnenden Christus und in der Mitte die Auspülung des
Jonas aus dem Rachen des Walfisches, eine uralte Allegorie
auf die Errettung der Seele; weiterhin aber zwei rätselhafte
Gestalten, von denen die eine eine grosse goldene Sonne mit
aufgemaltem Gesicht, die andere, aus Wolkengebilden hervor-
ragend in den Händen je ein blankes Schwert hält.

Man hat nun meist den Versuch gemacht, den Figurencyklus der, diesem Portal vorgebauten Vorhalle in direkte Beziehung zu bringen zu den soeben betrachteten Darstellungen
des Portals selber. Wir sind der Meinung, dass eine solche
ganz direkte Beziehung zwischen diesen an jener Stelle durchaus gewohnten Portaldarstellungen zu jener entschieden ganz
neuen und ungewohnten Statuenfolge der Vorhalle gar nicht
anzunehmen ist, und dass man also nicht einen langen Ideen-
faden zu spinnen hat, der von den ersten Vorhallenfiguren beginnend zu verfolgen wäre bis zu der Darstellung des Jüngsten
Gerichtes oder bis zur Madonnenstatue am Mittelpfeiler des Portals als seinem Zielpunkt. Ein Netz von typologischen, allegorischen und symbolischen Bezügen und Anspielungen vermögen
wir nicht zu erkennen.

Es wird uns genügen zu finden, dass die beiden Statuen-
folgen der Vorhalle, — die übrigens noch nicht einmal mit jenen
grossen Statuen an den Portalpfeilern auf selber Höhe stehen
und mit ihnen also keine fortlaufende Reihe ausmachen, —
unter sich einen bedeutenden geistigen Zusammenhang haben.
Wenn wir dabei merken sollten, dass dieser geistige Inhalt
seinerseits indirekte Beziehung zu jener am Portal versinnbildlichten Heilslehre hat, um so besser. — Doch begeben wir uns
an den Eingang der Vorhalle, in der man also, so nehmen wir
an, einige Figuren nach unserer Anordnung schon umgewechselt
hat.

Rechts und links erblicken wir je eine Reihe von Statuen
in halber Höhe angebracht, am Eingang beginnend, sich bis
zum eigentlichen Portal hinziehend, auf jeder Seite 14 grosse
Figuren. Wir blicken zur ersten Gestalt rechts aufwärts: ein
fürstlich gekleideter Mann, der in der einen Hand einen Geld-

beutel hält, in der anderen eine Blume, mit der er uns, freundlich lächelnd, zuwinkt, gleichsam als wolle er uns einladen,
gleich zu ihm auf seine Seite zu kommen, wo er uns liebens-
würdig aufzunehmen und zu geleiten verspricht. Schon wollen
wir ihm folgen, da fällt unser Blick noch auf einen Engel, der
unter dem Postament dieser Statue angebracht ist, und der uns
ein Schriftband mit der ernsten Warnung: «Vigilate et orate»
mahnend entgegenhält. Wir stutzen; wir sehen uns den freundlich winkenden Herrn oben noch einmal näher an und entdecken
schaudernd, dass seine angenehme Vorderseite durchaus nicht
entspricht seinem entsetzlichen Rücken, denn dieser ist über
und über bedeckt mit Würmern und Ungeziefer. Wir sehen
«Fürst Welt» vor uns, eine in der damaligen Poesie unter
dieser schauderhaften Gestalt bekannte Personifikation des
gleissenden und äusserlich verlockenden weltlichen Lebens in
Glanz und Reichtum, das aber innerlich hohl und von Lastern
und Gebrechen angefressen ist. Wir wenden uns ab von ihm,
kehren uns um und blicken zur ersten Statue der anderen
Seite. Welch' freundlicher Anblick! Ein liebenswürdiger Engel.
Ihm wollen wir uns gern anvertrauen und uns bemühen, auf
die Worte Acht zu geben, die er uns auf seinem Spruchband
entgegenhält: «Ne intretis», und die wir zu ergänzen haben:
«ne intretis in tentationem». Also die Fortsetzung des Spruches,
den jener gütige Warner auf der anderen Seite begann: «Vigilate et orate, ne intretis in tentationem». Kaum bedarf es noch
der Bitte, die der kleine Engel, der unter dem Postament dieses
grossen Engels angebracht ist, entsprechend jenem Warner
unter dem «Fürsten Welt», vorträgt: «Nolite exire». Wir gehen
nicht hinaus, sondern bleiben auf dieser Seite, um zu sehen,
welche Welt uns hier offenbaret werden soll, die so beschaffen
ist, dass wir nach überirdischem Rat, einmal drinnen, nicht
wieder hinaus sollen. Der Engel am Eingang lässt uns fast ein
Paradies erwarten. In der That, die Vertreter dieser Welt, die
uns nun nacheinander entgegentreten, sind alle geeignet, unser
Vertrauen zu erwecken und unser Verlangen, zu vernehmen,
was sie uns zu künden und zu raten haben. Wir erblicken
unter ihnen drei alttestamentarische Gestalten: Abraham, im
Begriffe seinen Sohn nach göttlichem Willen zu opfern, den

Hohepriester Aaron und eine weibliche Gestalt. Man hat die Letztere als Sarah gedeutet; mit welchem Rechte bleibt dahingestellt, da sie durch nichts näher gekennzeichnet ist, weshalb auch wir keine bessere Bezeichnung mit Sicherheit vorzubringen wagen. Weiterhin sieht man Johannes den Täufer, Maria Magdalena und zwei weibliche Heilige: Sancta Margaretha mit dem Drachen und Sancta Katharina mit einer Palme. Also alles heilige Gestalten, die uns insofern als Vorbild dienen können, als sie, taub gegen die Lockungen des «Fürsten Welt», sich Gottes Willen gelassen und im Sinne des göttlichen Willens gewirkt haben. Das «Sich-lassen» in den göttlichen Willen, nachdem man die Welt überwunden, ist aber die erste Bedingung zur Erreichung des Zieles der ganzen Mystik: der unmittelbaren Vereinigung der Seele mit dem Göttlichen. Soll der «göttliche Funken im tiefsten Seelengrund lauter wirken», dann gilt es zunächst, zu «entwerden», d. h. abzusehen von allem, was nicht göttliches Gefühl ist. Wer sich aber diesem Leben im Göttlichen ergeben hat, der ist nicht fern von der Vereinigung mit der Gottheit selbst. Und siehe da, wir erblicken fünf hehre Beispiele von solch' gottgelassenen Wesen, denen es gelungen ist, sich der «ewigen Weisheit» bräutlich zu vermählen: die Statuen der fünf klugen Jungfrauen sind es, die zum Schlusse aufgestellt sind und zwar dargestellt in dem Moment, wo sie ihrem Bräutigam folgen zur hochzeitlichen Vereinigung. Christus selbst steht als Letzter da und erwartet seine «Geminnten».

Wir haben in dieser Darstellung der klugen Jungfrauen nichts anderes zu sehen als wieder eine Ausgestaltung des von uns schon so eingehend besprochenen Motivs der «minnenden Seele», in welchem der Hauptsinn alles mystischen Strebens bildlich gefasst ist. Die Verwertung des biblischen Gleichnisses zu diesem Zweck lag ja auf der Hand und findet sich auch in mystischen Predigten. Auch in der bildenden Kunst giebt es noch andere Beispiele, wo die biblische Erzählung ganz in diesem mystischen Sinne vorgetragen wird. Wir erinnern z. B. an die Darstellung auf der Predelle des Tiefenbronner Altares von Lukas Moser. Dort sind die Jungfrauen als Visionärinnen gedacht, denen Christus selbst erscheint: mitten unter den weltlich Gekleideten, aber ekstatisch dreinschauenden auf Wolken in einer Vision.

Uns ist kein Zweifel, dass wir auf diese einfache, dem Inhalt fast jeglicher mystischen Schrift oder Predigt sich eng anschliessenden Weise Sinn und Bedeutung der Statuenfolge auf der linken Seite (von der Kirche aus der rechten) hinreichend und recht erklärt haben. Die Versuche, scholastische Spitzfindigkeiten hier herauszulesen, scheinen uns ganz unnötig.

Ebenso einfach gelingt uns nun dementsprechend die Deutung der anderen Seite. Sahen wir soeben den Weg zur mystischen Vereinigung und die Vereinigung selbst, so werden uns hier nun die Irrwege, die nicht zum Ziele führen, gezeigt. «Fürst Welt» sahen wir schon; ihm folgt als Begleiterin die Sinnenlust, die Wollust als nacktes verführerisches Weib mit einem Bocksschädel, der ihr am Fell über dem Arm hängt. Den fünf klugen Jungfrauen drüben entsprechen hier die fünf thörichten am Ende der Reihe; ihnen winkt kein himmlischer Bräutigam, keine Hoffnung auf hochzeitliche Vereinigung ihrer Seelen mit Gott erhellt ihre betrübten Züge; zu spät haben sie eingesehen, dass der Weg der Welt ein falscher ist. Zwischen ihnen und dem verführerischen Paar am Anfang erblicken wir zuletzt als die noch fehlenden sieben Statuen die Gestalten der sieben freien Künste. Sahen wir im «Fürst Welt» und in der «Wollust» die Personifikationen des weltlichen Lebens nach der Seite des Materiellen und Sinnlichen, so werden uns nun in diesen weltlichen Wissenschaften noch die menschlichen Thätigkeiten und Beschäftigungen vorgeführt, welche vom Geiste ausgehen, die zwar nicht direkt sündhaft sind, aber doch nicht im geringsten zur mystischen Erhebung der Seele und ihrer Vereinigung mit der Gottheit beizutragen imstande sind. Sie beruhen nur auf der unvollkommenen Thätigkeit des Verstandes, sind dem Gefühle und der Hingabe an seelische Empfindung eher hinderlich als dienlich und müssen so dem Mystiker, der nur in der Seele höchste Kraft und höchsten Wert erkennt, als Irrwege erscheinen.

Mit ihnen haben wir die beiden Statuenreihen und damit den ganzen Darstellungscyklus der Vorhalle vollständig besichtigt und, so dünkt uns, auf einfache und einleuchtende Art gedeutet. Weitere Erklärungen scheinen uns unnötig, unsere Deutung spricht für sich selbst; nur in Betreff eines Punktes, nämlich des zuletzt berührten, dürften vielleicht noch einige Belege erwünscht sein. Dass wir nämlich die weltlichen Wissenschaften, die nach dem Brauche der Zeit in den Gestalten der sieben freien Künste verkörpert sind, so ohne Weiteres mit unter die Irrwege der Welt und im nächsten Zusammenhang mit «Wollust» und «Fürst Welt» selber setzen, mag Manchem, der mit mystischem Denken nicht vertraut ist, doch bedenklich erscheinen. Gerade in unserer modernen Zeit mit ihrer Beschäftigung mit der Wissenschaft, mit ihren grossen «Errungenschaften» auf diesen Gebieten und mit ihrer Hoffnung auf das «Heil», das daher zu erwarten steht, könnte Vielen, die in die einseitige Denkungsart unseres Jahrhunderts verstrickt sind, eine derartige Auffassung thöricht erscheinen. Dies ist sie jedoch durchaus nicht und braucht sie auch für einen ernsten und tiefer denkenden modernen Menschen nicht zu sein. Jedenfalls entspricht sie durchaus dem Geiste des Mystikertums, und während wir die Frage nach der Allgemeingültigkeit dieser Auffassung dem Erkenntnisvermögen jedes Einzelnen überlassen müssen, haben wir jetzt noch die Aufgabe, zu belegen, dass dieselbe eine der mittelalterlichen Mystik durchaus geläufige war.

Schon die erste deutsche Mystikerin, die heilige Hildegard von Bingen, lehnt es ausdrücklich ab, eine gelehrte Frau zu sein und zu heissen, obgleich sie in der That nach unserem Begriff einen solchen Titel in ihrer Zeit verdiente. Alle ihre Kenntnisse, in Betreff der lateinischen Sprache, der Bibel, der Natur- und Heilkunde, der Schreibkunst u. s. w. will sie nicht als durch weltliche Bemühungen erworben und als der Welt dienend angesehen wissen, sondern bloss durch göttliche Eingebung, und im Dienste der Verbreitung der göttlichen Offenbarung will sie sie ausüben.

Ausdrücklich verwahrt sie sich gegen «scientia acquisita» und will nur die «scientia infusa» gelten lassen. Jedoch als solche lässt sie die Wissenschaften noch gelten und schreibt ihnen Wert zu. Hildegard steht da im Scholasticismus, der ähnlicher Ansicht ist. Die Mystik ging weiter und wurde in ihrer Art immer freier und kühner in der Auffassung. Von der Nonne Gertrud aus dem Kloster Helfta heisst es in den «Insinuationes divinae pietatis», dass sie bis zu ihrem 25. Lebensjahre eifrig und mit Erfolg den freien Künsten ergeben gewesen, dass sie aber durch diese Beschäftigung mit den Wissenschaften «im Lande der Ungleichheit noch viel zu weit von Gott» gewesen wäre. «Ueber die Mass», so heisst es, «war sie auf die freien Künste versessen; darum sie dann bis auf diese Stund' die Schärfe ihres Herzens zu göttlichen Erleuchtungen in keinem Weg tauglich gemacht hatte. Sie verstund dabei und erwog nicht ohne Seufzer des Herzens wie vieler teils Tröstungen, teils Erleuchtungen der göttlichen Weisheit sie sich unterdessen beraubt hatte, indem sie mehr als zuviel in menschlicher Wissenschaft erlustigt wurde. Daher ihr dann alles sichtbarlich und äusserlich verächtlich ward. Und zwar nicht unbillig.» — In dem mystischen Gedicht «die Tochter Zion» liest man, wie die «Tochter Zion», d. h. die Seele, den Trieb in sich fühlt, zu lieben; sie sendet deshalb die Erkenntnis in die Welt aus, gleichsam zur Brautschau. Die Erkenntnis aber kehrt ohne Erfolg zurück; sie kann der Sehnenden nichts bringen; sie hat bloss gefunden, dass alles eitel ist. — Tauler ruft aus: «Kinder, ihr sollt nicht fragen nach grossen hohen Künsten; gehet einfältig in eueren Grund inwendig und lernet euch selber erkennen in Geist und Natur!» Und an anderer Stelle heisst es bei ihm: «Deswegen will ich euch, Geliebte im Herrn, vermahnet haben, dass ihr euer Disputieren einstellen und dargegen einfältig glauben, und also Gott auch ganz und znmal ergeben wollet: welcher in euch nicht vernünftiger sondern wesentlicher Weise, nicht im äusserlichen Mund, sondern im innerlichen Grund des Herzens geboren wird.» Und noch ein ander Mal: «Denn obschon alle Lehrer tot und dahin und auch alle Bücher, die in der ganzen Welt sind, verbrannt wären, so würden wir doch, an seinem, des Herrn Christi heiligem Leben, Lehre und Bericht genug, wie wir uns in unserem ganzen Leben uns verhalten sollen, antreffen und finden: sintemal er selbst der Weg, die Wahrheit und das Leben ist.» — In sehr drastischer Weise führt der mystische Prediger Nicolaus von Strassburg den Gedanken aus: «Hête der einvaltigôste gebûre (Bauer), der in eime dorfe ist mê minne und dêmüetikeit denne der wîseste pfaffe der ze Parîs ie gelêrt wart: so si in daz êwige leben kaemen, er gêbe im nit sehs pfennige umb alle sîne kunst, wan unser sêlikeit lît an

minne und an dêmüetikeit, wan die gânt vor aller der welte
wîsheit.» —

Uebrigens ist an einer der Freiburger Figuren selbst ein,
wie uns scheint, untrüglicher Beweis dafür zu finden, dass die
weltlichen Wissenschaften hier als etwas für die Erreichung
des mystisch-religiösen Zieles Nutzloses, ja Verderbliches hingestellt sind: während die Personifikation der Arithmetik ander-
weits meist als Attribut einen Rechenschieber in der Hand hält,
ist sie hier verächtlich gemacht worden dadurch, dass man sie
— Geld zählen lässt; bei welchem Anblick man sich gleich
daran erinnert, dass der «Fürst Welt» in der einen Hand als
Lockmittel einen Geldbeutel hält.

So erscheint uns die Absicht der Verächtlichmachung, zum
Mindesten die Betonung der eigentlichen Bedeutungslosigkeit
der Wissenschaften überhaupt in diesem Falle ganz augen-
scheinlich. — Sollte nicht über zwei Jahrhunderte später Albrecht
Dürer aus einer, dieser Anschauung aufs Engste verwandten
Stimmung seine «Melancholie» geschaffen haben? —

Nehmen wir die von uns vorgeschlagene Deutung des Freiburger Vorhallencyklus an, so finden wir auch in diesem Falle,
dass, obzwar ein gedankenhaftes Programm zu Grunde liegt,
doch die Kunst sich nicht mit starrem Dogmatismus verbunden
hat, sondern bloss wieder eine Vermählung mit dem schlichten
Gedankenkreis und dem edlen Gefühlsinhalt deutscher Mystik
eingegangen ist. Die italienische Kunst hat sich in vielen Fällen,
— wir erinnern an die «Spanische Kapelle» — der Bethörung
von Seiten der Scholastik nicht erwehrt. —

Die Ausführung des ganzen Statuencyklus wird in die zweite
Hälfte des 13. Jahrhunderts, etwa um das Jahr 1270 verlegt,
also in eine Zeit, wo die deutsche Mystik ihrer höchsten Blüte
entgegenreifte. Berücksichtigen wir dabei, dass gerade Freiburg
in der Geschichte der Mystik stets eine hervorragende Rolle
gespielt hat, dass gerade in Freiburg der so durchgängig mystische deutsche Dominikanerorden höchst einflussreich war und
dass gerade um jene Zeiten bedeutende Mystiker in Freiburg
ihren Wohnsitz hatten, so dürfte auch von dieser Seite alles
danach angethan sein, der hohen Wahrscheinlichkeit eines mystischen Sinnes dieser hervorragenden Kunstschöpfung und damit

unserer Deutung das Wort zu reden. Genaueres über den Erfinder des Programmes wird wohl nicht mehr festzustellen sein; am ehesten ist wohl anzunehmen, dass die Idee des Ganzen dem mystischen Sinnen eines gelehrten Dominikaners zu verdanken ist. Eine alte Tradition nennt Albertus Magnus als den Erfinder, den ja die Sage in so mannigfache bedeutende Beziehung zur deutschen Kunst bringt. Wir wissen von ihm schon, dass er, hauptsächlich im Dienste des kirchlichen Scholastikertums thätig, doch der deutschen Mystik sehr nahe stand. An der Aussenseite des Turmbaues sind die in Stein gehauenen Bildnisse zweier Dominikaner sichtbar, welche sicher nicht angebracht worden wären, wenn die Dargestellten nicht hervorragenden Anteil am Bau des herrlichen Münsters und besonders an seiner Ausschmückung mit bedeutungsvollen Skulpturen gehabt hätten.

In einer anderen Statue an der Aussenseite des Münsters erkennt man das Bildnis Konrads von Würzburg, des Minnesängers, der sich eben um diese Zeiten von seinem Weltleben zurückzog, um sich im stillen Dominikanerkloster zu Freiburg mystischem Denken, Sinnen und Dichten zu ergeben. Ihm die Erfindung der Idee unseres Statuencyklus zuzuschreiben, wäre schon in Anbetracht dieser seiner Lebensumstände verlockend. War er doch einer, der das wahre Aussehen von «Fürst Welt» und auch die eigentliche Nichtigkeit alles weltlichen Wissens erkannt und der sich darum von alledem abgewandt hatte, um sich auf den Weg zur Erreichung des Zieles mystischer Sehnsucht zu machen. — Schwer ins Gewicht fallen dürfte zweifellos auch der Umstand, dass Konrad von Würzburg ein Epos «der Welt Lohn» geschrieben hat, in welchem die Welt mit ihrem Treiben und ihrem Trug in derselben Weise bildlich vorgestellt ist, wie in der Figur der Vorhalle, nur dass das Gedicht statt des Fürsten, eine Fürstin Welt nennt, wie es überhaupt auch sonst üblich war. Der letztere Unterschied lässt sich jedoch leicht erklären, wenn man bedenkt, dass im Epos Konrad, der Dichter selbst als Bewerber um diese Fürstin eingeführt wird, während man sich, wie wir sehen, in dem Gedankenkreis der Vorhalle die «minnende Seele» als auf der Suche nach dem Bräutigam vorzustellen hat.

Uebrigens wird auch in diesem Epos die Beschäftigung mit weltlichen Wissenschaften durchaus als zum Kreise des Weltlebens gehörend, betrachtet. —

Zum Schlusse sind wir noch Rechenschaft schuldig über die Umstellung von Figuren, die wir im Interesse unserer Deutung für nötig erachteten. In der Hauptsache handelt es sich eigentlich bloss um je zwei Statuen von jeder Seite, die wir untereinander austauschen. Die beiden weiblichen Heiligen, Margaretha und Katharina stehen jetzt an der rechten Seite der Vorhalle (von der Kirche aus links) an erster Stelle gleich beim Eingang; sie wünschten wir also umgetauscht zusehen gegen «Fürst Welt» und «Wollust», die augenblicklich ganz sinnlos auf der anderen Seite zu Beginn stehen, gefolgt von dem Engel und den alttestamentarischen Gestalten. Dem Engel weisen wir den ersten Platz am Eingang an, wo er, unserer Erklärung gemäss, dann also den Gegensatz zum lockenden «Fürsten Welt» ihm gegenüber bilden würde. Auf der «weltlichen» Seite könnte dann das Weitere so stehen bleiben, wie es jetzt steht; für die andere Seite würde sich wohl am besten die Reihenfolge empfehlen, wie wir sie bei unserer Beschreibung und Deutung angenommen haben, was mit Leichtigkeit herzustellen wäre. —

IV. Schluss.

Treten wir in die Freiburger Vorhalle ein, so ist unter dem mannigfachen umfangreichen Skulpturenschmuck, der uns allseits umgiebt, diejenige Statue, welche Auge und Sinn am meisten auf sich lenkt, doch die der Madonna, im Mittelpunkt des Ganzen am Pfosten des Portales. Wir sahen, dass wir einen direkten begrifflichen Zusammenhang zwischen ihr und dem festbestimmten Gedankenkreis der Statuenreihen an den Seitenwänden nicht anzunehmen haben; und doch erscheint sie uns fast wie unentbehrlich an dieser hervorragenden Stelle, wo sie den Eintretenden als begrüssende Herrin des heiligen Hauses empfängt, als segenspendende Schutzgöttin den Austretenden entlässt. Nicht nur die Gewohnheit, ihr Bild an eben jener Stelle bei allen gothischen Kirchen zu sehen, ist es, die sie uns hier unentbehrlich und wichtig erscheinen lässt, es ist eben diese Gewohnheit selbst, die Gestalt der Maria mit ihrem Kinde an so ausgezeichneter Stelle anzubringen, welche uns in jedem Falle tiefbedeutungsvoll entgegentritt. Wir begannen die ikonographischen Betrachtungen dieses Kapitels mit den Motiven der Passion, von der wir ausdrücklich zu betonen hatten, dass sie das eigentliche Hauptthema von deutscher Mystik und Kunst ausmachte. Mit einer kurzen Betrachtung des Motives der Maria mit dem Kinde möchten wir endigen. Werden wir durch das Leiden eingeführt in die Tiefen mystischer Lebensauffassung, dorthin, wo die Ueberzeugung bis an jenen Abgrund geführt wird, der das Nichtleben und das Nichtsein bedeutet, so ist uns das Bild der heiligen Maria mit ihrem göttlich-reinen Kinde jenes Zeichen, das uns wieder in das, durch sie verklärte Leben zurückweist. Nicht mit Unrecht hat sie so ihre Stelle am Eingang des Gotteshauses gefunden.

Ohne ihr Bild wäre auch der Symbolschatz der Mystik unvollkommen. Ist die Passion der Grundakkord dieser Gefühls- und Denkungsweise zu nennen, so ist das Motiv der Gottes- mutter und der tiefste Sinn desselben einer aus jenem Akkord gestalteten Melodie vergleichbar, die erst wirkliches Leben und Bewegung wird und erst mitteilbares allumfassendes Fühlen in Tönen enthält und überträgt. Ueber dem Leiden schwebt die Liebe, sie belebt, was jenes zu töten, verbindet, was jenes zu trennen schien. Das Leiden trifft den Einzelnen für sich. Zwei Wege hat aber eigentlich die deutsche Mystik: der eine ist das Streben nach Vereinigung der Seele des individuellen Menschen mit dem Göttlichen, von dem sie einen Teil überhaupt in sich schon entdeckt. Nur durch Leiden geht dieser Weg zum Ziel höchster Erlösung. Askese und Ekstase sind die wirksamsten Mittel. Doch nicht allein im tiefsten Grund seiner Seele erkennt der weiterschauende Mystiker das Göttliche; nein er spürt seinen Hauch allüberall, im gesammten Sein. Sich hingeben dem Göttlichen, ebenfalls aufgehen in ihm, schon auf Erden möglichst eng und innig mit beseligendem Bewusstsein, das würde es heissen, wenn man sich dem gesammten Sein, dem Sichtbaren

und Unsichtbaren, Sinnlichen und Uebersinnlichen hingiebt in
reiner selbstloser Liebe. Das ist der andere Weg. Auch auf
ihm ist höchste mystische Erkenntnis und höchste mystische
Gotteinigung möglich. Nur die Liebe, die allumfassende, selbst-
überwindende ist hier der Weg. Sie schenkt den Menschen der
Welt und die Welt dem Menschen; ein inniges Gefühlsverhältnis
verbindet Beide. Das vereinigende Element wird die Gottheit
genannt. Das Symbolbild ist die Maria mit dem Kinde!

Alle unsere obigen Betrachtungen führten uns vor Augen,
wie deutsche Mystik und Kunst, nachdem sie einmal die Bedeutung des Leidens gewürdigt hatten, sich diesem Gefühlsverhältnis zum gesammten Sein mit ganzer Seele hingaben:
das Göttliche wurde im Natürlichen erschaut und das Natürliche durch das Heilige wieder verklärt. So entstand in der
deutschen Kunst eine göttliche Welt des Scheines, die ihren
höchsten Wert und ihre höchste Schönheit darin suchte, ein,
durch die Lichtstrahlen der liebenden Seele vermitteltes Spiegelbild der wirklichen Welt zu sein. Unter dem Zeichen der
Liebe steht die deutsche Kunst, mehr denn jede andere, jener
Liebe, die alles, auch das kleinste umfasst und zu höchster
Bedeutung erhebt. Wieder betonen wir es: nur so ist der
Naturalismus der deutschen Kunst zu verstehen. Es ist das
mystische Gefühlsverhältnis zum gesammten Sein, welches alle
Schöpfungen dieser Kunst belebt, welches einzig und allein so
manche Sonderlichkeiten, ja manche scheinbare Disharmonien
erklärt. In den ergreifendsten Darstellungen der Passion finden
wir häufig neben dem furchtbarsten Leiden Züge genrehafter,
ja humoristischer Art! Jenes mystische Gefühlsverhältnis gleicht
alles aus; das Mitleid erweitert sich zur Liebe auch zum Geringsten!

Verfolgt man die Madonnendarstellungen in der deutschen
Kunst, von jenen Statuen an gothischen Portalen bis zur mannigfachen Verwendung des Motives in späteren Tafelbildern
und hauptsächlich auch auf den populären, intimeren Charakter
tragenden, und gerade für die deutsche Kunst so bezeichnenden
Holzschnitten und Kupferstichen, so erstaunt man immer wieder
über den Reichtum an origineller Erfindung, mit dem auch dieses
Thema ausgenutzt worden ist. Man erkennt den Zug zum Rein-

menschlichen, zum Natürlichen und, damit Hand in Hand gehend, das unbewusste Streben nach Verklärung dieses Natürlichen durch das darin hineinbezogene Göttliche. Auch die italienische Kunst zeigt ein verwandtes Streben, wie mehr oder minder die ganze christliche Kunst. Während man aber in Italien die Verklärung des Irdischen in der idealisierenden Schönheitsgestaltung suchte und fand, sah der Deutsche, inniger und unmittelbarer, das Göttliche in jedem Realen, welches er nur mit dem Hauche seelischer Stimmung zu überstrahlen brauchte, um sich mit ihm in künstlerischer Selbstentäusserung zu vereinigen. Und wenn wir in der deutschen Kunst eine Verwandtschaft mit der Weltanschauung der deutschen Mystik erkennen dürfen, so ist es im Vergleich hiermit sehr bezeichnend, dass die Künstler und Kunstkenner der italienischen Renaissancezeit ganz bewusst ihre Kunstphilosophie in Verbindung brachten mit der Ideenlehre Plato's. Gerade in den Mariendarstellungen entfaltet diese Weltanschauung der deutschen Volksseele und ihrer Kunst ihre reichste und mannigfachste Bethätigung. So erklärt sich der entschiedene Zug ins Genrehafte, den wir in der Entwicklung der deutschen Mariendarstellungen ersehen, besonders in den meisten vollendeten Schöpfungen Dürer's. — Schon die Mystik schlug diese Richtung wiederum ein. Erlönt in den Predigten der Mystiker hauptsächlich der Grundakkord der Passion, so bewegt sich in der mystischen Poesie die süsse Melodie des Marienmotivs.

Es ist bekannt, wie die mystischen Dichter sich in Sprache und Anschauungen an die weltliche Minnepoesie anschlossen und wie sie ihr Verhältnis zur himmlischen Geliebten Maria nicht sinnlich genug ausmalen konnten.

Nicht ohne Sinn, so dünkt uns, schliessen wir so unsere Ausführung mit dem Hinblick auf das Bild der Madonna, dasselbe in gewisser Weise zu symbolischer Bedeutung erhebend auch für die durch unsere Arbeit gewonnene gesammte Erkenntnis; indem wir zu gleicher Zeit die Art der Verwendung dieses Motives in der deutschen Kunst für typisch erachten für die Weise, wie überhaupt diese Kunst schaut und schafft.

Eine Frage ist es noch, die sich uns gerade nun am Schlusse all' dieser Betrachtungen aufdrängt: Was ist es, kurz zusammengefasst, das uns, abgesehen von den eigentlichen philosophischen und religiösen Ergebnissen, die deutsche Mystik darbringt; was danken wir der von der Mystik beeinflussten Kunst? Die Belebung jenes von der scholastischen Theologie missbrauchten und zu einem für jedes tiefere religiöse Gefühl und jede echte Weltanschauung durch starren Dogmatismus wertlos gemachten Systems von göttlichen und heiligen Begriffen, Personen und Gestalten zu einer, jedem reinmenschlichen Gefühl sofort verständlichen künstlerischen Anschauung; man könnte sagen, die Verdichtung desselben zu einer Mythologie, die nicht Gegenstand eines Kirchenglaubens sein will, sondern weit mehr: das verklärte Spiegelbild der Welt und des menschlichen Wesens; jener Welt und jenes menschlichen Wesens, in dem man das göttliche Sein erkannt hatte! Dies die Antwort. Und in diesem Sinne darf uns die geschilderte deutsche Kunst als gleichwertig erscheinen mit der, ebenfalls mystischem Urgrunde entstiegenen Götterwelt Homers und der griechischen Bildner. Etwas Gleichwertiges — und doch nicht dasselbe. Im Vergleich zum hellenischen hatte der germanische Geist auf der einen Seite ein Zuwenig, auf der anderen ein Zuviel erwiesen. Ein Zuwenig in der Fähigkeit typisierender Stilbildung und in der Sicherheit des Verdichtens und Gestaltens, aus welchen Eigenschaften die harmonische Schönheit hellenischer Schöpfungen erblühte; — ein Zuviel an Gedanken und vor allem an drängendem, überfliegendem Gefühl, das sich von der Welt der Materie loslösen und nur sich als das Wahre anerkennen möchte. Mit der Welt der Materie aber rechnet die bildende Kunst. So kommen wir wieder auf denselben Punkt, den wir schon am Schlusse des vorigen Kapitels erstiegen hatten; wieder erkennen wir: erst in der Musik fand der deutsche Geist die ihm ganz entsprechende Kunst. Der befreite überquellende Strom der Gefühle ergoss sich in Tönen. Hier erst wird dem deutschen Geist die Befreiung, die der Hellene in der bildenden Kunst schon finden durfte. Auch hier erkennen wir ein verklärtes Spiegelbild der Welt; doch jetzt, so zeigte uns Schopenhauers mystische Kunstauffassung, das Spiegelbild der «Welt als Wille». Wieder das Höchste im Reinmenschlichen, Natürlichen, doch diesmal losgelöst vom Zufälligen, Materiellen.

Und sehen wir hier den Deutschen in seinem Kunstdrange das Streben nach Selbstentäusserung im höchsten Masse kundgeben, so wird uns nun, von diesem Standpunkte zurückgesehen, offenbar, wie auch die deutsche bildende Kunst, trotz allem Naturalismus die Worte spricht:

«Alles Vergängliche
Ist nur ein Gleichnis!» — —

Meister Eckart sagt: «Swenne ich predien, sô pflige ich ze sprechende von abegescheidenheit unt daz der mensche lidig werde sîn selbes unt aller dinge.»

Nachweis der wichtigsten benutzten Litteratur.

P r e g e r , W i l h e l m : «Geschichte der deutschen Mystik im Mittel-alter.» 3 Bde. Leipzig 1874—1893.

H a h n , C h r. U.: «Geschichte der Ketzer im Mittelalter.» Stuttgart 1845—50.

G r e i t h: «Die deutsche Mystik im Predigerorden.» Freiburg i. Br. 1861.

J u n d t , A : Histoire du panthéisme populaire au moyen age.» Paris 1875.

J u n d t , A.: «Les amis de Dieu au quatorzième siècle.» Paris 1879.

J u n d t , A.: «Rulman Merswin et l'ami de Dieu de l'Oberland.» Paris 1890.

S c h m i d t , K a r l : «Die Gottesfreunde im 14. Jahrhundert. Historische Nachrichten und Urkunden.» Jena 1854.

S c h m i d t , K a r l : «Nicolaus von Basel. Leben und ausgewählte Schriften.» Wien 1866.

K e l l e r , L u d w i g : «Die Reformation und die älteren Reform-parteien.» Leipzig 1885.

H a u p t , H : «Die religiösen Sekten in Franken.» Würzburg 1882.

L o c h n e r , G. W. K. : «Lebensläufe berühmter und verdienter Nürn-berger.» Nürnberg 1861.

W ü r f f e l : «Vermischte Nachrichten über die Geschichte Nürnbergs.» Nürnberg 1766.

M e r l o , Joh. Jac.: «Kölnische Künstler in alter und neuer Zeit.» Neubearbeitet und herausgegeben von Firmenich-Richartz. Düsseldorf 1895.

B u r c k h a r d t , Dr. C. und C. R i g g e n b a c h : «Geschichte des Klosters Klingenthal » (Aufsatz in den Mittheilungen der Gesellschaft für vaterländische Altertümer in Basel. Jahrgang 1860.)

J a u n e r , F.: «Die Bauhütten des deutschen Mittelalters » Leipzig 1876.

H e i d e l o f f , C.: «Die Bauhütten des Mittelalters.» Leipzig 1876.

R z i h a : «Ueber die deutschen Steinmetzzeichen. (Aufsatz in den Mit-teilungen der k. k. Central-Commission für die Erforschung der Kunst- und Geschichts-Denkmäler in Oesterreich. Wien 1881 u. 1882.)

G e f f c k e n , Joh.: «Der Bilderkatechismus des 15. Jahrhunderts.» Leipzig 1855.

Pfeiffer, Franz: «Deutsche Mystiker des 14. Jahrhunderts.» 2 Bde. Leipzig 1845 und 1857.

Johannes Tauler's Schriften und Predigten. Ausgabe Frankfurt 1692.

«Heinrich Suso's, genannt Amandus. Leben und Schriften» herausgegeben von Diepenbrock. 3. Aufl. Augsburg 1854.

«Die Briefe Heinrich Suso's, nach einer Handschrift des XV. Jahrhunderts herausgegeben von Wilhelm Preger.» Leipzig 1867.

«Berthold von Regensburg», hrsg. von Franz Pfeiffer. Wien 1862.

Konrad von Würzburg: «Die goldene Schmiede.» Hrsg. von W. Grimm. Berlin 1840.

«Die Tochter Syon oder die minnende Seele.» Hrsg. von Graff; Diutiska II, 3 ff.

«Speculum spiritualis gratiae» von Mechthild von Hackeborn. Deutsche Uebersetzung: «Das Buch geistlicher gnaden offenbarunge wunderliches unde beschawlichen lebens der heiligen jungfrawen Mechthildis und Getrudis etc. etc.» Leipzig 1503.

«Insinuationes divinae pietatis» von Gertrud von Hackeborn. Ausg. Cöln 1657.

«Offenbarungen der Schwester Mechthild von Magdeburg oder das fliessende Licht der Gottheit.» Hrsg. von P. Gall Morel. Regensburg 1869.

«Von der genaden uberlast.» Hrsg. von Karl Schröder in der Bibliothek des litter. Vereins in Stuttgart, Bd. CVIII. Tübingen 1871.

Wollersheim. Th.: «Das Leben der ekstatischen und stigmatischen Jungfrau Christina von Stommeln etc.» Cöln 1859.

Strauch, Ph.: «Die Offenbarungen der Adelheid Langmann, Klosterfrau zu Engelthal.» Strassburg 1878.

Lochner, G. W. K.: «Leben und Geschichte der Christina Ebnerin, Klosterfrau zu Engelthal» Nürnberg 1872.

Lechner, Peter: «Bericht aus dem mystischen Leben der gottseligen Ordensjungfrauen Christina und Margaretha Ebner aus Nürnberg» als Anhang zu «Das mystische Leben der heiligen Margaretha von Cortona». Regensburg 1862.

«Leben der Luitgard, Stifterin des Klosters Wittichen, beschrieben von Berthold von Bombach», hrsg. von Fr. Mone in F. J. Mone's Quellensammlung zur badischen Landesgeschichte, Bd. III.

Heumann, J.: «Opuscula Norimb.» 1747. (Enthaltend u. a. Briefe des Heinrich v. Nördlingen an Margarethe Ebner in Medingen.)

Pez: «Bibliotheka ascetica.» Bd. VIII. (Enthaltend Berichte über das Leben in mystischen Frauenklöstern.)

Murer: «Helvetia sancta.» St. Gallen 1751. (Enthaltend Berichte über das Leben in mystischen Frauenklöstern.)

8. HEFT:

Die Basler Buchillustration des XV. Jahrhunderts. Von Dr. Werner Weisbach. Mit 23 Zinkätzungen. ℳ 6. —

9. HEFT:

Eine Thüringisch-Sächsische Malerschule des XIII. Jahrhunderts. Von Arthur Haseloff. Mit 112 Abbildungen in Lichtdruck. ℳ 15. —

10. HEFT:

Die Bamberger Domsculpturen. Ein Beitrag zur Geschichte der deutschen Plastik des XIII. Jahrhunderts. Von Artur Weese. Mit 33 Autotypieen. ℳ 6. —

11. HEFT:

Ueber den Humor bei den deutschen Kupferstechern und Holzschnittkünstlern des XVI. Jahrhunderts. Von Dr. Reinhold Freiherr von Lichtenberg. Mit 17 Tafeln. ℳ 3.50

12. HEFT:

Studien zur Elfenbeinplastik der Barockzeit. Von Dr. Chr. Scherer. Mit 16 Abbildungen im Text und 10 Tafeln. ℳ 8. —

13. HEFT:

Tobias Stimmers Malereien an der Astronomischen Münsteruhr zu Strassburg. Von A. Stolberg. Mit 3 Netzätzungen im Text und 5 Kupferlichtdrucken in Mappe.
ℳ 4. —

14. HEFT:

Die mittelalterlichen Grabdenkmäler mit figürlichen Darstellungen in den Neckargegenden von Heidelberg bis Heilbronn. Aufgenommen und beschrieben von Dr. Hermann Schweitzer. Mit 21 Autotypieen und 6 Lichtdrucktafeln.
ℳ 4. —

15. HEFT:

Zur Geschichte der oberdeutschen Miniaturmalerei im XVI. Jahrhundert. Von Hans von der Gabelentz. Mit 12 Lichtdrucktafeln.   ℳ 4. —

16. HEFT:

Der Skulpturencyklus in der Vorhalle des Freiburger Münsters und seine Stellung in der Plastik des Oberrheins. Von Kurt Moriz-Eichborn. Mit 60 Abbildungen im Text und auf Blättern.   ℳ 10. —

17. HEFT:

Die Basler Galluspforte und andere romanische Bildwerke der Schweiz. Von Arthur Lindner. Mit 25 Textillustrationen und 10 Tafeln.   ℳ 4. —

18. HEFT:

Holländische Miniaturen des späteren Mittelalters. Von Willem Vogelsang. Mit 24 Abbildungen im Text und 9 Lichtdrucktafeln.   ℳ 6. —

19. HEFT:

Die Chronologie der Landschaften Albrecht Dürers. Von Professor Dr. Berthold Haendcke. Mit 2 Lichtdrucktafeln.   ℳ 2. —

20. HEFT:

Der Ulmer Maler Martin Schaffner. Von S. Graf Pückler-Limpurg. Mit 11 Abbildungen.   ℳ 3. —

21. HEFT:

Deutsche Mystik und deutsche Kunst. Von Alfred Peltzer.   ℳ 8. —

22. HEFT:

Leben und Werke des Würzburger Bilderschnitzers Tilmann Riemenschneider 1468-1531. Von Eduard Toennies. Mit zahlreichen Abbildungen.

--- - —

Die Studien zur Deutschen Kunstgeschichte erscheinen in zwanglosen Heften. Jedes Heft ist einzeln käuflich.